Frank Littek

Retter in dunkler Zeit

Die umfassende Übersicht über deutsche Gerechte unter den Völkern

solibro

ISBN 978-3-96079-100-3 / 1. Auflage 2024 • Originalausgabe

Umschlaggestaltung: *Michael Rühle*
Umschlagfoto: *Selection on the ramp at Auschwitz-Birkenau, 1944 (Auschwitz Album)*
Printed in Germany

Solibro Verlag • Jüdefelderstr. 31 • 48143 Münster
Kontakt Produktsicherheit: GPSR@solibro.de

verlegt. gefunden. gelesen.
SOLIBRO.de

Vergessen wir nicht, dass am Anfang der nationalsozialistischen Herrschaft nicht Auschwitz, sondern die Ausgrenzung von Menschen, die als störend, als schädlich betrachtet wurden, stand.

André Heller

Inhalt

EINLEITUNG

Im April 1967 startete ein Lehrer an einer Schule in Kalifornien ein Experiment, das später unter dem Namen „The Third Wave“ weltbekannt werden sollte. Er führte bei seinen drei Geschichtsklassen mit 90 Schülern Regeln, Verhaltensnormen und Einschränkungen ein, die den Vorgaben diktatorischer Systeme ähnelten. Er propagierte Stolz und Disziplin, drillte die Schüler körperlich, führte einen speziellen Gruß mit nach oben geführter Hand in Wellenform ein und vermittelte ihnen sehr eindringlich die Vorteile des Gemeinschaftsgefühls. Die Schüler erhielten Mitgliedskarten und wurden angewiesen, vertrauenswürdige Freunde für die neue Bewegung zu gewinnen. Gleichzeitig sollten sie Mitglieder, die sich nicht an die Regeln hielten, denunzieren, was in der Folge auch geschah. Er wollte testen, wie bereitwillig die Schüler – denen nicht klar war, dass sie Teil eines Experiments waren – mitmachten. Das Projekt entwickelte sich so erschreckend, dass es nach fünf Tagen abgebrochen werden musste, weil negative Folgen für die Schüler befürchtet wurden. Zu diesem Zeitpunkt hatte die neue Bewegung bereits 200 Mitglieder. Das Geschehen wurde 1981 unter dem Titel „Die Welle“ verfilmt.

Es ist nicht der einzige verstörende Beleg dafür, wie leicht Menschen sich für ein diktatorisches System benutzen lassen. Bereits 1961 war in den USA das Milgram-Experiment durchgeführt worden. Dabei sollten Probanden, denen man die Rolle von Lehrern gegeben hatte, die Lernleistung von Testschülern verbessern, indem sie diesen bei falschen Antworten vermeintliche Stromstöße verabreichten. Das Verfahren wurde als wissenschaftlich wichtig deklariert und die Stromstöße im Laufe des Experiments so gesteigert, dass die Testschüler ohrenbetäubend schrien und schließlich bei weiterer Steigerung Stille eintrat. Ergebnis der Tests: Die Mehrheit der

Probanden führte die Tests trotz der lauten Schreie der vermeintlichen Schüler – in Wirklichkeit Schauspieler – bis zur höchsten Stufe durch, nur ein kleinerer Teil brach den Versuch ab und weigerte sich, bei der Durchführung weiter mitzumachen.

Andere Experimente zur Konformität menschlichen Verhaltens von Solomon Asch haben gezeigt, dass die meisten Menschen selbst offensichtlich falsche Aussagen als richtig bewerten, wenn sie einem Gruppenzwang ausgesetzt sind.

Was bewegt die Mehrheit der Teilnehmer dazu, sich unter Gruppenzwang so anzupassen? Mit diesen Fragen beschäftigt sich die Psychologie. Zu den Ergebnissen gehört, dass die Bereitschaft zum Mitmachen keine Frage der Nationalität zu sein scheint. Interessant ist, dass sich bei dem Wellen-Experiment wie auch der Arbeit von Milgram eine Minderheit widersetzte. Während es bei Milgram immerhin 14 Probanden waren, weigerten sich bei „The Third Wave" drei Schülerinnen sehr offen. Sie mussten darauf das Klassenzimmer verlassen und wurden in eine Bibliothek eskortiert. Auch beim Konformitätsexperiment von Asch gab es Menschen – hier war es immerhin ein Viertel – die trotz Gruppenzwang unbeeinflusst blieben. Die Konformität nahm aber mit der Gruppenstärke zu. Das Verhalten dieser Menschen, die nicht mitmachten, ist interessant. Es gab sie in allen drei vorgestellten Experimenten – und sie scheinen ungeachtet des sozialen Drucks nach eigenen Grundsätzen gehandelt zu haben.

Nach diesem inneren Kompass handelten auch im Dritten Reich Menschen. Und sie setzten sich dabei einem erheblichen Risiko aus, das aus dem Verlust der Stellung, der Freiheit und sogar des eigenen Lebens und dem von Familienmitgliedern und Freunden bestand. Auf Basis dessen, was sie für richtig und geboten hielten, handelten sie entgegen der vorherrschenden öffentlichen Meinung, der Gesetze sowie der allgegenwärtigen Propaganda und retteten Juden vor der Deportation und der Ermordung.

In den meisten Fällen geschah das, indem die Retter Juden vor dem Zugriff von Gestapo und SS versteckten und mit Lebensmitteln versorgten. Vielfach lebten sie zusammen mit ihren Schützlingen in der eigenen Wohnung, häufig auf sehr beengtem Raum. Versteckt wurden Juden aber auch in Lauben in Kleingartengebieten, in Betrieben, Kellern oder auf Booten.

Einige Retter hatten Freunde, die ähnlich dachten, andere waren gar in ganze Netzwerke eingebunden oder hatten einen christlichen, kommunistischen oder sozialdemokratischen Hintergrund, der sie früh in Distanz zum Nationalsozialismus treten ließ. Sehr viele aber waren allein. Das gilt – um zwei Beispiele zu nennen – für Henny Brunken, eine einfache Frau aus Bremen, die KZ-Häftlinge mit Lebensmitteln versorgte oder für Heinrich Heinen, der im Alleingang von Köln nach Riga fuhr, um seine Verlobte aus dem Ghetto zu befreien. Es gilt auch für die Soldaten der Wehrmacht, die meist in einem kameradschaftlich ganz anders orientierten Umfeld zu Rettern von Juden wurden und teilweise über Jahre dabei nur nach ihren eigenen Wertvorstellungen agierten.

Manchmal blieb ein Jude mehrere Jahre bei seinem Retter, in vielen anderen Fällen gehörte es zur Strategie der Rettung, dass die Unterkunft häufig gewechselt wurde. Und zuweilen machte das auch die Zerstörung von Wohnraum durch Bombenangriffe nötig. Oft kannten sich Retter und Schützlinge schon lange vor der Rettung und sie waren schon zuvor befreundet. In gar nicht so seltenen Fällen aber waren sich beide Seiten vorher unbekannt. Dann nahmen Retter Menschen in ihre Wohnungen auf, die sie nie zuvor gesehen hatten.

Darüber hinaus gab es zahlreiche Fälle, in denen nichtjüdische Deutsche ihren jüdischen Mitbürgern halfen, indem sie zum Beispiel Dokumente fälschten, sie durch eine Beschäftigung als Zwangsarbeiter vor der Deportation bewahrten, sie aus dem Gefängnis holten, ihnen zur Flucht verhalfen oder sie ins Ausland brachten.

Wer die Portraits der Retter in diesem Buch liest, ist immer wieder erstaunt über die Umstände vieler Geschichten und betroffen darüber, was Menschen anderen Menschen antun. Bei allen Rettungstaten beeindrucken Mut und Hilfsbereitschaft der Gerechten – und immer wieder auch, wie findig und manchmal sogar frech zuweilen Retter und Schützlinge waren. Da versteckten Retter Juden Wand an Wand mit einer Gestapostation, direkt über dem Polizeirevier, oder ein Stromkabel für die Versorgung der Versteckten wurde aus der nahen NSDAP-Kreisleitung abgezweigt.

Auf der anderen Seite schockiert die Tragik in vielen Geschichten und die Gefahren, denen Retter und Juden ausgesetzt waren. Dazu gehörte zum

Beispiel das Risiko, auf Greifer wie Rolf Isaaksohn oder Stella Goldschlag zu treffen. Greifer waren Juden, die andere Juden an die Gestapo verrieten und dafür von staatlicher Seite bevorzugt behandelt – und vor allem nicht deportiert wurden.

Weit größer als die Gefahr, einem Greifer zu begegnen, war das Risiko der Denunziation. Welches Ausmaß diese hatte, ist erschreckend und wirft kein gutes Bild auf die deutsche Bevölkerung in dieser Zeit, wie die Auswertung von Polizeiakten aus dem bayerischen Unterfranken ergeben hat. Bis auf wenige Ausnahmen wurden entsprechende Unterlagen im ganzen Deutschen Reich vernichtet. Die Akten aus Unterfranken sind eine der wenigen Ausnahmen und deshalb ein wichtiges Zeugnis der Zeit. Sie zeigen, dass der Großteil der Ermittlungen der Gestapo im Bereich „Rassenschande" und „judenfreundliches Verhalten" durch Hinweise aus der Bevölkerung angestoßen wurde. In den meisten Fällen wurde die Gestapo nicht tätig, weil ihre Ermittler so clever und wachsam waren – sondern weil die deutschen Bürger so eifrig ihre Nachbarn zur Anzeige brachten. Und dabei war Unterfranken sogar noch eine Region, in der es 1933 prozentual vergleichsweise wenig NSDAP-Mitgliedern gab. Das Wahlergebnis für diese Partei war das schlechteste in ganz Bayern.

Bei der Lektüre der Geschichten entsteht mit der Zeit ein sich immer mehr vertiefendes Bild der damaligen Ereignisse. Speziell in Berlin oder auch Württemberg lernt der Leser Teile der Rettungsnetzwerke kennen, wenn Schutzbedürftige nach Denunziation von einem Haus in ein anderes wechseln mussten, Fluchtwege, die Arbeitsweise von Gestapo und SS und den historischen Hintergrund, der sich wie ein Puzzle aus den Mosaiksteinen der einzelnen Portraits zusammensetzt.

Dank der Hilfe der Gerechten konnten Juden der Ermordung entgehen. Manche gerieten trotzdem in die Fänge von Gestapo und SS. Auch Retter starben, wurden inhaftiert, in Lager eingeliefert und bei einigen verliert sich die Spur im Krieg, oder sie wurden nach dem Krieg von der deutschen Bevölkerung angefeindet, bedroht oder ermordet. Sehr viele ihrer Geschichten aber gingen gut aus – für die Retter und ihre Schützlinge. Häufig dauerte es lange, bis nach dem Tod der Betreffenden, bis die Öffentlichkeit ihr Wirken würdigte. Das leistet in Israel die Holocaust-Gedenkstätte Yad

Vashem. Sie hat den Ehrentitel „Gerechter unter den Völkern" ins Leben gerufen, mit dem Menschen ausgezeichnet werden, die unter eigenem Risiko Juden in der Zeit von Verfolgung und Holocaust gerettet haben. 651 Deutsche wurden bisher ausgezeichnet. Jeder von ihnen rettete Juden. Jeder von ihnen setzte aber auch ein Zeichen des Anstands in einem barbarischen Staat, zeigte, dass es immer auch ein anderes, besseres Deutschland gegeben hat. Es lohnt, darauf aufzubauen. Das gilt umso mehr in einem Land, das nach wie vor Schwierigkeiten im Umgang mit der eigenen jüngeren Geschichte hat. Jeder Retter ist damit auch ein positiver Bezugspunkt in einer ansonsten dunklen Zeit der deutschen Geschichte. Entsprechend stände es der Bundesrepublik gut an, die deutschen Retter sehr viel stärker zu ehren, als das bisher geschehen ist. Eine Auszeichnung, vergleichbar dem israelischen Titel des Gerechten unter den Völkern, wäre eine gute Idee. Eine solche gibt es bisher nicht. Dafür aber bestehen andere positive Beispiele für die Würdigung einiger dieser Frauen und Männer: Dazu gehört die Gedenkstätte „Stille Helden", die Menschen gedenkt, die während der nationalsozialistischen Gewaltherrschaft Juden beistanden. Im schleswig-holsteinischen Appen wurde das zentrale Lehrgebäude einer Kaserne der Luftwaffe nach dem Feldwebel Karl Laabs benannt. Er rettete Juden. In anderen deutschen Orten sind zum Beispiel Straßen nach Rettern benannt, haben Museen das Thema aufgegriffen und einige Rettergeschichten waren nicht nur Thema in Schulklassen, sondern wurden sogar erst im Zuge von Schulprojekten entdeckt und erarbeitet. Es ist zu wünschen, dass es in Zukunft mehr dieser Beispiele gibt. Dieses Buch möchte einen Beitrag dazu leisten.

Inhalt sind ausdrücklich nur die Menschen, die von Yad Vashem als Gerechte unter den Völkern anerkannt wurden. Rettungswiderstand wird zuweilen weiter gefasst. Das ist legitim – aber nicht Thema dieses Buches. Es wurde zu guter Letzt ausdrücklich nicht als wissenschaftliches Fachwerk für Spezialisten geschrieben, sondern als populär geschriebener Text, der eine möglichst breite Leserschaft erreichen und mit den Gerechten bekannt machen möge.

DUNKLE ZEITEN: DER HISTORISCHE HINTERGRUND

1943 erklärte die deutsche Propaganda Berlin für „judenfrei". Was weder Gestapo oder SS wussten: Zu diesem Zeitpunkt lebten in der Stadt noch zahlreiche Juden. In seinem Buch „Rettungswiderstand" schätzt der Holocaust-Überlebende Arno Lustiger, der sich so intensiv wie sonst kaum jemand in Deutschland mit der Rettung von Juden beschäftigt hat, die Zahl der Versteckten allein in Berlin auf 7.000. Etwa 1500 davon haben überlebt. Allein diese Zahlen lassen annehmen, dass es in Deutschland sehr viel mehr Retter gab, als bisher von Yad Vashem als Gerechte unter den Völkern geehrt wurden – was Deutschland nicht von seiner Verantwortung befreit, aber trotzdem vermuten lässt, dass das positive Zeichen, das die Retter setzten, etwas heller leuchtet als vermutet.

Wie aber kam es überhaupt dazu, dass sich allein in Berlin 7.000 Juden verstecken mussten? Wie entwickelte sich die Diskriminierung der Juden im Deutschland des Dritten Reichs – soweit dieses Wissen für das Verständnis der Rettertaten, die im Hauptteil des Buches folgen, hilfreich ist?

Der erste Schritt war natürlich am 30. Januar 1933 die Ernennung von Adolf Hitler zum Reichskanzler und das am 23. März folgende Ermächtigungsgesetz, das der Regierung erlaubte, ohne Zustimmung des Parlaments Gesetze zu erlassen. Schon am 1. April 1933 ging die NSDAP gegen Juden vor. An diesem Tag wurden jüdische Geschäfte, Arztpraxen und Rechtsanwaltskanzleien boykottiert – und viele Deutsche machten mit. Am 7. April folgte ein wichtiger Schritt: Das „Gesetz zur Wiederherstellung des Berufsbeamtentums" wurde erlassen. Wer nicht „arischer" Abstammung war, konnte nun kein Beamter mehr sein. Der Staat versetzte jüdische Beamte in den Ruhestand.

Am 15. September 1935 wurden die Nürnberger Gesetze erlassen. Damit war Antisemitismus nicht nur legal, sondern gesetzlich verordnet. Dazu gehörten das Gesetz zum Schutz des deutschen Blutes und der deutschen Ehre und das Reichsbürgergesetz. Letzteres legte fest, dass Juden keine „Reichsbürger" sein konnten. Damit waren sie von Wahlen ausgeschlossen und sie durften keine öffentlichen Ämter mehr annehmen. Das erstgenannte Gesetz untersagte Juden und Nichtjuden die Heirat und auch den außerehelichen Geschlechtsverkehr. Verstöße wurden als „Rassenschande" mit Gefängnis bestraft. Die erste Verordnung zum Reichsbürgergesetz vom 14. November 1935 legte fest, wer als „jüdischer Mischling" Reichsbürger bleiben konnte und wer davon ausgeschlossen blieb. Damit wurde eine Einteilung der Juden vorgenommen. Ein kompliziertes Regelwerk entstand – das aber später über Tod und Leben entschied. „Volljude" war, wer vier jüdische Großeltern hatte. Als solcher galt aber auch, wer drei jüdische Großeltern hatte. Personen mit einem jüdischen Elternteil oder zwei jüdischen Großeltern galten als „Mischlinge ersten Grades". Personen mit einem jüdischen Großelternteil schließlich wurden als „Mischlinge zweiten Grades" eingeteilt. Mischlinge ersten Grades, die mit einem Juden verheiratet waren oder der jüdischen Kultusgemeinde angehörten, wurden als Juden eingestuft. Später etablierte sich dafür der Begriff des Geltungsjuden. Alle anderen waren „Halbjuden" oder „Vierteljuden" und wurden auch als „Mischlinge" bezeichnet. Für Mitglieder der NSDAP und Mannschaften und Unterführer der SS und Bauern im Sinne des Erbhofgesetzes galten strengere Regeln. Diese mussten einen „großen Ariernachweis" erbringen, der einen durchgehenden „deutschblütigen" Stammbaum bis ins Jahr 1800 auswies. Wer Führer der SS sein wollte, musste das sogar in einem Stammbaum bis 1750 nachweisen. Als Möglichkeit, der zunehmenden Diskriminierung zu entgehen, bot sich für Juden der Übertritt zum Christentum an. Dem schob das Reichsinnenministerium am 4. Oktober 1936 mit einem Erlass einen Riegel vor. Demnach veränderte die christliche Taufe und damit der Übertritt zum Christentum nicht den Status eines Juden.

Einen gewissen Schutz vor der Deportation genossen lange Zeit viele Juden, wenn sie mit einem „arischen" Partner in „Mischehe" lebten. Ihnen blieb auch der Umzug in ein Judenhaus erspart und sie mussten keinen Judenstern tragen. Bei kinderlosen Mischehen, in denen der Mann Jude war, sah das aber anders aus. In diesem Fall wurde keine Bevorzugung vor anderen Juden gewährt, der Judenstern war zu tragen und der Umzug in ein Judenhaus konnte angeordnet werden. Kurz vor Kriegsende änderte sich die Rücksicht der Behörden aber, und auch Juden aus Mischehen wurden ins Konzentrationslager Theresienstadt gebracht – wo aber viele aufgrund des Zeitaufschubs, den sie durch die späte Deportation hatten, überlebten. Zudem war Theresienstadt ein Konzentrationslager mit vergleichsweise besseren Lebensbedingungen als andere Lager.

Am 16. November 1937 bestimmte das Reichsinnenministerium, dass Juden Auslandspässe nur noch in Ausnahmefällen ausgestellt werden durften, ab dem 5. Oktober 1938 mussten Juden auch vorhandene Reisepässe abgeben. Im Sommer 1938 wurde für viele Deutsche eine „Kennkarte“, als „allgemeiner polizeilicher Inlandsausweis“ eingeführt. Das galt zum Beispiel für Männer, die den Ausweis kurz vor Vollendung des 18. Lebensjahrs zu beantragen hatte, vor allem aber für alle Juden. Ab Januar 1939 mussten Juden auf Basis der „Namensänderungsverordnung“ einen Vornamen tragen, der sie als jüdisch kennzeichnete und natürlich in der Kennkarte eingetragen wurde. Sofern sie nicht einen Vornamen hatten, der nach Behördenansicht bereits als typisch jüdisch galt, mussten sie den Vornamen Sara oder Israel annehmen. Zudem wurden die Kennkarten durch ein großes rotes „J“ gekennzeichnet.

Bevor der Jahreswechsel anstand, gab es am 9. und 10. November 1938 in ganz Deutschland Pogrome gegen die jüdische Bevölkerung. SA- und SS-Gruppen verwüsteten, unterstützt von Teilen der Bevölkerung, Betriebe und Geschäfte – während Polizeibeamte untätig dabeistanden. Vielerorten setzte der Mob Synagogen in Brand und misshandelte und ermordete Juden. Viele jüdische Bürger wurden für Wochen in den zu der Zeit schon bestehenden Konzentrationslagern oder Gefängnissen inhaftiert. Jetzt schritt die Diskriminierung der jüdischen Bevölkerung schnell voran. Schon wenige Tage später, am 12. November 1938, kam es zur „Verordnung zur Ausschaltung der Juden aus dem deutschen Wirtschaftsleben“. Juden wurde der Betrieb von Einzelhandelsverkaufsstellen und Handwerksbetrieben untersagt. Das bedeutete nichts Geringeres, als das zahlreiche Menschen ihre

Existenzgrundlage verloren. Am 3. Dezember folgte die Verordnung über den Einsatz jüdischen Vermögens, die Juden zwang, ihre Gewerbebetriebe und Grundbesitz zu verkaufen oder abzuwickeln. Wertpapiere waren bei einer Devisenbank zu hinterlegen und Juwelen, Kunstgegenstände oder Edelmetalle durften nicht mehr frei verkauft werden. Schon zuvor waren Juden durch die Verordnung über die Anmeldung des Vermögens von Juden gezwungen worden, ihr gesamtes Vermögen, sofern es einen Wert von mehr als 5.000 Reichsmark umfasste, anzumelden. Und als wäre das noch nicht genug, gab es 1938 zum Jahresende weitere Maßnahmen, die sich gegen Juden richteten: So wurde jüdischen Kindern der Besuch von „deutschen Schulen" untersagt, sie durften nur noch jüdische Schulen besuchen. Jüdische Wohnungen wurden registriert. Darüber hinaus zog der Staat die Führerscheine und Zulassungspapiere von Juden ein.

Kein Wunder, dass der Ausreisewunsch in großen Teilen der jüdischen Bevölkerung stieg. Die Ausreise war in dieser Zeit von den deutschen Behörden durchaus gewünscht, zumal Juden bei einer Ausreise extrem hohe Abgaben zahlen mussten, die fast einer Enteignung gleichkamen. Stand eine konkrete Ausreisemöglichkeit in Aussicht, stellten die Behörden unter anderem nach Vorlage von Unbedenklichkeitsbescheinigungen verschiedener Finanzämter auch einen Pass aus.

Doch die Ausreise war nicht so einfach zu regeln. Die meisten Ländern hatten strenge Einreiseregeln. Besonders beliebt und angestrebt war eine Ausreise in die USA. Das dafür nötige Visum musste bei einem Konsulat der Vereinigten Staaten beantragt werden. Eine der zahlreichen Voraussetzungen war ein Affidavit. Dadurch versicherte eine bereits in den USA lebende Person, dass sie für einen einwandernden Verwandten oder Bekannten finanziell bürgen würde. Hilfreich war es da natürlich, wenn ein Ausreisewilliger Verwandte in den USA hatte, mit denen er guten Kontakt pflegte. Viele Menschen hatten damit keine Möglichkeit der Flucht in die Vereinigten Staaten.

Mit Kriegsbeginn 1939 wurde für Juden eine Ausgangssperre erlassen. Sie galt im Sommer ab 21 Uhr, im Winter ab 20 Uhr. Jetzt wurden Lebensmittelkarten eingeführt. Juden standen geringere Bezugsmengen zu als Reichsbürgern, und sie waren von Sonderzuteilungen ausgeschlossen.

1940 wurden in Polen die ersten Ghettos in Lodz, Warschau und vielen anderen Städten eingerichtet. Ghettos waren Wohnbezirke, in denen Juden zwangsweise zusammengefasst wurden. Die Ghettos waren in der Regel durch Mauern, Stacheldraht und Bewachung vom übrigen Teil der Stadt getrennt. In Deutschland hatte die Reichsführung die Einführung von Ghettos erwogen, den Gedanken aber schnell wieder verworfen. Hier wurden Juden in „Judenhäuser" eingewiesen, wo sie in sehr beengten Wohnverhältnissen leben mussten.

In der Wehrmacht dienten anfangs auch noch „Mischlinge ersten Grades" und „deutschblütige" Ehepartner in „Mischehen". Das änderte sich per Erlass des Oberkommandos der Wehrmacht vom 8. April 1940. Aber auch anschließend blieben Ausnahmen möglich, die Hitler nach dem Attentat vom 20. Juli 1944 für Offiziere widerrief. Ab 1. September 1941 waren Juden in Deutschland dann auch äußerlich erkennbar. Sie mussten einen gelben Judenstern auf ihrer Kleidung tragen. Basis war eine Polizeiverordnung.

In Osteuropa führte die SS mittlerweile Massenerschießungen von Juden durch. Deren Vernichtung gipfelte in den Vergasungen, die im September 1941 unter anderem im Vernichtungslager Auschwitz begannen und schnell ausgeweitet wurden. Die Wannseekonferenz am 20. Januar 1942 legte die Organisation der Deportationen fest und stellte die erforderliche Koordination sicher.

Bereits davor, im Oktober 1941, begannen die systematischen Deportationen aus Deutschland. Juden, die mittlerweile häufig in Judenhäusern lebten, bekamen in der Regel per Post die Aufforderung zur Deportation zugestellt. Oft waren solche Schreiben als „Evakuierungsbefehl" tituliert. Das Ziel der Reise war nicht angegeben. Der Empfänger las nur, dass er sich zu einer bestimmten Zeit an einem bestimmten Sammelplatz einzufinden habe und er eine geringe Menge an Gepäck und Bargeld mitführen könne. In dem Zusammenhang war meist eine mehrseitige Vermögenserklärung auszufüllen, in der die Betroffenen ihr Hab und Gut von den Möbeln bis zu Handtüchern und Socken anzugeben hatten. Das Vermögen galt mit der Deportation als beschlagnahmt.

Die Möbel, Einrichtungsgegenstände und Kleidung wurden anschließend an zahlreichen Orten im Reichsgebiet an nichtjüdische deutsche Bürger versteigert. Die Termine dafür standen in der Tageszeitung und allen Beteiligten war klar, wessen Besitz bei den Veranstaltungen verhökert wurde. Historiker schätzen, dass sich allein in Hamburg rund 100.000 Bürger am Besitz von Juden bereicherten. Am Ende des Krieges dürfte damit in jedem zweiten Hamburger Haushalt Mobiliar aus jüdischem Besitz gestanden haben. In anderen Städten war es nicht anders.

Beim Erhalt des „Evakuierungsbefehls" wussten den Empfänger nicht, was mit ihnen passieren würde. Das heutige Wissen über die Ermordung der Juden war damals nicht selbstverständlich bekannt. Es kursierten zum Beispiel Gerüchte darüber, dass die Juden „im Osten" Land erhalten sollten, um sich dort etwas aufzubauen. Andererseits war bereits viel Wissen über das Morden im Umlauf. Das bezeugt das Tagebuch von Karl Dürkefälden, einem Techniker aus der Kleinstadt Celle im heutigen Niedersachsen. Der notierte schon 1942 akribisch, was er über das Schicksal der Juden gehört hatte. Die Informationen hatte er auf unterschiedlichen Wegen erhalten, häufig in Form von Erzählungen von Soldaten auf Urlaub oder zum Beispiel von einem Baufachmann, der im Osten Dienst tat. Sie alle berichteten von Massenerschießungen an Juden. Da Dürkefälden ein ganz durchschnittlicher Mann in Deutschland war und nicht über besondere Informationsquellen verfügte, darf man davon ausgehen, dass diese Erzählungen überall in Deutschland weitergegeben wurden – und entsprechend bekannt waren. Negative Nachrichten über das Schicksal der Juden nahmen mit dem Ablauf der Zeit zu. Das vorhandene Wissen wurde von den Menschen unterschiedlich interpretiert. So packte in Hamburg der jüdische Tischler Kurt Bielefeld, der den Befehl zur „Evakuierung" mit der kleinen Familie erhalten hatte und am 18. November 1941 nach Minsk deportiert wurde, sogar noch sein bestes Werkzeug zusammen, weil er davon ausging, es in Sibirien beim Aufbau eines neuen Lebens zu brauchen. Andere Juden ahnten, was kommen würde, und nahmen sich das Leben – oder gingen in den Untergrund.

Die Zeitspanne zwischen dem Erhalt des „Evakuierungsbefehls" und dem Abreisetag bestand häufig nur aus wenigen Tagen. Sammelplätze waren zum Beispiel in Düsseldorf der Schlachthof oder in Hamburg die Moorweide direkt am zentral gelegenen Dammtor. Wenn die Menschen mit ihren wenigen Habseligkeiten auf den Weg zu den Sammelplätzen gingen, waren sie für die anderen Bürger der Stadt gut zu erkennen. Die „Evakuierung“ erfolgte nicht im Verborgenen. In Düsseldorf wurden die Juden am Bahnhof gesammelt und zogen von dort auf dem Weg zum Schlachthof durch die Stadt. In Hamburg fuhren an der Moorweide zahllose Busse und Straßenbahnen vorbei, in denen die Bürger der Stadt sehr gut sehen konnten, was dort geschah.

Sehr genau ist beispielhaft die Deportation aus Düsseldorf am 11. Dezember 1941 dokumentiert. Abtransportiert wurden dabei 1007 Menschen aus Düsseldorf und umliegenden Ortschaften. Zwischen Erhalt des Evakuierungsbefehls und dem Zeitpunkt des Sammelns lagen weniger als zehn Tage. Nach dem fünf Kilometer langen Fußmarsch am Nachmittag vom Hauptbahnhof durch die Stadt zum Schlachthof am 10. Dezember verbrachten die Menschen zwölf Stunden Wartezeit stehend im kalten und feuchten Schlachthofgebäude, bis sie um 4 Uhr früh zum Güterbahnhof Derendorf geführt wurden, wo sie aufgrund von Problemen der Reichsbahn vier Stunden auf die Verladung in den Zug warten mussten. Um 10.30 Uhr fuhr der Transport unter der Zugnummer Da 38 los und erreichte am 13. Dezember um 22.35 Uhr Riga. Dort kam er auf dem außerhalb der Stadt liegenden Bahnhof Skirotava zum Stehen. Die Temperatur: minus zwölf Grad. In der Kälte stand der Zug bis zum Morgen des 14. Dezember. Erst dann wurden die Türen geöffnet und die Menschen in das zwei Kilometer entfernte Ghetto geführt. Hier fanden sie die für sie vorgesehenen Häuser leer vor. Auf den Tischen standen aber gefrorene Lebensmittel.

Die Vermutung der neu Angekommenen, nach der die Vorbewohner die Wohnungen sehr schnell verlassen haben mussten, war richtig. Bis wenige Tagen vor ihrer Ankunft hatten Juden aus Riga in den Räumen gelebt. Sie wurden im Wald von Rumbula erschossen, um Platz für die Juden aus Deutschland zu machen. Unter den Juden aus dem Düsseldorf-Zug befand sich – beispielhaft – die 21-jährige Edith Meyer aus Langenfeld. Die junge Frau war Schneiderin und hatte bei der Firma Brügelmann in Köln gearbeitet. Ihr Eltern waren in Langenfeld hoch angesehene Kaufleute und hatten bis Ende 1938 im Zentrum des Ortes ein bekanntes Einzelhandelsgeschäft betrieben. Edith hatte seit Jahren einen „arischen“ Freund. Dieser junge Mann – der schon erwähnte Heinrich Heinen – sollte sich Ostern 1942 in Berlin auf den Weg machen, um seine Freundin aus dem Ghetto zu befreien, was ihm auch gelang. Die Geschichte endet trotzdem tragisch an der Schweizer Grenze – und ist im Portrait von Heinrich Heinen, einem der Gerechten unter den Völkern, ausführlich dokumentiert.

So wie bei Edith Meyer und Heinrich Heinen taucht die Schweiz in den Portraits der Gerechten immer wieder als Ziel einer möglichen Flucht auf. Die war tatsächlich in vielen Fällen erfolgreich möglich. Auch nachdem das Alpenland im August 1942 die Grenzen für Flüchtlinge „nur aus Rassegründen" schloss, fanden immer wieder deutsche Juden dort Zuflucht. Wenn überhaupt, war nur der illegale Weg über die „grüne Grenze" möglich. Eine dafür geeignete Stelle war „Das Rohr". Das ist eine Wasserabführung bei Diepoldsau, die den „Alten Rhein" schneidet und direkt über die Grenze von Österreich in die Schweiz führt. Bei entsprechendem Wasserstand konnten Flüchtlinge hindurch in die Schweiz gehen. Das Rohr gibt es heute noch. Es liegt in einem Naherholungsgebiet. Häufig war es so, dass Flüchtlinge, die von Grenzposten auf Schweizer Seite beim Grenzübertritt gefasst wurden, sofort an die Behörden auf deutscher Seite übergeben wurden. Wer es aber über die Grenze ins Inland der Schweiz schaffte, war meist sicher. Von hier aus fand keine Auslieferung an Deutschland mehr statt. Dazu kamen regionale Unterschiede in der Schweiz im Umgang mit jüdischen Flüchtlingen. Hilfreich war es in jedem Fall, sich der Unterstützung von Fluchthelfern zu versichern, die auf deutscher Seite mit Schweizern zusammenarbeiteten. Die Helfer aus beiden Ländern kannten sich meist seit langem.

Menschen, die Juden halfen oder auch nur Kontakt zu ihnen hatten, gingen ein erhebliches Risiko ein. Grundlage war ein Runderlass des Reichssicherheitshauptamtes vom 24. Oktober 1941. Darin hieß es: „Wie hier in der letzten Zeit wiederholt bekannt geworden ist, unterhalten deutschblütige Personen nach wie vor freundschaftliche Beziehungen zu Juden und zeigen sich mit diesen in auffälliger Weise in der Öffentlichkeit. Es wird angezeigt, dass der deutschblütige Teil aus erzieherischen Gründen vorübergehend in Schutzhaft zu nehmen beziehungsweise in schwerwiegenden Fällen bis zur Dauer von drei Monaten in ein Konzentrationslager Stufe 1 einzuweisen ist. Der jüdische Teil ist in jedem Falle in ein Konzentrationslager zu verbringen.“ Die Sichtung insbesondere der gescheiterten Rettungen zeigt, dass das Risiko für die nichtjüdischen Retter letztlich nicht kalkulierbar war. Als Folge kam es häufig zur Einweisung in ein Konzentrationslager, auch mit Todesfolge. Es gab aber auch Fälle, die glimpflicher ausgingen.

In den besetzten Gebieten, aber auch in Deutschland, führten SS und Gestapo immer wieder „Aktionen“ durch, in deren Ablauf Juden aufgegriffen und deportiert wurden. Unter anderem in Berlin fand ab 27. Februar 1943 die „Fabrik-Aktion“ statt, in deren Verlauf zahlreiche Juden verhaftet wurden, die noch als Zwangsarbeiter in Betrieben beschäftigt waren. Sie sollten durch andere Zwangsarbeiter ersetzt werden. Dabei gerieten auch zahlreiche Juden in die Hände der Gestapo, die sich zuvor hatten verstecken können. Bei der Aktion riegelten Gestapo und bewaffnete SS-Angehörige am Morgen schlagartig etwa 100 Betriebe ab und transportierten die Verhafteten auf offenen Lastkraftwagen zu vorbereiteten Sammelstellen. Andere Juden, die durch den Judenstern kenntlich waren, wurden von der Schutzpolizei auf offener Straße verhaftet. Die Gestapo durchsuchte auch Wohnungen und nahm Juden mit, die sie antrafen. Insgesamt wurden bei dieser Großrazzia in Berlin rund 11.000 Menschen inhaftiert.

Innerhalb Europas begannen das Morden und die Deportationen zu unterschiedlichen Zeiten. In Deutschland gab es erste Deportationen 1940, der Hauptteil der Transporte aber begann im Oktober 1941. Die Züge rollten meist zunächst wie bei Edith Meyer oder Kurt Bielefeld in Ghettos wie Riga oder Minsk. Aus den Niederlanden fuhr der erste Deportationszug mit 1135 Juden am 15. Juli 1942. Und er fuhr nicht in ein Ghetto, sondern gleich nach Auschwitz. In Polen wurden die Juden nach der deutschen Besetzung in Ghettos gesperrt. Nach dem deutschen Angriff auf die Sowjetunion im Juni 1941 begann die massenhafte Vernichtung. Dagegen war Ungarn, ein deutscher Verbündeter, lange für Juden relativ sicher. Erst nach der Besetzung durch deutsche Truppen begannen ab Ende April 1944 die Deportationen, dann aber in großer Zahl. Innerhalb von zwei Monaten wurden fast 450.000 Juden deportiert.

In Rumänien führten Armee-Einheiten, Polizei und auch Zivilisten mehrfach Massaker an Juden durch. Insgesamt wurden in den Gebieten unter rumänischer Kontrolle rund 400.000 Juden ermordet. Der deutsche Verbündete übte dabei keinen großen Druck auf die rumänische Regierung aus. Nach 1942 wandelte sich das Bild. Als der rumänischen Regierung zunehmend klarwurde, dass der Krieg für Deutschland verloren war und die Alliierten gleichzeitig eindringlich vor der Verfolgung von Juden warnten, wurde in diesem Land die Ermordung von Juden abgebrochen.

Italien, obwohl deutscher Verbündeter, lieferte lange keine Juden an Deutschland aus. Hier mussten Juden zwar Zwangsarbeit leisten, waren aber nicht grundsätzlich bedroht. Von Italien besetzte Gebiete in Frankreich oder Jugoslawien waren lange Zufluchtsorte für Juden. Erst als die Wehrmacht 1943 Italien besetzte, änderte sich die Gefahrenlage für Juden und sie wurden nun auch deportiert.

Bei dem Ziel der Deportationen muss unterschieden werden zwischen den schon erläuterten Ghettos und den Konzentrationslagern, bei denen es wiederum auch große Unterschiede gab. Lager wie Dachau oder Buchenwald entstanden früher als Vernichtungslager wie Auschwitz, Treblinka oder Belzec. Die Lager Dachau oder Buchenwald hatten zunächst unter anderem viele politische Häftlinge und Kriminelle aufgenommen. Hier ermordete die SS massenhaft Menschen, aber in diesen Lagern kam es nicht zur massenhaften Tötung von Menschen durch Giftgas wie in den Vernichtungslagern.

Zum Vernichtungssystem gehörte auch die Zwangsarbeit. Wer im Ghetto war, musste meist solche leisten. Es gab aber auch extra zu diesem Zweck eingerichtete Zwangsarbeitslager an den unterschiedlichsten Orten. Aus den Ghettos und Zwangsarbeitslagern brachten die SS und ihre Helfer Juden dann in Vernichtungslager wie Auschwitz, Belzec oder Sobibor, in die Juden aber – wie schon beschrieben – auch direkt aus ihren Herkunftsorten transportiert wurden. In den Vernichtungslagern selektierte die SS die Menschen in der Regel sofort nach der Ankunft: in Juden, die sofort in den Gaskammern ermordet wurden und solche, die noch Zwangsarbeit leisten sollten. Auch ein KZ wie Auschwitz, ein sehr großer Lagerkomplex, hatte dafür separate Lagerteile.

Am 11. Juni 1943 befahl Heinrich Himmler die Liquidierung der polnischen Ghettos, wenig später der Ghettos in den besetzten Gebieten der

Sowjetunion. Das hieß, die Ghettos wurden aufgelöst, die Menschen, die dort lebten, deportiert und in die Vernichtungslager geschickt.

Im November 1944 wurden die Vergasungen in Auschwitz eingestellt. Mit dem Herannahen der alliierten Truppen – im Osten war das die Rote Armee – wurden die noch lebenden Insassen der Lager auf Todesmärsche geschickt. Diese dienten verschiedenen Zielen. So wollten die SS-Wachmannschaften damit vor den heranrückenden alliierten Truppen „Beweise“ in Form der Lagerinsassen „wegschaffen“. Daneben sollten die Zwangsarbeiter an andere Orte im Reich verlegt werden, wobei die Vernichtung eines großen Teils der auf dem Marsch befindliche Juden billigend in Kauf genommen wurde und zum Teil auch Ziel dieser Märsche war. Gerade aus diesen Märschen gelang in der Endphase des Krieges immer wieder Juden die Flucht und führte sie zu Menschen, die dann zu ihren Rettern wurden.

DAS ANDENKEN LEBENDIG HALTEN: YAD VASHEM UND DIE GERECHTEN UNTER DEN VÖLKERN

Wer Israel und Jerusalem bereist, sollte in jedem Fall Yad Vashem, die internationale Holocaust-Gedenkstätte, besuchen. Yad Vashem wurde 1953 durch einen Akt der Knesset, dem israelisches Parlament, gegründet. Die Gedenkstätte liegt westlich am Rande der Stadt auf dem Berg des Gedenkens und ist gut auch mit öffentlichen Verkehrsmitteln zu erreichen. Die Anlage ist 45 Hektar groß und umfasst einen Museumskomplex, Forschungs- und Bildungsbereiche, Denkmäler und Gedenkstätten sowie einen großen Park. Jahr für Jahr besuchen rund eine Million Menschen Yad Vashem. Millionen weitere informieren sich auf der Website, die unter der Adresse www.yadvashem.org erreichbar ist.

Für den Besucher ist Yad Vashem vor allem ein Ort, der ihn über den Holocaust und dessen Vorgeschichte informiert. Und das auf beeindruckende Weise, die auch emotional sehr berührt. Das gilt insbesondere für das Museum, aber auch für den Außenbereich. Darüber hinaus erfüllt Yad Vashem sehr viel weitgehendere Aufgaben, zu denen unter anderem die Erforschung, Dokumentation und Erinnerung an den Holocaust und seine Opfer gehören sowie die damit verbundene Bildung.

Zu den Aufgaben von Yad Vashem gehört es, den Titel „Gerechter unter den Völkern“ zu vergeben – und zuvor natürlich Personen, die dafür in Fragen kommen, darauf zu überprüfen, ob sie den Kriterien der Ehrung entsprechen.

Der Begriff „Gerechte unter den Völkern“ stammt aus der jüdischen Tradition, wo er verwendet wird, um unter anderem Nicht-Juden zu beschreiben, die dem jüdischen Volk in Zeiten der Not zu Hilfe kamen. Für die Vergabe des Titels wurde dieser Begriff verwendet und eine neue Bedeutung hinzugefügt. Ein Gerechter unter den Völkern ist demnach ein nichtjüdischer Mensch, der nicht nur Juden rettete, sondern dabei auch sein Leben riskierte.

Personen, die von Yad Vashem als „Gerechte unter den Völkern“ anerkannt werden, erhalten eine speziell geprägte Medaille mit ihrem Namen und eine Ehrenurkunde. Ihr Name wird in die Ehrenmauer im Garten der Gerechten aufgenommen. Die Auszeichnungen werden den Rettern oder ihren nächsten Angehörigen in Israel oder in den Ländern, in denen sie leben, durch die diplomatischen Vertretungen Israels überreicht. Die Zeremonien finden in Anwesenheit von Vertretern der örtlichen Regierung statt und werden von den Medien ausführlich behandelt. Per Gesetz ist Yad Vashem ermächtigt, den Gerechten unter den Völkern in Anerkennung ihrer Taten die Ehrenbürgerschaft des Staates Israel und, wenn sie verstorben sind, die Gedenkbürgerschaft zu verleihen. Seit 2009 veröffentlicht die Holocaust-Gedenkstätte die Namen der Gerechten unter den Völkern in einer Datenbank, die über die Homepage der Organisation einzusehen ist. Vermittelt werden zu fast allen Gerechten Informationen, Fotos und die Rettungsgeschichten. In früheren Jahren pflanzten einige der Gerechten oder ihre Familien Bäume auf dem Berg des Gedenkens. Heute sind diese Bäume mit Gedenktafeln im Garten des Komplexes zu sehen.

Am 2. November 2023 wies die Datenbank von Yad Vashem 28217 Gerechte unter den Völkern aus. Dabei muss man bedenken, dass diese Zahl nicht den vollen Umfang der von Nicht-Juden geleisteten Hilfe widerspiegelt, die weit größer gewesen sein dürfte. Viele der Rettungsgeschichten sind unbekannt geblieben, zum Beispiel wenn Retter und Geretteter gemeinsam verstarben oder wenn Retter nach ihrem Handeln aus dem Blick der Geretteten verschwunden sind und dieser nur einen Vornamen erfahren hat. Und natürlich gibt es Rettungstaten, für deren Anerkennung nie ein Antrag gestellt wurde, weil es für die Überlebenden mit zu schmerzhaften Erinnerungen verbunden gewesen wäre, weil Gerettete vorher verstorben sind oder weil sie schlicht nicht von der Möglichkeit der Ehrung wussten.

SORGFÄLTIGE PRÜFUNG DER FAKTEN: DAS ANERKENNUNGSVERFAHREN

Yad Vashem hat die Aufgabe, Gerechte unter den Völkern zu ehren. Gleichzeitig dokumentiert die Gedenkstätte die Geschichte des Holocausts und erforscht dieses Thema. Da liegt es auf der Hand, dass die Mitarbeiter von Yad Vashem sehr an Informationen über mögliche Retter und deren Geschichten interessiert sind. Jeder, der entsprechende Informationen über einen möglichen Retter hat, kann diese bei Yad Vashem einreichen und die Anerkennung eines Retters beantragen. Letzteres ist aber kein einfacher Weg. Die Rettungstat muss sehr gut belegt sein. Dann werden die vorhandenen Fakten und Belege sehr sorgfältig von einer dafür eingerichteten Kommission geprüft.

Diese besteht aus Freiwilligen. Jeder von ihnen ist ein Experte für die Geschichte des Holocausts in einer bestimmten Region Europas. Sie erhalten Fälle zur Bewertung und legen der Kommission ihre Empfehlungen vor. Die Kommission diskutiert dann jeden Fall. Alle Entscheidungen werden vom Vorsitzenden der Kommission überprüft, bevor eine Ehrung erfolgt. Grob lassen sich die Kriterien für die Anerkennung wie folgt definieren: Gerechte unter den Völkern sind nicht-jüdische Menschen, die sich aktiv an der Rettung eines oder mehrerer Juden vor dem drohenden Tod oder der Deportation in die Vernichtungslager beteiligt haben. Damit verbunden haben sie sich der Gefährdung ihres Lebens, ihrer Freiheit oder ihrer Stellung ausgesetzt. Wichtig ist weiter, dass die Rettungstat nicht gegen Bezahlung oder den Erhalt einer anderen Form von Belohnung, wie zum Beispiel der religiösen Konversion der geretteten Person durchgeführt wurde. Ein Ausschlusskriterium liegt vor, wenn ein Retter an einem Mord oder Kriegsverbrechen beteiligt war oder anderen Schaden zufügte. Über die Unterlagen, die im Detail für eine Antragstellung benötigt werden, informiert Yad Vashem auf ihrer Website.

SCHWIERIGES UNTERFANGEN: DIE SUCHE NACH DEM, WAS DIE GERECHTEN ZU GERECHTEN MACHT

Wer waren die Retter? Was zeichnet Menschen aus, die selbstlos und unter erheblichem Einfluss für das eigene Leben Juden retteten? Die Antwort auf diese Frage ist einfach: Wir wissen es nicht. Es gibt mehrere Psychologen und Soziologen wie Samuel und Pearl Olimer und Eva Fogelman die versucht haben, gemeinsame Persönlichkeitsmerkmale der Retter zu identifizieren. Dazu wurden zahlreiche Gerettete und Retter interviewt. Aber „das Merkmal", das alle Retter verbindet, oder eine allen gemeinsame Persönlichkeitsstruktur, wurde nicht gefunden. Das ist natürlich schade, denn wüssten wir, welche gemeinsame Eigenschaft oder Persönlichkeitsstruktur sie zu ihren Taten motivierte, könnten wir in Bildung, Schule und Erziehung ja möglicherweise darauf hinwirken, dass Menschen diese erwerben oder sie bei ihnen ausgeprägter wird.

Erstaunlich ist, dass viele Retter ihre Taten gar nicht als etwas Besonderes empfanden, sondern als etwas, was ihnen ganz selbstverständlich und von ihrem persönlichen Gewissen geboten erschien. Natürlich gab es weltanschauliche Gründe. Eine große Zahl der Retter zog die Motivation ihres Handels aus ihrem christlichen Weltbild. Das waren insbesondere Mitglieder der Bekennenden Kirche, die in Opposition zum herrschenden Regime stand. Eine andere Gruppe waren Menschen, die einen kommunistischen oder sozialdemokratischen Hintergrund hatten. Aber auch das ist nicht besonders aussagekräftig, denn natürlich gab es eine große Zahl von Deutschen, bei denen das genauso war, die aber nicht als Retter wirkten. Christlich war zum Beispiel die überwältigende Mehrheit der

Menschen im Deutschen Reich, ohne dass diese als Retter oder auch nur Helfer von Verfolgten in Erscheinung getreten wären. Wer die Portraits der Retter liest, findet Menschen aus allen Gesellschaftsschichten. Es waren Arbeiter und Bauern darunter, Professoren und Geschäftsführer, Diplomaten, Zirkusbesitzer, Künstler und immer wieder auch Menschen aus den unteren Schichten, die häufig selbst kaum über die Runden kamen und sich trotzdem entschieden, Essen und Wohnung mit verfolgten Juden zu teilen. Auch Wehrmachtssoldaten, selbst Offiziere waren unter den Rettern und sogar Mitglieder der NSDAP. Wer sich mit den Rettungstaten eingehend beschäftigt, stößt sogar auf einen Mann, der nicht unter die Gerechten aufgenommen wurde, obwohl auch er Juden rettete: Alfons Zündler. Der Mann war Mitglied der SS. Zündler ermöglichte in Holland unter anderem jüdischen Kindern die Flucht aus einer Sammelstelle für Juden und ging dafür nach einer Denunziation selbst ins KZ, das er aber überlebte. Der Holocaust-Überlebende Arno Lustiger würdigt ihn in seinem Buch Rettungswiderstand. Und auch wenn Zündler nicht als Gerechter geehrt wurde, soll sein Name trotzdem auch hier zumindest genannt werden. Zündler gehört zu den Rettern, die bei ihren Taten völlig alleinstanden, ohne Freunde, Verwandte oder Unterstützer an ihrer Seite, die ihnen beistanden oder mit denen sie sich zumindest abstimmen konnten oder von denen sie Zuspruch oder moralische Unterstützung erhielten. Es gab viele Retter, gerade im Militär, aber genauso außerhalb, auf die das auch zutraf, die ihre Entscheidungen nur für sich allein trafen. Aber auch, was das soziale Umfeld angeht, lässt sich keine Einheitlichkeit in den Portraits der Retter erkennen. Daneben wirkten viele Retter nicht allein und manche waren sogar in starke, funktionierende Netzwerke eingebunden. Auch was die Entscheidungsfindung der Retter angeht, ergibt sich kein einheitliches Bild. Manche handelten, nachdem in ihnen nach einer gewissen Zeit und Überlegung die Entscheidung dazu gewachsen war, weil sie zum Beispiel die Gräuel der nationalsozialistischen Politik gesehen hatten. Viele andere entschlossen sich aber auch spontan dazu, Juden, die zum Beispiel plötzlich vor ihrer Tür oder auf ihrem Bauernhof standen, zu helfen. In diesen Fällen kannten sie ihre späteren Schützlinge nicht vor der Rettungstat. In anderen Fällen waren Retter und Schützling dagegen schon lange zuvor miteinander befreundet oder zumindest bekannt. Auch was die Nähe zum Judentum und Menschen diesen Glaubens betrifft, lässt sich kein Muster erkennen. Es gibt Gerechte, die schon lange vor der Rettungstat jüdische Freunde hatten und in einem jüdischen Bekanntenkreis verkehrten. Für sehr viele andere aber gilt das nicht, sodass auch diese Aspekte nicht dabei helfen, ein einheitliches Muster für das Retten zu erkennen. Letztlich gab es das schlicht nicht, genauso wenig wie eine bestimmte Persönlichkeitsstruktur, die allen Rettern gemeinsam ist. Letztlich gibt es nur individuelle Geschichten, aus denen wir trotzdem sehr viel lernen können.

VON A BIS Z: AUSGEWÄHLTE GERECHTE UNTER DEN VÖLKERN

In den folgenden Portraits wurden die Gerechten nach ihren Nachnamen sortiert. Die Nennung der jeweiligen Namen in den Überschriften der einzelnen Portraits erfolgt aber so, dass erst der Vor- und dann der Nachname genannt wird, so wie es auch dem üblichen Sprachgebrauch entspricht.

Elisabeth Abegg

Elisabeth Abegg, 1882 geboren, war Geschichtslehrerin an der Luisen-Mädchenschule in Berlin. Die Schule hatte einen sehr guten Ruf. Viele der Schülerinnen kamen vor Beginn der Judendiskriminierungen aus jüdischen Familien. Die engagierte Lehrerin vertrat humanistische Überzeugungen, vermittelte diese an ihre Schüler und geriet damit nach Hitlers Machtergreifung in Konflikt mit dem regimetreuen Direktor der Schule. In der Folge musste Abegg die Schule wechseln. 1940 wurde sie denunziert und gezwungen, in den Ruhestand zu gehen. Sie wurde von der Gestapo verhört und als „politisch unzuverlässig" eingestuft. Das hielt die aufrechte Frau aber nicht davon ab, mit jüdischen Freunden und den ehemaligen Schülern in Kontakt zu bleiben. Die Deportation von Anna Hirschberg, einer engen jüdischen Freundin, nach Osten machte Elisabeth Abegg endgültig klar, welche Dimensionen die Judenverfolgung in Deutschland angenommen hatte. Sie konnte ihre Freundin nicht mehr retten, beschloss aber, zu handeln. Von nun an bot sie Juden zeitweise Unterschlupf, Verpflegung und Unterstützung in ihrer Wohnung und half bei der Suche nach anderen

Verstecken und der Beschaffung von gefälschten Papieren. Ihre eigene Wohnung hatte drei Zimmer, die sie mit ihrer 86-jährigen Mutter und ihrer invaliden Schwester Julie teilte. Elisabeth Abegg hatte Freunde in der Quäker-Bewegung, mit denen sie bei der Hilfe für ihre jüdischen Mitbürger zusammenarbeitete. Die Quäker sind eine Religionsgemeinschaft, zu deren zentralen Botschaften die Gewaltlosigkeit und der Einsatz gegen den Krieg zählen. Das Risiko für die ehemalige Lehrerin war hoch. Im Haus gab es zahlreiche Mieter, von denen einige aktive Nationalsozialisten waren. Eine der Frauen, denen Elisabeth Abegg half, war Liselotte Pereles, die vor der Entscheidung stand, unterzutauchen. Abegg überzeugte sie von der Notwendigkeit, sich zu verstecken, worauf Pereles in der Wohnung von Lydia Forsström unterkam, wo sie die Shoah überlebte. In einem anderen Fall bot sie ihren Schmuck zum Verkauf an, um die Flucht von Jizchak Schwersenz in die Schweiz zu finanzieren. Viele der Überlebenden, bei deren Rettung sie mithalf, blieben nach dem Krieg in Kontakt zu ihr. Yad Vashem erkannte Elisabeth Abegg am 23. Mai 1967 als Gerechte unter den Völkern an.

Richard Abel

Im November und Dezember 1942 kam es in Nordafrika zu schweren Kämpfen zwischen deutschen und alliierten Truppen, an denen auch der deutsche Feldwebel Richard Abel beteiligt war, der als Fallschirmjäger diente. Parallel wurde die jüdische Bevölkerung verfolgt. Fünf Juden gelang es, sich auf einer abgelegenen Farm zu verstecken. Einer von ihnen war der Medizinstudent Luigi Beretvas. Die anderen hießen André Bessis, Gilbert Bessis, Claude Enriquez und Yvan Enriquez. Als ein britischer Spähtrupp auftauchte, um die militärische Lage zu sondieren, nahmen die Juden Kontakt zu den Briten auf. Das wiederum beobachtete ein italienischer Bewohner in der Umgebung und meldete es den deutschen Soldaten. Die Folge: Am 10. Dezember umstellten Fallschirmjäger das Versteck der Juden und verhafteten diese. Sie standen unter Spionageverdacht und sollten an die SS übergeben werden. Das wollte Richard Abel verhindern. Der Feldwebel nahm Kontakt zu den fünf jungen Juden auf und forderte sie zur

Flucht auf. Die Gefangenen zögerten zunächst und befürchteten eine Falle. Abel gab ihnen eine Pistole, Lebensmittel und eine Karte, auf der die umliegenden Minenfelder eingezeichnet waren. Damit hatte er das Vertrauen der Gefangenen gewonnen. Anschließend schickte er die anderen Wachen unter einem Vorwand fort und ließ die Gefangenen frei. Luigi Beretvas hatte ihm vor der Flucht noch einen handschriftlich geschriebenen Brief gegeben. Den händigte Abel wenig später den Eltern des jungen Mannes aus, die sich darüber sehr freuten und wunderten, was der deutsche Soldat getan hatte. Richard Abel wurde in Afrika im Zuge der Kampfhandlungen gefangen genommen und nach Großbritannien und in die USA gebracht. Nach seiner Freilassung nahm er Kontakt zur Familie Beretvas auf und besuchte sie auch. Er wurde am 2. Juli 1969 von Yad Vashem als Gerechter unter den Völkern anerkannt.

Willi Ahrem

Kommandanten von Zwangsarbeitslagern erwartet sicher niemand unter den Gerechten unter den Völkern. Trotzdem gibt es einen, der als solcher ausgezeichnet wurde. Die Rede ist von Willi Ahrem, der als Obertruppführer Kommandant des Zwangsarbeitslagers der Organisation Todt in Nemirow in der Ukraine war. Die Organisation Todt war eine paramilitärische Bautruppe im Dritten Reich. Sie wurde insbesondere für Baumaßnahmen in den von Deutschland besetzten Gebieten eingesetzt. Zu den bekanntesten Bauprojekten gehörten zum Beispiel der sogenannte Atlantikwall, der die alliierte Invasion verhindern sollte, die U-Bootbasen in Frankreich und Abschussrampen von V1- und V2-Raketen. Bei ihren Bauvorhaben setzte die Organisation Todt in großem Ausmaß Zwangsarbeiter ein. Im November 1941 war eine erste „Aktion“ der SS gegen die Juden im Ghetto Nemirow geplant. Aktion bedeutete nichts anders, als dass ein Teil der im Ghetto eingepferchten Menschen von der SS aus dem Ghetto gebracht und erschossen werden sollte. Willi Ahrem wurde als Kommandant des Zwangsarbeitslagers am Vortag über das anstehende Vorhaben der SS informiert. Sofort gab er sein Wissen an Jehoschua Menzer weiter, einen

Juden, den er kannte und der Deutsch sprach. Dieser warnte zahlreiche andere Ghettobewohner. Viele – die genaue Zahl ist nicht bekannt – flohen noch vor dem Zugriff der SS in die umliegenden Wälder und Dörfer. Ahrems half aber nicht nur dadurch, dass er die Menschen im Ghetto vor der anstehenden Aktion der SS warnte. Er versteckte Jehoschua Menzer, dessen Familie und zwei weitere Juden in seinem Keller und versorgte sie mit Lebensmitteln. Auch wenn durch die Intervention von Willi Ahrem Leben gerettet wurden, waren noch sehr viele Juden im Ghetto geblieben. Im Zuge der am folgenden Tag durchgeführten Aktion erschossen die Soldaten der SS immer noch 2500 Menschen. Eine weitere Aktion war für den Juli 1942 geplant. Erneut informierte Ahrems die verbliebenen Ghettobewohner über Menzer von dem geplanten Vorhaben und versteckte ihn und seine Familie im Keller. Bei dieser Aktion erschoss die SS die restlichen Menschen aus dem Ghetto. Damit konnte die Familie Menzer nicht in das Ghetto – das ja nicht mehr bestand – zurückkehren. Was also tun? Ahrems besprach die Möglichkeiten mit der Familie Menzer. Sie beschlossen, dass es das Beste sein würde, Menzers in das noch bestehende Ghetto Djurin zu bringen. Dieses lag in Transnistrien, einer Region zwischen den Flüssen Dnjestr und Bug, die von Rumänien besetzt worden waren. Eine weitere Überlebende schloss sich ihnen an und Ahrems persönlich begleitete die Menschen, denen es gelang, im Ghetto Djurin unterzukommen. Ahrens versorgte sie noch mit Kleidung, Lebensmitteln und musste dann auch noch rumänische Polizeibeamte bestechen, die auf ihn und seine Gruppe aufmerksam geworden waren. Trotzdem gelang das Vorhaben. Nach Angaben von Yad Vashem hat die Familie Menzer die Shoah überlebt. Willi Ahrem wurde 1943 zurück nach Deutschland versetzt. Er überlebte den Krieg und starb 1967. Yad Vashem ehrte ihn am 15. Juni 1965 als Gerechten unter den Völkern.

Maria und Adolf Althoff

Althoff gehört zu den bekanntesten und traditionsreichsten Zirkusunternehmen der Welt. Auch während des Dritten Reichs hielt der Zirkus mit seinen zahlreichen Artisten sein Programm aufrecht und gastierte in vielen großen Städten Deutschlands. Im Sommer 1941 war Althoff zu Gast in Darmstadt. Das Zelt und die Wagen waren auf einem großen Festplatz aufgebaut und das örtliche Publikum erfreute sich an den Vorführungen. Hier in Darmstadt nahm Irene Danner Kontakt zur Zirkusfamilie auf. Die junge Frau war Artistin und entstammte der zu dieser Zeit bekannten deutsch-jüdischen Zirkusfamilie Lorch. Der Zirkus Lorch war bereits 1930 in Konkurs gegangen. Irene Danner arbeitete als Artistin mit Pferden. Als sie beim Zirkus Althoff vorsprach, hatte sie ihr vorheriges – sehr erfolgreiches – Engagement bei einem anderen Zirkus aufgrund ihrer jüdischen Herkunft bereits verloren. Maria und Adolf Althoff war die jüdische Herkunft der jungen Frau bekannt. Trotzdem beschlossen sie spontan, der Frau zu helfen, engagierten sie unter anderem Namen und titulierten sie gern als ihre „kleine Italienerin". Irene Danner trat im Zirkus Althoff auf, wo sie sich in einen anderen Artisten, Peter Storms-Bento, verliebte. Außerhalb der Welt des Zirkusses ging die Vernichtung der Juden durch die deutschen Behörden in eine neue Phase. Die Deportationen begannen. Auch Irene Dammers Großmutter war davon betroffen. Zusammen mit ihr wurden ihr Onkel und weitere Familienmitglieder deportiert. Sie starben in Auschwitz. Die Mutter und Schwester der jungen Frau konnten entkommen, flohen zum Zirkus Althoff, wo sie ebenfalls aufgenommen wurden. Wenig später kam Irenes Vater dazu. Er war zwar „arisch", hatte aber von der Wehrmacht Sonderurlaub unter dem Vorwand bekommen, sich um die Scheidung von seiner jüdischen Frau kümmern zu wollen. Damit schützte der Zirkus jetzt vier Personen mit illegalem Status. Das war für die Althoffs mit einem erheblichen Risiko verbunden. So war es jederzeit möglich, von einem unzufriedenen Mitarbeiter denunziert zu werden. Es kam zu einem solchen Fall. Adolf Althoff wurde aber von einem Freund vorgewarnt, lud die Gestapo-Beamten zu einigen Gläsern Alkohol ein, und verschaffte so Irene Danner und ihren Familienangehörigen Gelegenheit, für einige Zeit zu verschwinden. In der Zeit beim Zirkus Althoff wurden auch zwei der Kinder von Irene Danner und ihrem Mann, den sie 1948 heiratete, geboren. Nach dem Krieg folgten noch weitere Kinder, die wie ihre Geschwister und ihre Eltern Artisten wurden und nach dem Krieg als solche arbeiteten. Yad

Vashem erkannte Maria und Adolf Althoff am 2. Januar 1995 als Gerechte unter den Völkern an.

Ruth Andreas-Friedrich und Karin Friedrich

Ruth Andreas-Friedrich gehörte zu den Menschen, die sich schon früh gegen die neuen Machthaber in Deutschland nach 1933 engagierten. Die geschiedene Frau lebte mit ihrem Partner, dem aus Moskau stammenden Dirigenten Leo Borchard und ihrer Tochter Karin in Berlin-Steglitz. Sie wohnten in der Hünersteigstraße 6. Schon kurz nach der Machtergreifung riss das Paar nationalsozialistische Plakate ab und gab politische Informationen an Menschen im Ausland weiter. Nach der Reichspogromnacht 1938 halfen Andreas-Friedrich und Borchert Juden mit falschen Papieren bei der Beschaffung von Unterkünften und mit Lebensmittelkarten, nachdem diese ausgegeben wurden. 1940 half auch Tochter Karin mit. Das blonde Mädchen übernahm wichtige Botengänge. Die kleine Gruppe wurde unter dem Namen „Onkel Emil" bekannt. Ab 1943 war Konrad Latte regelmäßig Gast in der Wohnung in Steglitz. Latte war Jude, Musiker und lebte im Untergrund. Er bekam zu essen, Lebensmittelkarten und lernte bei Borchert dirigieren. Über den jüdischen Musiker lernte „Onkel Emil" Harald Poelchau kennen. Er war Gefängnisseelsorger in Berlin-Tegel, der ihnen von da an jüdische Menschen, Regimegegner und sowie Verfolgte schickte, denen sie ebenfalls halfen. Dazu gehörten Rita und Ralph Neumann, die im Frühjahr 1945 in ihrer Wohnung übernachteten, ansonsten aber illegal bei Harald und Dorothea Poelchau lebten. Davor hatten die beiden bereits woanders, bei Ruth und Agnes Wendland illegal in Berlin gelebt, waren dann von der Gestapo gefasst worden, konnten aber aus der Haft fliehen und waren bei Poelchaus untergekommen. Mehr zu ihrer Geschichte ist unter den Namen von Ruth und Agnes Wendland und Harald und Dorothea Poelchau zu lesen. Mehr zur Geschichte von Konrad Latte findet sich unter den Portraits von Ursula Calogerás-Meissner, Anne-Liese Harich und Ellen Latte. Neben der Unterkunft erhielten Neumanns bei Ruth Andreas-Friedrich, ihrem Partner und der Tochter gefälschte Lebensmittelkarten und niederländische Pässe. Sie überlebten, genau wie Konrad Latte, den Krieg. Yad Vashem erkannte Ruth Andreas-Friedrich am 12. August 2002 und Karin Friedrich am 30. Mai 2004 als Gerechte unter den Völkern an.

Josef Arkenau

Das südoldenburger Land nimmt im ansonsten protestantischen Norddeutschland eine Sonderrolle ein: Es ist tief katholisch geprägt. Einer der Orte der Region ist Quakenbrück. In Essen, einem kleinen Ort in der Nähe, wuchs Josef Arkenau als viertes von sechs Geschwistern auf. Er wurde 1900 geboren, machte 1921 Abitur und war wie seine Familie und sein regionales Umfeld religiös und zutiefst konservativ geprägt. Der Berufswunsch des jungen Mannes: Priester. Wie sein älterer Bruder trat er in den Dominikanerorden ein und wurde 1929 zum Priester geweiht. Er erhielt den Ordensnamen Aurelius. Es war die Zeit des politischen Umbruchs. Die Nationalsozialisten übernahmen in Deutschland die Macht. Für den konservativen Aurelius war das zunächst eine gute Nachricht, versprach das doch die nationale Erneuerung Deutschlands. Erste Risse bekam dieses Bild, als der junge Priester im April 1934 seinen Dienst als Seelsorger in Berlin antrat. Dort wurde er Zeuge der alltäglichen Diskriminierungen der Rassenverfolgung in der Reichshauptstadt. 1940 versetzte ihn die Kirche. Sein neuer Wirkungsbereich war die Dominikanerkapelle in Leipzig-Wahren, einem Arbeiterviertel der Stadt. Auf einer der Heimfahrten ins heimatliche südoldenburger Land kam es zu einem Schlüsselerlebnis. Bei einem Zwischenstopp in Magdeburg wurde er Zeuge der unmenschlichen Behandlung von Juden, die nach Osten deportiert wurden. Aurelius entschloss sich zu handeln. Er baute Kontakt zu anderen Menschen auf, die sich gegen das nationalsozialistische Regime wehrten, und half bei der Rettung von Juden, aber auch Kommunisten und Deserteuren. Zu den Menschen, die ihm die Rettung verdanken, gehört Käthe Sackarndt. Als sie von der Gestapo die Aufforderung erhielt, sich mit ihrem Sohn auf einem Sammelplatz einzufinden, wandte sie sich an Johanna Landgraf, die sie weiter an Josef Arkenau verwies. Diesem war die Gefahr bewusst, er klärte die Mutter darüber auf, beschaffte ihr über seine Kontakte eine Unterkunft bei christlichen Familien und half mit Geld und Lebensmittelkarten weiter. Als das Risiko einer Entdeckung in Leipzig wuchs, beschaffte er der Frau einen Ariernachweis, der ihre Situation absicherte. Käthe Sackarndt zog darauf nach Halle, wo sie mit ihrem Sohn den Krieg und die Shoah überlebte. Ein anderer Fall endete tragisch. Eine jüdische Ärztin nahm in dem Haus, in dem sie sich versteckt hielt, Gift und damit das Leben. Pater Aurelius arrangierte ein christliches Begräbnis unter falschem Namen, damit die Gestapo keinen Verdacht schöpfen konnte. Am 27. Oktober 1998 erkannte ihn Yad Vashem als Gerechten unter den Völkern an.

Hugo Armann

Der 1917 geborene Hugo Armann arbeitete im Frühjahr 1942 auf dem Bahnhof Baranowitschi in Weißrussland und verteilte etwas, das bei den Soldaten heißbegehrt war: „Sitzplatzmarken“ für die Züge nach Deutschland. Die Aufgabe des Hauptfeldwebels bestand zusammen mit Kameraden darin, die Rückreise von Soldaten auf Heimaturlaub von der Ostfront zu organisieren. Armann war in dem kleinen Dorf Rauenstein in Thüringen aufgewachsen. Der Umgang mit Menschen jüdischer Religion war für den jungen Armann völlig normal gewesen. Seine Eltern hatten viele jüdische Freunde – sowohl vor als auch nach Hitlers Machtergreifung.

Durch seine Arbeit auf dem Bahnhof hatte er Zugang zu den militärischen und polizeilichen Stellen in der Umgebung. Und er konnte Arbeitskräfte requirieren. Diese Position nützte er, um jüdische Menschen zu retten. Ein Beispiel ist die damals 19-jährige Sarah Czazkes-Manishevitz, die in seinem Haus arbeitete und im naheliegenden Ghetto wohnte. Über seine Kontakte zum Sicherheitsdienst (SD) der SS erfuhr Armann im September 1942 von einer geplanten Aktion gegen die Juden im Ghetto. Er hielt die bei ihm arbeitende junge Frau davon ab, ins Ghetto zurückzukehren, und brachte sie eine Woche in seinem Haus unter. Nachdem das Ghetto aufgelöst worden war, konnte er die Frau nicht weiter decken. Er gab ihr Waffen sowie Munition und verhalf ihr zur Flucht zu den Partisanen. Zu diesen hatte er über einen polnischen Bekannten, Edward Chacza, Kontakt. Sarah Czazkes-Manishevitz blieb auch nach dem Krieg mit ihm in Kontakt. Am 5. September 1985 erkannte Yad Vashem Hugo Armann als Gerechten unter den Völkern an.

Heinrich Aschoff

siehe bei Hubert Pentrop

Hedwig und Fritz Aub

Im Februar 1942 hatten deutsche Soldaten im Osten häufig schon durch Kameraden davon gehört, dass Juden ermordet wurden, oder waren sogar Zeuge von Erschießungen geworden. Im Laufe des Jahres verbreitete sich dieses Wissen durch Weitergabe an Ehefrauen, Eltern, Verwandte und Bekannte zum Beispiel beim Urlaub in der Heimat immer mehr. Gleichzeitig erhielten jüdischen Mitbürger überall in Deutschland weiterhin „Evakuierungsbefehle", die zu ihrer Deportation führten. Für diese Menschen stellte sich die Frage, was sie im Zuge einer Deportation erwartete. Dass der Weg über einen Aufenthalt in einem der zahlreichen Ghettos dann in die Vernichtungslager führte, ist heute Allgemeinwissen. 1942 aber war es das nicht. Dafür gab es zahlreiche Gerüchte. Die Bandbreite reichte von der Ansiedlung der Juden im Osten, wo sie sich durch Arbeit ein neues Leben aufbauen konnten, bis hin zur Ermordung. Auch wenn bereits im Februar 1942 in der Niedersächsischen Tageszeitung zu lesen war, „dass durch diesen Krieg nicht die arische Menschheit vernichtet, sondern der Jude ausgerottet wird", rechneten viele Juden nicht mit dem Schlimmsten. Vor der Deportation stand auch Erna Segal, eine jüdische Sozialarbeiterin, die seit vielen Jahren für die jüdische Gemeinde arbeitete. Und natürlich fragte sie sich, was für ein Schicksal sie nach der „Evakuierung" erwartete. Auf dem Weg zu einer bedürftigen Person saß sie eines Tages im Bus. An ihrem Mantel war deutlich der gelbe Stern zu sehen, den sie als Jüdin tragen musste. Den sah ein Soldat, dessen Name nicht bekannt ist, der aber vermutlich auf Heimaturlaub war und genau wusste, was für ein Schicksal Juden im Osten erwartete. Er hatte den gelben Stern bemerkt, stieg zusammen mit Erna Segal aus dem Bus und folgte ihr, bis sie eine Nebenstraße erreichten. Hier sprach er die Frau an, bat sie, den gelben Stern zu verbergen, und erzählte ihr ausführlich von den Gräueln, die sie im Osten erwarten würden. Er riet ihr eindringlich davon ab, dem Evakuierungsbefehl zu folgen und sich stattdessen zu verstecken. Anschließend trennten sich ihre Wege. Erna Segal war aufgeschreckt. Sie versuchte zunächst, das neue Wissen zu überprüfen, und nahm Kontakt zu einem Freund auf, der wiederum gute Kontakte zum rumänischen Konsul hatte. Dieser bestätigte die Erzählungen des Soldaten. Darauf stand Erna Segals Entscheidung fest: Sie würde untertauchen. Sie erzählte einem vertrauenswürdigen nichtjüdischen Freund davon, der einen Kontakt zu einem Arzt in Berlin herstellte. Dabei handelte es sich um Fritz Aub. Zusammen mit seiner Frau Hedwig half er illegal lebenden Juden. Er versorgte sie, auch mit Hilfe seiner Patienten, mit Lebensmitteln und verschaffte ihnen Übernachtungsmöglichkeiten. Aub vermittelte Erna und ihrem Mann nicht nur eine vorübergehende Unterkunft in einem Kloster, sondern besorgte ihnen auch Lebensmittelkarten und kümmerte sich während des gesamten Krieges um ihre medizinischen Bedürfnisse. Als Ernas Mann im Dezember 1944 in der U-Bahn schwer verletzt wurde, fuhr Aub sofort an den Ort des Geschehens, kümmerte sich um den verletzten Mann und brachte ihn unter falschem Namen in ein Krankenhaus. Aub hatte zahlreiche Unterstützer aus dem medizinischen Bereich. Erna Segal überlebte den Krieg, genauso wie ihr Mann. Ihr Sohn, ihre Mutter, Schwestern und Brüder wurde deportiert und ermordet. Nach dem Krieg blieb der Kontakt zwischen Erna Segal und ihrem Mann mit der Familie Aub bestehen. Yad Vashem erkannte Fritz und Hedwig Aub am 28. Dezember 1987 als Gerechte unter den Völkern an.

Margarete und Arno Bach, Luise und Alfred Griesmann sowie Frieda Lissack

Gegen Ende des Zweiten Weltkriegs herrschten in Deutschland chaotische Zustände. Während die alliierten Truppen immer weiter und schneller vorankamen, wurden überall im Land KZ-Häftlinge auf Todesmärsche getrieben oder unter katastrophalen Bedingungen mit Zügen oder Schiffen transportiert. Als die SS das Lager Rehmsdorf, eines der letzten Außenlager des KZ Buchenwald, evakuierte, setzte sie dabei Züge ein. Einige Tausend Häftlinge wurden auf offenen Viehwagen eingepfercht. Es gab weder Heizung noch Nahrung oder Trinkwasser. Auf den Bahnhöfen Reitzenhain und Gelobtland wurde der Zug von alliierten Flugzeugen angegriffen. Im darauf entstehenden Durcheinander konnten zahlreiche Häftlinge fliehen. Die SS-Wachen spürten die meisten auf und erschossen sie. Die beiden Brüder Michael und Jurek Rozenek schafften es, einen Wald zu erreichen. Dort trafen sie auf Arno Bach, einen Einheimischen, der im nahegelegenen Niederschmiedeberg lebte und als Kesselexperte in einer Papierfabrik arbeitete. Diese fertigte für die Wehrmacht, und Bach war aufgrund seines beruflichen Könnens vom Militärdienst befreit. Die Brüder nahmen ihren Mut zusammen, sprachen Bach an und baten um Hilfe. Für diesen wäre es leicht gewesen, sie an die nahen SS-Wachen, die überall nach Entflohenen aus dem Zug suchten, zu verraten. Das tat er aber nicht. Er brachte sie zu seinem Hof, wo er die beiden Männer zwischen Brennholzstapeln versteckte. Dabei halfen seine Frau Margarete, seine Schwägerin Luise Griesmann und ihr Mann Alfred sowie Frieda Lissack, die die Geflohenen mit Lebensmitteln versorgten und sogar deren Körperausscheidungen beseitigten. Auf diese Weise überstanden die beiden Brüder die letzten Wochen des Dritten Reiches lebend. Anschließend zogen sie nach Berlin, wo sie weiter den Kontakt zu ihren Rettern hielten. 1952 wanderten Michael und Jurek Rozenek nach Argentinien aus.

Am 23. Dezember 1987 erkannte Yad Vashem Arno und Margarete Bach, Luise und Alfred Griesmann sowie Frieda Lissack als Gerechte unter den Völkern an.

Albert Battel und Max Liedtke

Es gibt eine ganze Reihe von Rettern, die der Wehrmacht angehörten. So ist das auch bei den Portraits von Albert Battel und Max Liedtke. Ihre Geschichte ist darüber hinaus besonders, weil sich beide Männer als Offiziere unter Einbeziehung der ihnen unterstehenden Soldaten mit Waffeneinsatz der SS entgegenstellten, als diese Juden aus einem Ghetto deportieren wollte. Dabei wäre es beinahe zu einem bewaffneten Konflikt zwischen Wehrmacht und SS gekommen. Albert Battel war Rechtsanwalt in Breslau und Reserveoffizier. Schon vor dem Krieg fiel er den Behörden durch „judenfreundliches Verhalten" auf. Er hatte zum Beispiel einem jüdischen Kollegen einen Kredit gegeben. In seiner Funktion als Reserveoffizier wurde er im Alter von 51 Jahren als Adjutant des örtlichen Militärkommandanten, Major Max Liedtke, im polnischen Przemyśl stationiert. Sein militärischer Rang war der eines Oberleutnants. Auch hier fiel Battel den Behörden früh auf, als er dem Vorsitzenden des Judenrats, Ignaz Duldig, vor Ort mit Handschlag begrüßte. Battel kannte Duldig noch aus Wien, wo er während der Studienjahre mit ihm befreundet gewesen war. Sein Vorgesetzter, Max Liedtke, war im Juli 1939 zur Wehrmacht eingezogen worden und nahm an den Kampfhandlungen bei der Eroberung Polens im September 1939 teil. Anschließend wurde er der Militärverwaltung zugeteilt, wo er zunächst in Belgien, dann in Griechenland eingesetzt wurde. Im Juli 1942 erhielt er die Aufgabe des Militärkommandeurs von Przemyśl, wo er zusammen mit Battel die Schlüsselrolle in einer einzigartigen bewaffneten Konfrontation zwischen Wehrmacht auf der einen Seite und SS und Gestapo auf der anderen innehatte. Wie in vielen anderen Städten im europäischen Osten, waren auch in Przemyśl die Juden in einem Ghetto zusammengefasst. Derartige Ghettos waren erste Schritte auf dem Weg in die Vernichtung. Viele jüdische Menschen starben bereits an Hunger und Entkräftung in den Ghettos. Der Weg aus dem Ghetto heraus führte für die meisten Juden in den Tod – in den Jahren 1941 und 1942 häufig in Form von Erschießungen, ab 1942 dann in die Vernichtungslager wie Auschwitz. Am 26. Juli 1942 hatten Battel und Liedtke gerade erst ihren Dienst angetreten, als die SS die Juden aus dem Ghetto in Przemyśl deportieren wollte. In einer sofort einberufenen Stabsbesprechung der Wehrmachtsoffiziere forderte Battel, die Brücke über den Fluss San, den einzigen Zugang zum Ghetto, mit Wehrmachtssoldaten zu blockieren und dieses rechtlich mit einem vorhandenen „Belagerungszustand“ zu begründen. Lag ein Belagerungszustand vor, hatte die Wehrmacht an einem Ort die oberste Entscheidungsbefugnis. Liedtke war einverstanden und schloss sich Battels Sichtweise an. Auf Bedenken reagierte Liedtke mit dem überlieferten Satz: „Das Schlimmste, was sie mit uns machen können, ist, dass sie uns erschießen.“ Der Beschluss wurde sofort in die Tat umgesetzt. Das Kommando vor Ort auf der Brücke übernahm Albert Battel. Als die SS anmarschierte, blockierte er wie besprochen mit seinen Männern die Brücke und ließ auf die SS-Männer anlegen. Es entstand eine Pattsituation, die bis in den Nachmittag andauerte. Battel nutzte die Situation und ließ seine Soldaten mit Lastwagen in das Ghetto fahren, um rund 100 Juden und ihre Familien in die Baracken der Militärkommandantur zu bringen und sie dem Schutz der Wehrmacht zu unterstellen. Sehr wahrscheinlich ging Liedtke davon aus, durch das militärische Oberkommando in Polen Rückendeckung zu erhalten. Dem war aber nicht so. Noch am selben Tag erhielt er den Befehl, den „Belagerungszustand“ aufzuheben. Am nächsten Tag konnte die SS in das Ghetto eindringen. Rund 8.000 jüdische Menschen wurden in das Vernichtungslager Belzec transportiert. Das weitere Schicksal der beiden Männer: Liedtke wurde am 30. September seines Postens als Militärkommandant enthoben und der Kommandantur der 1. Panzerarmee im Kaukasus zugeteilt. Er machte den Rückzug der Wehrmacht mit, landete in Danzig und geriet in russische Kriegsgefangenschaft. 1955 starb er in einem Kriegsgefangenenlager im Ural. Am 24. Juni 1993 erkannte Yad Vashem ihn als Gerechten unter den Völkern an. Er ist der höchste deutsche Offizier, dem diese Ehre zuteilwurde.

Albert Battel wurde 1944 aus dem aktiven Dienst bei der Wehrmacht entlassen. Grund war eine Herzkrankheit. Er kehrte nach Breslau zurück, wo er in den Volkssturm eingezogen wurde und in russische Kriegsgefangenschaft geriet. Nach seiner Freilassung ging er nach Westdeutschland, durfte aber aufgrund des Urteils einer Entnazifizierungskammer nicht wieder als Rechtsanwalt arbeiten. Er starb 1952 in Hattersheim bei Frankfurt. Yad Vashem erkannte ihn am 28. Januar 1981 als Gerechten unter den Völkern an.

Else und Berthold Beitz

Berthold Beitz ist vielen bundesdeutschen Bürgern und insbesondere Wirtschaftsfachleuten vor allem als Top-Manager in Erinnerung, der sich auch ehrenamtlich engagierte. Er war unter anderem Generaldirektor des Krupp-Konzerns in Essen und Ehrenmitglied des Deutschen Olympischen Komitees. Weniger bekannt ist, dass er vielen jüdischen Menschen in der Zeit des Dritten Reichs das Leben rettete. Der 2013 gestorbene Beitz wurde fast 100 Jahre alt. Geboren 1913 in Vorpommern machte er zunächst eine Ausbildung zum Bankkaufmann, bevor er kurz vor Kriegsbeginn 1939 von der Royal Dutch Shell Oil Company als Mitarbeiter in Hamburg angestellt wurde. Beitz leistete gute Arbeit und erwarb sich schnell fachliches Know-how in der Ölindustrie. Da diese kriegswichtig war, verhalf ihm das zur Zurückstellung vom Militärdienst. Anfang Juli 1941 kam Berthold Beitz in die Stadt Boryslaw in Ostgalizien. Sowohl Boryslaw als auch die nahe gelegene Regionalstadt Drohobycz waren wichtige Zentren der Ölindustrie. Und damit hing die Ankunft von Beitz zusammen. Er war Geschäftsführer der Beskidian Oil Company – später umbenannt in Carpathian Oil Company – in Boryslaw. In der Stadt lebten traditionell viele Juden. Am Vorabend des Zweiten Weltkriegs waren es 13.000. Juden bildeten als Chemieingenieure, Laboranten, Mechaniker, Wirtschaftsprüfer, Geschäftsleute, aber auch als ungelernte Arbeiter, einen großen Teil der Beschäftigten in der Ölindustrie. Vor der Ankunft von Beitz hatte die Stadt wechselvolle Jahre hinter sich. Sie wurde zunächst im Zuge des deutschen Angriffs auf Polen am 12. September 1939 von den deutschen Truppen besetzt, aber infolge des deutsch-sowjetischen Pakts zwei Wochen später an die Sowjets übergeben. Mit der Operation Barbarossa, dem deutschen Überfall auf die Sowjetunion, besetzte die Wehrmacht Boryslaw am 1. Juli 1941 erneut. Für die jüdische Bevölkerung hatte das schlimme Folgen. Ukrainer und Polen begannen sofort, mit Unterstützung der Deutschen,

Juden zu ermorden. Hunderte von Juden aus Boryslaw wurden in nahe gelegene Arbeitslager gebracht und mussten Zwangsarbeit leisten. Für die Ölgesellschaft war das eine gefährliche Entwicklung, war sie doch auf die jüdischen Mitarbeiter angewiesen. Das Unternehmen handelte sofort und richtete eigene Arbeitslager ein, in denen sie ihre Mitarbeiter und deren Familien vor den Razzien der SS und ihrer ukrainischen Kollaborateure schützte. Die Arbeiter erhielten ein spezielles Abzeichen in Form eines „R" auf der Brust, das sie vor Deportationen schützte. R stand dabei sehr wahrscheinlich für „Rüstungsarbeiter". Beitz wurde recht schnell Zeuge von Gräueltaten an der jüdischen Bevölkerung, die auf ihn nachhaltigen Eindruck machten. Dazu gehörte die sogenannten „Invaliden-Aktion", die am 7. August 1942 stattfand. Dabei evakuierte die SS das jüdische Waisenhaus von Boryslaw. Beitz sah mit eigenen Augen, wie Säuglinge aus den Fenstern geworfen und Kinder mitten in der Nacht barfuß aus den Häusern getrieben wurden. Als Leiter der Ölgesellschaft hatte Beitz sich schnell ein Netzwerk in der Region aufgebaut. Dazu gehörten auch Verbindungen zu den wichtigsten nationalsozialistischen Funktionären. Das führte dazu, dass er im Voraus über bevorstehende antijüdische „Aktionen" informiert wurde. Er erhielt das Recht, die am Umschlagplatz zusammengetriebenen Juden zu kontrollieren, damit sichergestellt war, dass keiner seiner eigenen Mitarbeiter in ein Vernichtungslager deportiert wurde. Des Weiteren hatte er die Befugnis, nach eigenem Ermessen qualifizierte Arbeitskräfte für seine Unternehmen auszuwählen. Überliefert ist, dass Beitz zum Beispiel im August 1942 250 jüdische Männer und Frauen aus einem Transport ins Vernichtungslager Belzec heraussortierte und damit rettete. Er deklarierte die Menschen einfach als Facharbeiter. Zahlreiche Augenzeugenberichte haben bestätigt, dass es sich bei vielen Menschen, die er dabei auswählte, tatsächlich nicht um Facharbeiter, sondern um unqualifizierte Arbeitskräfte handelte, die zudem noch in körperlich schlechter Verfassung waren. Das war nicht die einzige Form der Unterstützung der Juden. Beitz gab jüdischen Vertrauten auch Informationen über bevorstehende „Aktionen" weiter und versteckte zusammen mit seiner Frau Juden, die sich auf der Flucht befanden, im eigenen Haus. Beides barg auch für das Ehepaar erhebliche Risiken, zum Beispiel durch Denunziation. Einer der von Beitz

Geretteten ist Bezalel Linhard. Er überlebte den Krieg, ging anschließend nach Israel, wo er eine hohe Position bei der Polizei bekleidete. Er erzählte später gegenüber Yad Vashem: „Wenn wir Angst vor einem bevorstehenden Massaker hatten, schliefen mein Vater und ich im Haus der Beitz. Er und seine Frau gaben uns ein Zimmer, ein Bett mit Laken ... Ihre Haltung war für Deutsche sehr ungewöhnlich. Sie brachten uns Decken und Kissen und alles in ihrer Villa, ein einstöckiges Gebäude. Das geschah zwei- oder dreimal, während draußen ein Massaker verübt wurde." Einmal geriet Beitz in das Fadenkreuz der Gestapo. Zwei jüdische Mädchen waren Anfang 1943 in einem Zug nach Ungarn verhaftet worden. Sie wiesen sich mit gefälschten „arischen" Arbeitsgenehmigungen aus, die von Beitz unterschrieben waren. Die Mädchen gehörten zu einer jüdischen Untergrundorganisation, die sie für die Fahrt nach Ungarn mit den Papieren ausgestattet hatte. Mitglieder der Untergrundbewegung hatten zuvor Blankoformulare für „arische" Mitarbeiter aus Beitz Büro gestohlen. Für Beitz blieb der Vorfall dann aber ohne weitere Konsequenzen. Er arbeitete bis März 1944 in Boryslaw. Dann wurde er zur Wehrmacht eingezogen. Viele der von ihm Geretteten überlebten den Krieg, viele blieben mit ihm in Kontakt und unterstützten seine Ernennung zum Gerechten unter den Völkern. Diese war nicht unumstritten. Es gab eine kleine Minderheit der Überlebenden, die dagegen argumentierten. Aus ihrer Sicht waren die Steigerung der Produktion und die persönliche Bereicherung Hauptmotive für das Handeln des ehemaligen Direktors der Karpatenölgesellschaft. Außerdem habe er sich bei der Rettung jüdischer Arbeiter keinem wesentlichen Risiko ausgesetzt. Yad Vashem prüfte die Vorwürfe und kam zu dem Schluss, dass keine dieser Behauptungen durch die Fakten des Falles bestätigt wurde. Beitz' Beweggründe seien altruistisch gewesen. Diskutiert wurde auch eine positive Äußerung von Beitz nach dem Krieg hinsichtlich von Fritz Hildebrand, dem SS-Kommandanten des Zwangsarbeitslagers in Boryslaw, dieser habe „beide Augen zugedrückt", als es um die Beschäftigung von Juden ging. Dabei gelangte Yad Vashem zu der Auffassung, dass diese Aussage seine Verdienste nicht ungeschehen machen würde. Viele Jahren nach dem Krieg äußerte sich Berthold Beitz zu den Beweggründen seiner Rettungstaten. „Es war kein Antifaschismus, kein Widerstand. Wir haben von morgens bis abends hautnah miterlebt, was mit den Juden in Boryslaw passiert ist. Wenn man sieht, wie eine Frau mit ihrem Kind auf dem Arm erschossen wird, und man selbst hat ein Kind, dann reagiert man ganz anders."

Am 3. Oktober 1973 wurde er von Yad Vashem als Gerechter unter den Völkern anerkannt. Am 5. Februar 2006 erkannte Yad Vashem auch seine Frau, Else Beitz, als Gerechte unter den Völkern an.

Leonard Bartlakowski

Die Geschichte von Leonard Bartlakowski ist gleich in mehrererlei Hinsicht ungewöhnlich: Zunächst rettete Bartlakowski Juden, was ihn schließlich zum Retter unter den Völkern machte. Als wäre das nicht schon genug, fällt bei der Lektüre sein selbst für die Retter ungewöhnlicher Mut auf. Einige seiner Taten gleichen Husarenstücken. Geboren wurde Bartlakowski in Berlin. Seine Familie kam ursprünglich aus Polen, sodass er eingebürgert und später zur Wehrmacht eingezogen wurde. Bartlakowski diente in einer Fliegerstaffel. Für ihn begann der Krieg gleich mit dem Angriff auf Polen. Seine Staffel war dabei – und hatte den Auftrag, die polnische Hauptstadt Warschau zu bombardieren. Bartlakowski aber machte nicht mit. Er hatte einen anderen Plan – schnappte sich einen Fallschirm und sprang damit aus der Maschine. Nachdem er sicher auf polnischem Gebiet gelandet war, schlug er sich auf eigene Faust bis nach Lwiw durch, dem damaligen Lemberg. Was er da wollte, ist genauso wenig bekannt wie seine Beweggründe, die ihn überhaupt zum Sprung mit dem Fallschirm bewegt hatten. Auf jeden Fall geriet er in die Hände sowjetischer Truppen, die die Stadt im Zuge des Hitler-Stalin-Pakts und der darin vereinbarten Aufteilung Polens besetzten. Bartlakowski landete im Gefängnis, wo er bis Juni 1941 saß. Als die deutschen Truppen die Sowjetunion angriffen, besetzten sie auch Lemberg. Alle politischen Gefangenen wurden freigelassen – darunter auch Bartlakowski. Da nach ihm in Deutschland unter seinem richtigen Namen gefahndet wurde, nannte er sich Robert Krysinski. Wie er es genau anstellte, ist nicht überliefert, aber es gelang ihm, das Vertrauen der deutschen Eroberer zu gewinnen. Die Gestapo stellte ihn als Dolmetscher ein und stationierte ihn in dem kleinen Ort Rawa Ruska, nordwestlich von Lwiw. Dabei lernte er Abraham Weinfeld kennen, einen örtlichen Apotheker. Zwischen beiden Männern entwickelte sich eine Freundschaft. Das Büro von Krysinski alias Bartlalowski befand sich im Bahnhof. Nur 30 Kilometer entfernt befand sich das Vernichtungslager Belzec – und die Deportationszüge passierten regelmäßig und häufig den Bahnhof. Bartlakowski war in den Informationsfluss der Gestapo insoweit eingebunden, dass er von bevorstehenden Razzien und Transporten erfuhr. Davon berichtete er regelmäßig Weinfeld, der diese Informationen an die verschiedenen Judenräte in der Umgebung weiterleitete. Eines Tages dann war es so weit: Wie Bartlakowski erfuhr, sollten auch die Juden aus Rawa Ruska deportiert werden. Die Gestapo in Lwiw wies die Gestapo in dem kleinen Ort an, dafür Viehwaggons bereitzustellen. Jetzt war Eile geboten. Als Erstes sprach er mit Weinfeld darüber und bot an, ihn zusammen mit seiner Frau in seiner Wohnung zu verstecken. Der Freund aber hatte ein alternatives Versteck, bat Bartlakowski aber, stattdessen seine Schwägerin Romana Kessler und eine Frau mit dem Namen Stephanie Reicher zu verstecken. Bartlakowski war einverstanden. Dann kletterte er in der Nacht selbst verkleidet ins Ghetto, um die Menschen dort vor dem anstehenden Transport zu warnen. Bis Juni 1943 lebte der Dolmetscher zusammen mit den beiden Schutzbefohlenen in seiner kleinen Wohnung. Dann kamen auch noch Abraham Weinfeld und seine Frau dazu, die aus unbekannten Gründen ihr altes Versteck verlassen mussten. In der Wohnung hatte Bartlakowski zusammen mit seinen Schützlingen ein Versteck eingerichtet. Es war drei Kubikmeter groß und unter dem Bett in die Erde gegraben. Als schwierig erwies sich die Beschaffung von Lebensmitteln. Da Bartlakowski formal allein lebte, wäre es aufgefallen, hätte er zu große Mengen an Lebensmitteln eingekauft. Also begann er zu stehlen – und schaffte es tatsächlich, sich und die vier Menschen im Erdloch unter seiner Wohnung durchzubringen. Ganz unbehelligt blieben die fünf aber nicht. Im Ort kursierten Gerüchten, nach denen der Dolmetscher Juden verstecken würde. Das führte dazu, dass die Gestapo eines Tages seine Wohnung in Augenschein nahm. Alles ging gut. Bartlakowski tischte Schnaps auf, womit es ihm gelang, den Besuch in andere Bahnen zu lenken. Abraham Weinfeld erinnerte sich später:

„Sein Herz und seine Nerven müssen aus Stahl gewesen sein, und er hatte den Mut, den ein Pilot braucht, um so viele Monate bei uns zu überleben und psychisch nicht zusammenzubrechen."

Auf diese Weise überlebten die vier Juden bis zum Einmarsch der Roten Armee in Rawa Ruska am 27. Juli 1944.

Nach dem Krieg zog Bartlakowski zurück nach Berlin, wo auch seine Mutter und Schwester lebten. Aber bereits 1953 starb er an Tuberkulose, mit der er sich im Gefängnis von Lwiw angesteckt hatte. Er wurde nur 36 Jahre alt. Weinfelds wanderten nach Australien aus. Sie blieben noch bis zu Bartlakowskis Tod mit ihm in Kontakt.

Yad Vashem erkannte Leonard Bartlakowski am 4. September 1979 als Gerechten unter den Völkern an.

Claire Barwitzky

Claire Barwitzky wuchs in einfachen Verhältnissen auf. Geboren wurde sie in einem katholischen Elternhaus in Nysa in Oberschlesien. Die Stadt hieß in der Zeit des Dritten Reiches Neiße. Ihr Vater war ungelernter Arbeiter bei der Eisenbahn. Das vorhandene Einkommen reichte immer gerade zum Überleben der Familie. 1932 erhielt die junge Frau die Möglichkeit, nach Frankreich zu gehen. Sie fuhr nach Lyon, um dort als Sekretärin für Laurent Remillieux zu arbeiten, einem deutschsprachigen französischen Geistlichen, der Anführer einer deutsch-französischen religiösen Friedensbewegung, den Compagnons de Saint-François, war. Dort schloss sie sich dieser Bewegung an. Nach einiger Zeit ging sie für zwei Jahre nach Freiburg, um dort eine Ausbildung zur Seelsorgehelferin zu machen. 1935 kehrte sie nach Frankreich zurück, wo sie in die Gemeinde von Vaujany in den französischen Alpen versetzt wurde. Der Zweite Weltkrieg begann. Damit wurde das Leben für die junge Frau in Frankreich schwieriger. Als Deutsche weckte sie das Misstrauen der in den Bergen besonders aktiven Résistance. Claire Barwitzky wechselte die Stelle und arbeitete von nun an in einer katholischen Familienpflegeeinrichtung in St.-Etienne an der Loire. Sie hielt ihre deutsche Herkunft verborgen. In dieser Zeit waren in Frankreich zahlreiche Juden ohne französische Staatsbürgerschaft unterwegs, die untergetaucht waren, um einer Deportation zu entgehen. Die Einrichtung, für die Claire Barwitzky arbeitete, half diesen jüdischen Menschen. Sie nahm jüdische Kinder auf. Es gab einen jüdischen Mitarbeiter, der extra dafür angestellt worden war, für diese Kinder Verstecke bei der Landbevölkerung zu organisieren. Im Sommer 1943 verstärkten die deutschen Besatzer die Verfolgung der Juden in Frankreich. Das Risiko von Entdeckungen nahm massiv zu. Die katholische Einrichtung reagierte. Sie brachte die Kinder, es waren etwa 30, in einem Sommerlager am Fuß des Mont Blanc, in der in der Nähe von Chamonix unter. Dort lebten die rund 30 jüdischen Kinder ein ganzes Jahr, betreut von Claire Barwitzky, einer französischen Schulleiterin und zwei jüdischen Frauen, sodass das Lager weit länger als einen Sommer bestand. Unterbrochen wurde die Zeit für Claire Barwitzky einmal, als sie nach Lyon aufbrach, um zwei verwaiste Mädchen zu befreien. Das Gebiet, in dem sich das Sommerlager befand, wurde im Spätsommer 1944 befreit. Yad Vashem erkannte Claire Barwitzky am 20. März 1991 als Gerechte unter den Völkern an.

Katharina Bayerwaltes

siehe bei Josephine und Heinz Odenthal

Otto Berger

Fedur Bruck ist einer der zahlreichen Juden, die im Ersten Weltkrieg für das Deutsche Reich gekämpft hatten – und trotzdem schon Jahrzehnte später im Dritten Reich Verfolgung und Deportation ausgesetzt waren. Nach der Zeit als Soldat studierte Bruck Zahnmedizin und arbeitete als Zahnarzt an Schulen in Liegnitz. Schon vor der nationalsozialistischen Machtübernahme bekam er den zunehmenden Druck der NSDAP zu spüren und wurde in Liegnitz entlassen. Er zog nach Berlin, arbeitete dort als Zahnarzt im Schulsystem, bis er 1933 auch diesen Arbeitsplatz verlor und dann nur noch jüdische Patienten behandeln durfte. Am 12. Oktober 1942 erhielt er den „Evakuierungsbefehl“ für die Deportation nach Osten. Bruck war klug und vermutlich gut informiert. Er tauchte unter – und fand bei einigen Bekannten in Berlin Unterkunft. Über einen Bekannten lernte er Otto Berger kennen. Berger war ebenfalls Zahnarzt. Er hatte sich 1930 sogar der NSDAP und der SA angeschlossen, dann aber zunehmend von diesen Organisationen entfremdet und an deren Politik Kritik geäußert, worauf er aus beiden ausgeschlossen wurde.

Er versorgte seinen Kollegen sofort mit Lebensmitteln und bot ihm Unterkunft in seiner Wohnung an. In der Folge versteckte Berger Bruck 21 Monate lang bis zum Kriegsende. Zweimal mussten sie umziehen. Einmal war das Haus bombardiert worden. Ein anderes Mal war die Wohnung zu unsicher geworden. Fedur Bruck hatte keinen Ausweis und keinen Anspruch auf Lebensmittelkarten. Das hieß: Otto Berger beschaffte auch Lebensmittel für ihn und darüber hinaus alles weitere, was er brauchte, bis hin zu einem gefälschten Ausweis. Nach dem Krieg spielte Fedur Bruck noch eine Rolle bei der Identifizierung von Adolf Hitler. Dazu kam es, nachdem er in der zerstörten Reichshauptstadt eine ehemalige Assistentin aus Oberschlesien getroffen hatte. Diese hatte im Krieg für Hugo Blaschke gearbeitet. Blaschke war der Zahnarzt von Adolf Hitler. Als die sowjetischen Truppen die Überreste von Hitlers Leiche gefunden hatten, galt es, diese Person zu identifizieren. Ein wichtiger Faktor war dabei das Gebiss. Bei der Identifizierung sollte die Zahnarztassistentin mit Hilfe gefundener zahnärztlicher Unterlagen helfen. Dabei stand ihr Bruck mit seinem Fachwissen zur Seite. Die sowjetischen Machthaber boten Bruck darauf an, die Klinik von Blaschke zu übernehmen. Er lehnte ab und zog zunächst in den westlichen Teil von Berlin und 1947 in die USA, wo er 1982 verstarb. Mit Otto Berger blieb er in Kontakt. Am 11. August 2009 wurde Otto Berger von Yad Vashem als Gerechter unter den Völkern anerkannt.

Ella und Herbert Bernhardt

Herbert Bernhardt und seine Frau Ella wurden 1913 und 1914 geboren. 1940 waren beide noch unter 30 Jahre alt und beruflich bereits sehr erfolgreich. Herbert Bernhardt arbeitete als Textileinkäufer für eine Firma in Berlin. Ella Bernhardt leitete die Abteilung eines anderen Unternehmens, in der rund 80 jüdische Frauen als Zwangsarbeiterinnen beschäftigt wurden. Währenddessen befand sich einer seiner Mitarbeiter, Hugo Kähler, in einer schwierigen Lage. Er war Halbjude, sorgte sich um sein eigenes Schicksal und zudem um das seiner jüdischen Mutter, die im damaligen Bublitz in Pommern lebte. Hugo Kähler wandte sich mit seinen Sorgen an Herbert Bernhardt. Warum er diesem sein Vertrauen schenkte, lässt sich heute nicht mehr nachvollziehen. Fakt ist aber, dass Bernhardt ihm seine Hilfe anbot und dem jungen Mann sowie seiner Mutter eine Wohnung in Berlin vermittelte, in der beide sicher unterkommen konnten. Beide überlebten die Shoah. Darauf beschränkte sich die Hilfe des Ehepaares aber nicht. Wenn es nötig war, stellten sie den jüdischen Frauen aus der Abteilung von Ella Bernhardt ihr eigenes Haus als Notunterkunft zur Verfügung. Am 14. April 1983 erkannte Yad Vashem Herbert und Ella Bernhardt als Gerechte unter den Völkern an.

Rudolf Bertram

Rudolf Bertram wurde gegen Ende des Zweiten Weltkrieges als Mediziner vor die Entscheidung gestellt, ob er verfolgten jüdischen Menschen helfen wollte oder nicht. In den Jahren 1944 und 1945 war er Chefarzt von gleich zwei Krankenhäusern im Ruhrgebiet: des katholischen Krankenhauses St. Joseph in Gelsenkirchen-Horst und des Marienkrankenhauses in Gelsenkirchen-Rotthausen. In der Nähe beider Kliniken befand sich eine Außenstelle des Konzentrationslagers Buchenwald. Hier lebten rund 2.000 ungarische Juden, die als Zwangsarbeiter in einem Rüstungswerk von Krupp arbeiteten. Bei einem massiven Luftangriff am 11. September 1944 wurden viele der jüdischen Frauen verwundet oder getötet. Verwundete Frauen wurden ins nahe gelegene Krankenhaus gebracht, wo sich der Chefarzt persönlich um sie kümmerte. Schon dabei fiel er durch seine engagierte, humane und mitfühlende Art gegenüber den Jüdinnen auf. In dieser Zeit war Penicillin gerade entdeckt worden. In Deutschland war es äußerst selten, kostbar und die Verabreichung an jüdische Patienten verboten. Rudolf Bertram verabreichte es trotzdem an diese – womit er auch für sich selbst ein erhebliches Risiko einging. Eine der Patientinnen war Hermina Festinger, der ein Bein amputiert werden musste. Sie war zuvor aus Auschwitz nach Gelsenkirchen zur Zwangsarbeit deportiert worden. Als die Gestapo intervenierte, um die vorzeitige Entlassung der Frau aus dem Krankenhaus zu erreichen, widersetzte sich Bertram den Beamten und hatte Erfolg, in dem er seinen Rücktritt androhte. Nach einem Monat kehrten die Mitarbeiter der Gestapo zurück, um die beinamputierte Frau aus dem Krankenhaus abzuholen. Jetzt konnten sie diese aber nicht mehr finden. Bertram gab sich ratlos. In Wirklichkeit hatte er Hermina Festinger in einem Lagerraum des Krankenhauses versteckt. Dank der Hilfe des Arztes überlebte sie den Krieg. Yad Vashem erkannte Rudolf Bertram am 29. November 1979 als Gerechten unter den Völkern an.

Werner von Biel

Den Berliner Manfred Alexander ereilte zunächst ein Schicksal, wie es für den Großteil der Juden im Deutschen Reich typisch ist: Der 1920 geborene Mann wurde im November 1942 zusammen mit seinen Eltern deportiert. Ziel war das Ghetto von Minsk. Als junger und kräftiger Mann wurde Alexander als Zwangsarbeiter im Eisenbahnbau eingesetzt. Dabei lernte er einen deutschen Vorarbeiter kennen. Der Name des Mannes ist ebenso wenig überliefert wie sein weiteres Schicksal. Aber er half dem jungen Juden ganz wesentlich dabei, sich in einem Zug zu verstecken, mit dem verwundete deutsche Soldaten von der Front zurück nach Deutschland gebracht wurden. Auf diese Weise gelangte Manfred Alexander zurück nach Berlin. Was aber hier tun? Manfred Alexanders Hoffnung war ein Bekannter aus der Zeit vor der Deportation. Er hieß Werner Wilhelm von Biel, war Vater dreier Kinder und arbeitete für einen Flugzeughersteller. Manfred Alexander bat ihn um Hilfe – die Werner von Biel ihm ohne große Diskussion gewährte, in dem er den jungen Mann in einer Zweitwohnung unterbrachte. In der folgenden Zeit versorgte ihn von Biel mit Lebensmitteln und Geld.

Alexander gelang es, über eine kommunistische Widerstandsorganisation an falsche Papiere nicht nur für sich, sondern auch seine Verlobte und deren Mutter zu kommen. Im Sommer 1943 brachen die drei mit Hilfe der Papiere nach Belgien auf, von wo sie wenig später nach Frankreich weiterreisten. In der Nähe von Besançon schafften sie es, in die Schweiz zu gelangen. Nach Ende des Krieges wanderte Manfred Alexander zusammen mit seiner Verlobten in die USA aus. Am 31. Dezember 2003 erkannte Yad Vashem Werner von Biel als Gerechten unter den Völkern an.

Willi Bleicher

Willi Bleicher gehört zu den Gerechten unter den Völkern, die schon sehr früh gegen die nationalsozialistischen Machthaber in Deutschland Widerstand leisteten. Wesentlicher Grund dafür war die politische Einstellung. Bleicher war seit seiner Jugend Kommunist. Er wurde 1903 als fünfter Sohn einer Arbeiterfamilie geboren und machte bei einem Automobilhersteller eine Ausbildung zum Metallarbeiter. Schon früh schloss er sich der kommunistischen Jugendbewegung und später der KPD an. 1929 kam es zu innerparteiischen Auseinandersetzungen. Es ging um die Frage der Unterordnung unter die Maximen aus Moskau. Ein Teil der Mitglieder, unter ihnen Bleicher, spaltete sich ab und gründete die Kommunistische Partei Opposition (KPO). Nach der Machtergreifung der Nazis ging die KPO zusammen mit Bleicher in den Untergrund. 1935 wurde er von der Gestapo verhaftet und zu drei Jahren Haft verurteilt. Diese saß Willi Bleicher ab, kam aber trotzdem anschließend nicht auf freien Fuß. Die Haft wurde auf unbestimmte Zeit, verbunden mit Aufenthalt in einem KZ, verlängert. Bleicher landete in Buchenwald. Innerhalb der Konzentrationslager gab es klare Strukturen unter den Häftlingen, die je nach Gruppe, zu der sie gehörten, zusammenhielten und sich unterstützten. Bleicher gehörte zu den politischen Häftlingen, die zu den stärksten Gruppen im KZ gehörten. 1944 war Bleicher, mittlerweile 37 Jahre alt, Leiter der Untergrundorganisation der politischen Häftlinge, die in dieser Zeit in Buchenwald die interne Lagerverwaltung kontrollierten. Das war die Situation, als am 5. August Zacharias Zweig im Lager eintraf. Zweig war ein polnischer Jude. Fast seine gesamte Familie war bereits gestorben. Neben ihm lebte nur noch sein Sohn, der zusammen mit ihm eingeliefert wurde. Das Besondere: Der junge Stefan Jeszy Zweig war erst drei Jahre alt. Ein Kind in diesem Alter war extrem ungewöhnlich in einem KZ – und erregte sofort die Aufmerksamkeit der anderen Insassen. Allen war klar, dass der Junge schon in kürzester Zeit nach Auschwitz deportiert werden würde. Für die politischen Häftlinge wurde er zu einem Symbol. Sie beschlossen, ihn mit allen Mitteln zu schützen.

Bleicher verschaffte dem Dreijährigen eine Schlafgelegenheit in einem der Lagerräume. Die war nicht zufällig gewählt. Für die SS-Wachen waren die Räume mit „Läusen und Typhus verseucht", was dazu führte, dass sie diese Räume mieden. Dadurch konnte der Junge zunächst untertauchen. Die Lagerleitung setzte ihn – wie zu erwarten – auf die Transportliste nach Auschwitz. Darauf bestach Bleicher den SS-Arzt, der den kleinen Jeszy im Lagerkrankenhaus aufnahm, wodurch er dem Transport – und damit dem sicheren Tod – entzogen war. Anschließend gelang es den Männern im Lager, ihn in das so genannte kleine Lager in Buchenwald zu verlegen. Hier nahm sich ein anderer politischer Häftling, Eugene Waller, seiner an und schützte ihn. Zacharias Zweig und sein Sohn überlebten. Das gelang auch Willi Bleicher. Bevor der Krieg zu Ende war, wurde er aber noch zusammen mit anderen Mitgliedern der Untergrundbewegung am 28. Oktober 1944 verhaftet. Grund war die Teilnahme an einer geheimen Gedenkfeier zu Ehren des ermordeten KPD-Vorsitzenden Ernst Thälmann. Die Gestapo folterte Bleicher, dem aber die Flucht gelang. Nach dem Krieg wurde er Sekretär der IG-Metall in Baden-Württemberg. Yad Vashem erkannte Willi Bleicher am 18. Mai 1965 als Gerechten unter den Völkern an.

Else Blochwitz

Als Joseph Goebbels 1943 Berlin für „judenfrei" erklärte, irrte er sich gewaltig. Zahllose Juden lebten noch untergetaucht in der Stadt. Schätzungen zufolge sollen es rund 7.000 Menschen gewesen sein. Dass gerade in Berlin so viele Juden untergetaucht waren, wie sonst in keiner anderen deutschen Stadt, zeigen auch die Berichte über die Gerechten unter den Völkern, bei denen sich die Rettungen immer wieder in der Reichshauptstadt ereignet haben. Ein Beispiel dafür ist Else Blochwitz. Die 1899 geborene Frau war Luftschutzwart eines großen Wohnblocks in Berlin. Damit hatte sie Zugang zu leerstehenden Wohnungen und Kellern. Und die damit verbundenen Möglichkeiten nutzte sie, um Menschenleben zu retten. Else Blochwitz versteckte jüdische Mitbürger sowohl in der eigenen Wohnung wie auch an anderen Orten und versorgte sie auch mit dem Nötigsten. Dabei baute sie sich im Berliner Untergrund ein regelrechtes Netzwerk an freiwilligen Helfern auf, die Kleidung und Lebensmittel spendeten, aber auch Pakete und Briefe an bereits deportierte Juden schmuggelten. In Untergrund war sie unter dem Decknamen „Black“ bekannt. Zu den Menschen, die sie rettete, gehörte die Halbjüdin Rita Grabowski, die bis Oktober 1944 bei Else Blochwitz Unterkunft fand. Eine ehemalige Untermieterin und Freundin von ihr, Herta Arndt, war dagegen ins Ghetto nach Minsk deportiert worden. Sie starb am 10. Oktober 1943 in Lublin. Vermutlich dadurch fühlte sich Else Blochwitz insbesondere mit dem Ghetto in Minsk verbunden. Sie versandte immer wieder Pakete mit Lebensmitteln und Spielzeug an Kinder im Ghetto. Die jüdischen Kinder bedankten sich häufig mit Briefen und indem sie Else Blochwitz Bilder zuschickten. Nach Angaben von Yad Vashem hat keines der Kinder den Holocaust überlebt. Am 18. Mai 1965 erkannte Yad Vashem Elsa Blochwitz als Gerechte unter den Völkern an.

Elisabeth Bornstein, Johanna Schallschmidt, Frida und Hans Winkler, Elisabeth Bredig, Hans Luma/Arno Lumma sowie Luise und Walter Kulka

In vielen Fällen war die Rettung von Juden das Werk einzelner Menschen, von Ehepaaren oder Familien, die ihre Schützlinge für längere Zeit in ihren Wohnungen unterbrachten und ihnen mit Lebensmitteln, Geld und Kleidung halfen. Im Fall von Ilse Grün verhielt es sich anders. Die Rettung war ein Gemeinschaftswerk gleich einer ganzen Reihe von hilfreichen Menschen. Die Geschichte von Ilse Grün beginnt in Berlin. Schon vor dem Krieg war sie mit ihrem Mann Gerhard Bernhard Grün und weiteren Familienmitgliedern in die Reichshauptstadt gezogen, weil sie glaubte, in der großen und pulsierenden Stadt besser überleben zu können als an ihrem bisherigen Wohnort. Aber auch in Berlin wurden jüdische Menschen diskriminiert, verfolgt, und nach Kriegsausbruch begannen die Deportationen in die Ghettos und Konzentrationslager, in denen schließlich auch die Familie und der Ehemann von Ilse Grün starben. Zunächst konnten sich beide noch in Berlin verstecken. Ihre ersten Retter waren Elisabeth und Ludwig Bornstein. Ludwig Bornstein war so genannter Halbjude, was zur Folge hatte, dass das Ehepaar die ursprüngliche Wohnung verlassen musste und mit der Tochter in einer winzigen Einzimmerwohnung lebte. Dazu kam eine kleine Küche, aber kein Bad. In dieser Einzimmer-Wohnung hielt die kleine Familie Bornstein auch noch Ilse Grün und ihren Mann versteckt. Das ging gut bis in den Oktober 1943, als Ilse Grün von der Gestapo verhaftet wurde. Über die genauen Umstände ist nichts bekannt. Klar ist aber, dass sie nach Auschwitz deportiert werden sollte, es ihr aber gelang, aus dem Zug zu springen. Sie kehrte nach Berlin zurück – und wandte sich erneut an die Familie Bornstein. Diese stellte Kontakt zu Johanna Schallschmidt her, die in der Untergrundorganisation Gemeinschaft für Frieden und Aufbau arbeitete. Dabei handelte es sich um eine bis heute weitgehend unbekannte Widerstandsgruppe, die von dem Justizangestellten Hans Winkler und dem jüdischen Elektriker Werner Scharff gegründet worden war. Winkler war bei seiner Arbeit am Amtsgericht Zeuge von Verhören und Folterungen geworden, was ihn ganz wesentlich zum Regimegegner machte. Zusammen mit seiner Frau Frida gewährte er Juden – so auch dem Ehepaar Grün – Unterschlupf. Werner Scharff war zuvor im Konzentrationslager Theresienstadt gewesen, hatte daraus fliehen können und war in Berlin untergetaucht. Anschließend fanden Ilse Grün und ihr Mann Unterkunft bei Elisabeth Bredig. Deren Mann war aufgrund seiner gemischtjüdischen Abstammung von der Gestapo ermordet worden. Darauf zog die junge Frau zu ihren Eltern, wo sie seitdem lebte. Sie nahm das Ehepaar Grün bei sich und damit in der elterlichen Wohnung auf. Dabei wussten ihre Eltern nicht, dass es sich bei Grüns um Juden handelte.

Weitere Helfer des Ehepaars waren Walter und Luise Kulka, die seit Januar 1943 bei der Beschaffung von Lebensmittelkarten halfen. Im Oktober 1944 sollte ein weiterer Umzug von Ilse und Gerhard Bernhard Grün stattfinden. Sie wollten zu Hans Luma und seiner Frau ziehen. Hans Luma war Christ, seine Frau Jüdin. Bei ihr handelte es sich um eine Cousine von Gerhard Bernhard Grün. Bei dem Namen von Hans Luma ist sich Yad Vashem nicht sicher. Er kann auch Lumma lauten. Auch der Vorname Arno wird als Möglichkeit aufgeführt. Ein Teil der Vorbereitungen wurde telefonisch besprochen. Was keiner der Beteiligten wusste: Die Gestapo hörte mit. Als das Ehepaar Grün auf dem Hof von Luma eintraf, wurden sie von Gestapo-Beamten verhaftet und wenig später im Gefängnis am Alexanderplatz inhaftiert. Es folgte die Verlegung in ein Auslieferungslager in der Oranienburger Straße. Ilse Grün arbeitete, indem sie SS-Uniformen flickte. Die Gestapo brachte ihren Mann in ein Lager in Sachsenhausen-Oranienburg, wo er am 16. März 1945 erschossen wurde. Die Verhaftung hatte auch für andere Beteiligte Konsequenzen: Johanna Schallschmidt, die der Gestapo durch das Abhören des Telefons bekannt geworden war, wurde ebenfalls verhaftet und in ein Konzentrationslager deportiert. Da ihr Mann in Kriegsgefangenschaft war, blieb ihr elfjähriger Sohn Werner allein zurück. Hans Luma wurde ebenfalls inhaftiert und überlebte nicht. Nach dem Krieg wanderte Ilse Grün in die USA aus, wo sie 1953 erneut heiratete und den Ehenamen Loewenberg annahm. Yad Vashem erkannte am 10. Juni 1982 Elisabeth Bornstein, Johanna Schallschmidt, Hans und Frida Winkler, Elisabeth Bredig, Hans Luma sowie Luise und Walter Kulka als Gerechte unter den Völkern an.

Günther Brandt

Günther Brandt gehört zu den Gerechten unter den Völkern mit einem christlichen Hintergrund. Er wurde 1912 in Essen geboren und erhielt im November 1939 seine Ordination zum evangelischen Pfarrer, wobei sich Brandt als zur Bekennenden Kirche zugehörig empfand. Diese war eine Bewegung evangelischer Christen, die in Opposition zu den Versuchen einer Gleichschaltung von Lehre und Organisation der Deutschen Evangelischen Kirche mit dem Nationalsozialismus stand. Kurz nach der Einsetzung ins Amt des Pfarrers wurde Brandt zur Wehrmacht eingezogen. Er kam an die Ostfront, wo er 1941 schwer verwundet wurde. An einen Wiedereinsatz als Soldat war nicht zu denken, Brandt verbrachte drei Jahre im Lazarett. Als er dieses verlassen konnte, erhielt er eine Arbeit als Totengräber zugewiesen. Im Rahmen seiner Arbeit bestattete Brandt nicht nur die Leichen von verstorbenen Deutschen. Zu seinen Aufgaben gehörte es auch, gefallene Kriegsgegner, zum Beispiel abgestürzte Piloten, zu bestatten und ein Verzeichnis deren Gräber zu führen. Darüber hinaus barg seine Tätigkeit ungeahnte Möglichkeiten, um in Not geratenen Menschen zu helfen. Brandt war befugt, ausgebombte deutsche Flüchtlinge mit neuen Ausweispapieren, Lebensmittelkarten und Unterkünften zu versorgen. Anders als viele seine Kollegen setzte er diese Befugnisse ein, um Juden zu helfen, die sich versteckt hielten. Dabei ließ es Günther Brandt aber nicht bewenden. Er versteckte – zusammen mit seiner Frau – wiederholt auch jüdische Mitbürger in seinem Haus und versorgte sie dabei. Beispiele: 1944 nahmen die Brands die jüdische Witwe Gertrud Leopold in ihrem Haus auf. Die Frau überlebte den Krieg. Als die Jüdin Susanne Vogel, die mit einem Nicht-Juden verheiratet war, vor der Deportation stand, besuchten Günther Brandt und seine Frau sie und boten ihr Schutz in ihrem Haus an. Auch die halbjüdische Tochter fand bei Brandts Schutz. Dem jüdischen Rechtsanwalt Hans Gumpel und seiner Frau, die untergetaucht in Potsdam lebten, gab Brandt eine gestempelte Bestätigung, die sie als Flüchtlinge aus Stettin auswiesen. Die Bescheinigung half ihnen, sich bei den zahlreichen amtlichen Kontrollen auszuweisen. Beide überlebten die Shoah.

Die Verbindung von Gumpels zu Brandts hatte Maimi Celina Baronesse von Mirbach hergestellt, die ebenfalls zur Bekennenden Kirche gehörte. Auch sie half jüdischen Mitbürgern, unter anderem, indem diese bei ihr wohnen konnten, und wurde ebenfalls als Gerechte unter den Völkern geehrt. Yad Vashem erkannte Günther Brandt am 26. Juni 1980 als Gerechten unter den Völkern an.

Elisabeth Bredig

siehe bei Elisabeth Bornstein

Maria und Fritz Briel

Der „Bund – Gemeinschaft für sozialistisches Leben“ gehört zu den Organisationen, die im Dritten Reich Widerstand leisteten und Juden retten – und bis heute kaum wahrgenommen und gewürdigt wurden. Der Holocaust-Überlebende Arno Lustiger hat ihnen in seinem Buch „Rettungswiderstand“ ein Kapitel gewidmet. Der Bund wurde 1924 von sieben Frauen und zwei Männern aus Essen und Umgebung gegründet und gewann nach der Gründung schnell neue Mitglieder. Zu Beginn des Dritten Reiches gehörten rund 100 Menschen dazu. Der Bund war straff organisiert. So mussten die Bund-Mitglieder ein Zehntel ihres Einkommens an die Organisation abführen. Die Ideale des Bunds sind heute schwer zu fassen. Es mischen sich Einflüsse unter anderem aus Sozialismus, Reformpädagogik und Volkshochschulbewegung. Ein wichtiger Einflussgeber war die Philosophie vom Immanuel Kant, aus der heraus eine Alltagsethik der Verpflichtung auf das Naheliegende und möglichst Humane entwickelt wurde. Jegliches Rassedenken wurde kategorisch abgelehnt. Einer der Vordenker des Bunds war Artur Jacobs. Die Mitglieder des Bunds theoretisierten nicht nur, sie setzten ihre Anschauungen auch in der Praxis um. Dazu gehörte, dass sie sich früh auf mögliche Konfrontation mit dem nationalsozialistischen Staat, mit Polizei und Gestapo vorbereiteten. Das Verhalten bei Verhören und Hausdurchsuchungen wurde in Rollenspielen erprobt, für die Wohnungen gab es vorbereitete Fluchtpläne. Das Geübte erwies sich als praxistauglich. Auch wenn die Post von Bund-Mitgliedern jahrelang überwacht wurde, es mehrfach zur Denunziation von Mitgliedern kam und es auch immer wieder Verhöre gab, überstanden alle Bund-Mitglieder, die in Deutschland waren, den Krieg. Erhaltene Verhör-Protokolle der Gestapo zeugen noch heute davon, wie gut die eingeübten Taktiken der Bund-Mitglieder waren. Die praktische Umsetzung bedeutete auch, sich für verfolgte Juden in Deutschland einzusetzen. Einige Fälle sind heute bei Yad Vashem dokumentiert. Es ist zu vermuten, dass das Rettungswerk größer war und damit auch die Zahl der Retter. Zu den dokumentierten Fällen gehört die Geschichte von Marianne Ellenbogen. Sie gehörte zu einer achtköpfigen Familie, die im August 1943 deportiert werden sollten. Das war die letzte noch in Essen verweilende volljüdische Familie. Marianne war 20. Und nur ihr gelang im letzten Moment die Flucht aus dem Haus Ladenspelderstraße 47, das von der Gestapo überwacht wurde. Der Rest der Familie wurde zunächst inhaftiert, dann nach Theresienstadt und von dort aus nach Auschwitz deportiert und dort ermordet. Marianne hatte bereits seit 1941 Kontakt zum Bund und wusste, dass diese Gruppe Juden half. Nach ihrer Flucht suchte sie den ihr bekannten Treffpunkt des Bundes in einer Wohnung in der Leveringstraße auf. In den nächsten Wochen konnte sie bei Sonja Schreiber, der Mieterin, leben.

Ein weiteres Mitglied des Bundes war Grete Ströter. Sie besuchte Mariannes Familie, die während dieser Zeit noch in Essen im Gefängnis inhaftiert war. Auf diese Weise konnten Marianne und ihre Familie Informationen austauschen. Das war für Grete Ströter, den Bund und Marianne mit einem erheblichen Risiko verbunden. Denn der Gestapo war klar, dass ihr ein Familienmitglied entkommen war. Die Beamten wollten möglichst die vollständige Familie deportieren und suchten deshalb intensiv nach der jungen Frau. Nach fast drei Wochen gab die Gestapo auf. Die Deportation wurde ohne Marianne durchgeführt. Als die Alliierten Essen im Herbst und Winter 1943 zunehmend stärker bombardierten, wurden andere Bund-Mitglieder in die Beherbergung von Marianne Ellenbogen einbezogen. Zunächst wechselte sie zwischen Braunschweig und Göttingen hin und her. In Braunschweig wohnte sie bei Karin Morgenstern, in Göttingen bei Hedwig Gehrke. Die Männer beider Frauen waren bei der Wehrmacht. Karin Morgenstern lebte mit ihren beiden kleinen Töchtern in einer Vorstadtwohnung. Sie hatte einen kleinen Garten, der zusätzliche Lebensmittel lieferte. Hedwig Gehrke lebte mit ihrem kleinen Sohn und ihrer Schwiegermutter. Im Winter 1943 wechselte Marianne nach Remscheid, wo sie bei Maria und Fritz Briel wohnte, der bereits in der Vergangenheit kurze Zeit von der Gestapo verhaftet worden war, was das Ehepaar nicht davon abhielt, der jungen Frau zu helfen. In Burscheid konnte sie bei ihrer Freundin Anne Schmitz und in Mülheim bei Mathilde und Gustav Zenker übernachten. Auf diese Weise überstand sie die Wochen und Monate. Als sie wieder einmal bei Hedwig Gehrke wohnte, vermittelte sie diese im Sommer 1944 an Meta Steinmann, eine andere Freundin, in Göttingen weiter. Das Bund-Netzwerk funktionierte hervorragend. Auch wenn das so war, mussten von Zeit zu Zeit weitere Unterschlupfmöglichkeiten gefunden werden. Eine solche bot sich in der kleinen Dachgeschosswohnung von Emilie Busch in Wuppertal-Elberfeld. Bei der Frau handelte es sich um die ehemalige Haushälterin der Tante von Marianne Ellenbogen. Im Februar 1945 half das Bund-Mitglied Greta Dreibholz Marianne, indem sie eine weitere Unterkunft an sie vermittelte. Diese befand sich bei ihrer Freundin Hanni Ganzer, die als Lehrerin an der Luisenschule in Düsseldorf arbeitete. Ganzer las das Empfehlungsschreiben ihrer Freundin und nahm die ihr unbekannte Frau sofort auf, ohne auf die damit verbundene Gefahr zu achten. So überlebte Marianne als einziges Mitglied ihrer Familie. Im Jahr 1946 wanderte sie nach England aus. Yad Vashem erkannte am 17. Februar 2004 Sonja Schreiber, Grete Ströter, Karin Morgenstern, Hedwig Gehrke, Fritz und Maria Briel, Mathilde und Gustav Zenker, Anne Schmitz, Meta Steinmann, Emilie Busch und Hanni Ganzer als Gerechte unter den Völkern an.

Henny Brunken

Dass die Unterstützung jüdischer Menschen nicht immer spektakulär sein musste und auch mit geringen Mitteln möglich war, zeigt eindrucksvoll die Geschichte von Henny Brunken. Die Hausfrau lebte in Bremen nicht weit entfernt von der Weser. Ihr Mann war Soldat bei der deutschen Marine und fuhr auf einem U-Boot, während Henny Brunken in Bremen den sechs Monate alten Sohn und die fünfjährige Tochter Erika versorgte. In der Nähe ihres Wohnhauses in der Hastedter Heerstraße waren viele Wohnhäuser durch alliierte Bombenangriffe schwer beschädigt. Henny

Brunken konnte sehen, wie Zwangsarbeiter von früh morgens bis spät am Abend an der Beseitigung der Trümmer arbeiteten. Dabei fielen ihr zwei junge Frauen auf. Es waren die siebzehnjährige Eva Kozlowski und ihre Schwester Ella. Die beiden jüdischen Mädchen kamen ursprünglich aus Berlin. Sie taten Frau Brunken so leid, dass sie sich spontan entschloss zu helfen. Sie füllte Milch und Haferflocken in eine Flasche, um sie den Mädchen zu bringen. Wie aber konkret die Flasche zu den Mädchen bringen, ohne dass es auffiel? Dazu steckte die findige Hausfrau die Flasche in eine Wollsocke, hängte sie an den Tretroller der Tochter Erika und schickte das Mädchen auf den Weg zu den beiden jüdischen Schwestern. Die Gabe kam an, wurde nicht entdeckt und die Tochter kam wohlbehalten zurück zur Mutter. Am nächsten Morgen wurde die kleine Erika wieder auf den Weg geschickt. Die Fahrt wiederholte sie von nun an regelmäßig – sie wurde für Ellen und Eva im Januar und Februar 1945 zu einer zusätzlichen Versorgung, auf die sie sich verlassen konnten. Als Eva am 25. Februar ihren 18. Geburtstag hatte, schenkte ihr Henny Brunken ein selbstgemachtes Taschentuch mit ihren Initialen, die sie aufgestickt hatte. Den beiden jüdischen Mädchen gab das Kraft. Nicht nur körperlich in Form der Lebensmittel, sondern auch mental. Die Hilfe stärkte ihren Überlebenswillen und die Gewissheit, dass es unter den Menschen nicht nur Hass und Gewalt, sondern auch Unterstützung und Solidarität gab. Am 28. Februar wurde die Einheit der Zwangsarbeiter, zu der Eva und Ella gehörten, versetzt. Henny Brunken konnte nicht mehr helfen. Unglücklicherweise verstarb am selben Tag Henny Brunkens Mann auf seinem U-Boot – was die Frau aber erst später erfuhr. Die beiden Mädchen, denen sie so treu geholfen hatte, überlebten den Krieg. Sie wanderten später nach Israel aus. 22 Jahren später kamen Henny Brunken und die beiden jüdischen Schwestern wieder in Kontakt. Ella Kozlowski hatte eine Suchanzeige in der Bremer Tageszeitung Weser-Kurier geschaltet. Darauf meldete sich ihre Helferin und es kam zu einem regen Briefwechsel. 1968 besuchte Frau Brunken auf Einladung der Schwestern Israel und im selben Jahr, am 20. September 1968, erkannte Yad Vashem sie als Gerechte unter den Völkern an.

Valeska Buchholz

Im März 1943 war ein Großteil der Juden in Berlin deportiert. Gerüchte über das Schicksal der „evakuierten“ Menschen machten seit langem die Runde, und je länger die Transporte in den Osten liefen, umso düsterer wurde das, was den verbliebenen Juden an Informationen zugetragen wurde. Als Dina und Heinz Brieger die Aufforderung zur „Evakuierung“ erhielten, wuchs ihre Angst. Das Ehepaar zog in Erwägung, sich selbst umzubringen. Einen Tag vor der Deportation trafen sie Valeska Buchholz. Briegers hatten früher in dem Wohnblock gelebt, in dem jetzt Valeska Buchholz wohnte. Buchholz Mann war Hausmeister des Hausblocks, aber mittlerweile zur Wehrmacht eingezogen. Sie erzählten der Frau von ihrer Not. Diese nahm sie auf, versteckte sie im Anbau der Pförtnerloge und teilte in den nächsten Monaten ihre mageren Essensrationen mit den beiden. Am 23. November 1943 wurden das Gebäude im Zuge eines Bombenangriffs zerstört. Dina und Heinz Brieger fanden darauf eine andere Bleibe und überlebten den Krieg genauso wie Valeska Buchholz. Am 29. März 1984 wurde Valeska Buchholz von Yad Vashem als Gerechte unter den Völkern anerkannt.

Erika und Erich Büngener

Eine weitere Rettungstat aus Berlin fand in Charlottenburg statt. Hier lebte Erich Büngener zusammen mit seiner Frau Erika. Beide hatten zwei kleine Kinder. Erich Büngener war Innenarchitekt und hatte ein Möbelgeschäft. Da er 1941 zum Dienst bei der Wehrmacht eingezogen wurde, stand das Geschäft ab diesem Zeitpunkt verwaist da und wurde nicht genutzt. Max Mandel war seit vielen Jahren mit Erich Büngener befreundet. Er war Jude und mit einer nicht-jüdischen Frau verheiratet. Zusammen hatten sie einen Sohn. Als die Situation für die jüdischen Bürger des Deutschen Reichs immer schwieriger wurde, planten Mandels die Auswanderung nach Brasilien. Um die entsprechenden Visa zu bekommen, war Mandels Frau nach Sao Paulo gereist. Anfang 1943 war sie noch nicht zurück, während gleichzeitig die Situation für die verbliebenen Juden in Berlin zunehmend schwieriger geworden war. Mandel machte sich auf den Weg zu Büngeners, um anzufragen, ob er zusammen mit seinem Sohn Gert, seiner Schwester Ester Kantorowicz und seinen Schwager Kurt Kantorowicz dort wohnen könne, bis die nötigen Genehmigungen aus Brasilien vorliegen würden. Büngener und seine Frau waren einverstanden. Zuerst zogen das Ehepaar Kantorowicz im Hause Büngener ein, dann folgten Max Mandel und sein Sohn. Im Juli 1944 wurde Kurt Kantorowicz von der Gestapo verhaftet. Über sein weiteres Schicksal ist nichts bekannt. Die verbleibenden Drei wohnten dort bis zum 1. Mai 1945. Die Hauptlast des Versteckens der erst vier, dann drei Menschen trug Erika Büngener. Sie kümmerte sich ganz wesentlich auch um die Versorgung ihrer Schützlinge mit Lebensmitteln, wobei sie die Rationen für sich und die Kinder mit ihren Gästen teilte und zusätzliche Lebensmittel bei Ausflügen beschaffte. Die Eltern von Erika Büngener wussten vom Geheimnis ihrer Tochter und deren Ehemann und waren sehr besorgt. Trotzdem halfen auch sie. Als die Wohnung von Erika und Erich Büngener in der Folge eines Luftangriffs im November 1943 beschädigte wurde, nahmen sie die vier Juden während der Reparatur für die Zeit von acht Tagen zu sich. Yad Vashem erkannte Erich und Erika Büngener am 2. Januar 1991 als Gerechte unter den Völkern an.

Marie Burde

Eine weitere Gerechte unter den Völkern ist Marie Burde. Sie ist ein Beispiel dafür, dass Menschen zu Rettern wurden, selbst wenn sie am untersten Rand der Gesellschaft lebten und materiell für die eigene Versorgung kaum genug hatten. Burde lebte im Wedding, einem Berliner Arbeiterstadtteil. Ihre Wohnung war nicht mehr als ein dunkles Kellerloch. Sie lebte davon, alte Zeitungen, Lumpen und leere Flaschen zu verkaufen. Trotz ihrer schwierigen Lage zögerte sie nicht einen Augenblick, als im Herbst 1942 drei junge Männer im Alter von 21 und 22 vor ihrer Wohnungstür standen und um Unterkunft und Hilfe baten. Bei den dreien handelte es sich um die Brüder Alfred und Rolf Joseph sowie ihren Freund Arthur Fondanski.

Marie Burde nahm sie spontan auf – und erfuhr ihre Geschichte. Am 6. Juni 1942 war Rolf von der Zwangsarbeit nach Hause zurückgekehrt, als er auf der Treppe des Hauses Lärm aus der eigenen Wohnung hörte: Schreie seiner Mutter und eine fremde laute Stimme. Als Schritte auf der Treppe zu hören waren, machte er spontan kehrt und rannte weg – wofür er sich sein Leben lang Vorwürfe machte. Rolf suchte seinen Bruder Alfred, den er bei Freunden fand. Sie stellten fest, dass ihre Eltern abgeholt worden waren. Vater Herrmann Joseph hatte im Ersten Weltkrieg – wie viele Juden – als Soldat für Deutschland gekämpft. In den folgenden Tagen übernachteten die Brüder draußen, ließen sich in der Stadt treiben und sprachen Nachbarn an. Von einem erhielten sie 2.000 Reichsmark, die die Mutter für sie dort deponiert hatte. Sie trafen Alfreds Freund, Arthur Fondanski, der sich in einer vergleichbaren Lage befand. Von nun an schlugen sie sich zu dritt in Berlin durch. Sie übernachteten in Parks, Bahnhöfen sowie nahegelegenen Wäldern und ernährten sich von Lebensmitteln, die sie vom erhaltenen Geld auf den Schwarzmärkten kauften. Als der Herbst kam, wurde ihnen klar, dass es so nicht weitergehen konnte. Sie mussten ein Dach über dem Kopf finden. Sie trafen eine Bekannte ihrer Eltern, die zwar nicht selbst helfen wollte, ihnen aber den Hinweis auf eine Frau gab, die möglicherweise helfen würde, da sie dafür bekannt sei, dass sie mit Verfolgten sympathisiere und heimlich Juden helfe. So gelangten die drei zu Marie Burde. Von nun an schliefen sie nachts in Burdes Wohnung auf Zeitungsstapeln, die die Frau zuvor gesammelt hatte. Tagsüber mussten sie die Wohnung verlassen, damit die Nachbarn nicht auf sie aufmerksam wurden. Das Leben für die kleine Gemeinschaft war riskant. Es war immer möglich, dass die jungen Männer auf der Straße von einem Polizisten angehalten wurden – und im Prinzip konnte jeder Passant und vor allem die Nachbarn sie denunzieren, wenn sie Verdächtiges zu sehen glaubten. Alles ging gut bis zum November 1943, als ein Bombenangriff das Haus zerstörte. Marie Burde und ihre drei Schützlinge machten sich auf den Weg nach Schönow, nördlich von Berlin, wo sie ein Grundstück besaß. Bei einer Polizeikontrolle gaben sie schlicht an, dass all ihre Papiere bei dem Bombenangriff verbrannt seien. In Schönow bauten sie aus zusammengesuchten Brettern eine provisorische Unterkunft, während Marie Burde bei den Behörden parallel als ausgebombte Bewohnerin der Stadt eine Ersatzwohnung beantragte – und schließlich auch ein Zimmer bekam. Auch die drei jungen Männer fanden dort wieder einen Schlafplatz. Im August 1944 hatte Alfred Pech bei einer Polizeikontrolle. Er wurde verhaftet und zunächst ins Konzentrationslager Sachsenhausen, dann nach Bergen-Belsen transportiert. Er überlebte – genau wie sein Bruder, den er nach dem Krieg wiedertraf und Arthur Fordanski. Nach dem Krieg halfen sie ihrer Retterin, die in den fünfziger Jahren starb. Die Brüder erfuhren auch vom Schicksal ihrer Eltern. Diese waren zunächst nach Theresienstadt und dann nach Auschwitz transportiert worden, wo sie ermordet wurden. Yad Vashem erkannte Marie Burde am 14. Februar 2012 als Gerechte unter den Völkern an.

Emilie Busch

siehe bei Maria und Fritz Briel

Otto Busse

Otto Busse ist ein gutes Beispiel für einen Retter, den man auf den ersten Blick für einen regimetreuen deutschen Bürger halten konnte. Er war zudem auch noch Mitglied der NSDAP. Trotzdem rettete er Juden. Und noch viel mehr: Er engagierte sich auch noch im Widerstand und half polnischen Partisanen. Geboren wurde dieser Mann, der den Krieg überlebte und 1980 in der Bundesrepublik starb, in Gillandwirszen. Der Ort liegt im damaligen Ostpreußen. Otto Busse war der jüngste von sieben Brüdern und wuchs auf einem Bauernhof auf. Üblich wäre es gewesen, hätte er auch im Bereich der Landwirtschaft seine berufliche Zukunft gefunden. Otto Busse aber hatte seinen eigenen Kopf. Er absolvierte eine Ausbildung im Malerhandwerk, brachte es dort zum Malermeister und machte sich anschließend mit einem eigenen kleinen Betrieb selbständig. Er trat früh in die NSDAP ein, verließ die Partei aber schon wieder 1935 aus „Abscheu vor der antijüdischen Politik“, wie Yad Vashem über Busse notiert. Allerdings trat er im

Juni 1939 aufgrund des Drucks des Kreisleiters wieder in die Partei ein. Bei Kriegsausbruch war Busse fast 38 Jahre alt. Er hatte Glück und wurde nicht zur Wehrmacht eingezogen, musste aber trotzdem Dienst für den Staat verrichten. Busse wurde einer Polizeireserveeinheit an der deutsch-polnischen Grenze zugeteilt. Sein Kommandeur war der Landrat Fritz Brix. Im Januar 1942 wechselte Brix nach Bialystok, wo er ständiger Vertreter des Gauleiters Erich Koch in diesem Bezirk wurde und damit praktisch Chef der Zivilverwaltung.

Als Busse im März 1943 aus dem Polizeidienst entlassen wurde, folgte er Brix nach Bialystok in Ostpolen, wo er einen Malerbetrieb einrichtete und ein dazugehöriges Maleratelier für Kunst- und Schriftenmalerei. Er arbeitete vor allem für die deutsche Zivilverwaltung und die Wehrmacht. Sein Lebenslauf entsprach damit dem, wie es für einen „guten deutschen Reichsbürger" üblich gewesen wäre. Als Handwerksmeister trug er zum nationalen wirtschaftlichen Aufbau bei und er war Mitglied der NSDAP, was ihm zusätzliches Ansehen verschaffte. Zu einem Großteil renovierte er in Bialystok und Umgebung Krankenhäuser und Wohnungen, die von jüdischen Bewohnern verlassen worden waren. Dabei konnte er vor Ort auf Arbeitskräfte zugreifen. Das waren Polen, vor allem aber jüdische Zwangsarbeiter aus dem Ghetto. Für seine Belegschaft brauchte Busse auch Räumlichkeiten. Um diese zu beschaffen, sah er sich immer wieder Wohnungen an. Bei einer dieser Besichtigungen traf er Chasia Bilitzka und Chaika Grossman, die in einer der Wohnungen lebten. Beide sprachen deutsch, Busse kam mit ihnen ins Gespräch und bot ihnen eine Stelle im Sekretariat seiner Firma an. Was Busse nicht wusste: Beide Frauen waren Jüdinnen und gehörten zur jüdischen Untergrundorganisation. Chaika Grossmann hatte eine polnische Identität unter dem Namen Halina Woronowiczs angenommen und besaß auch entsprechende Papiere. Chaika Grossmann beschreibt Busse in ihrem nach dem Krieg erschienenen Buch „Die Untergrundarmee" folgendermaßen: „Das war ein seltsamer Deutscher, der sich die Füße ablief, um für einen polnischen Arbeiter ein Zimmer zu finden. Er war groß und trug einen Mantel, der farblich zu seinem dunklen Haar passte. Er war sehr hübsch und sah intelligent aus. Seine Augen waren unter den dunklen Brauen tief eingesunken. Er trug eine Brille mit großen Gläsern und sah aus wie ein gelehrter Jude aus guter Familie. Er benahm sich höflich und zuvorkommend. Er war wirklich ein charmanter Mann. Wir wussten aber, dass wir uns nicht von der guten Erscheinung eines Deutschen einfangen lassen durften. Wir waren schon vielen begegnet, deren Gesichter rein und deren Hände blutig waren.“ Bei Busse aber war das anders. Ihm konnte Chaika Grossmann vertrauen – wie sie schon bald feststellte. Sie baute Vertrauen auf, als sie sich an eine Bekannte aus dem Ghetto erinnerte, die bereits bei Busse in der Buchhaltung gearbeitet hatte und von der sie erfuhr, dass dieser schon in der Vergangenheit jüdischen Arbeitern geholfen und diese mit Lebensmitteln versorgt hatte. Dann sprachen Busses Taten für sich. Als dieser von der wahren Identität der beiden Frauen erfuhr, hörte er ihnen zu – und erhielt so einen weiteren Einblick in die Schrecken und das Morden an den Juden. Er entschloss sich, noch weitergehender zu helfen. Eine Möglichkeit dazu hatte er in seiner Rolle als Arbeitgeber. Er konnte Leben retten, indem er Juden als Arbeitskräfte einsetzte, was diese zumindest zeitweise davor bewahrte, in die Vernichtungslager deportiert zu werden. Weitere Möglichkeiten entwickelten sich mit der Zeit. Busse engagierte sich immer stärker im jüdischen Widerstand. Er beschaffte auf eigene Kosten warme Kleidung, Medikamente und sogar Waffen für Widerstandskämpfer, stellte sein Büro für den Druck von Flugblättern zur Verfügung und nahm sogar an einem Treffen der Partisanen im Wald teil. Seine Wohnung diente zeitweise auch als Versteck für Waffen für die Partisanen. In der zweiten Hälfte des Jahres 1944 war Schluss damit. Die Rote Armee rückte näher und Otto Busse musste Bialystok verlassen. Er kehrte nach Deutschland zurück, wurde noch als Soldat rekrutiert und geriet in russische Gefangenschaft. Trotz seiner Verdienste für die Juden, die Partisanen und damit natürlich auch die sowjetische Kriegsführung wurde er nach dem Krieg noch rund fünf Jahre lang in einem Kriegsgefangenenlager in Kiew festgehalten. Nach der Entlassung kehrte er in die Bundesrepublik zurück. Es kam erneut zum Kontakt mit Chasia Bilitzka und Chaika Grossman, die mittlerweile in Israel lebten. Wenig später entschied sich Busse, in Nes Ammim zu leben, einer von deutschen und niederländischen Christen gegründeten Siedlung in Westgaliläa, kehrte aber immer wieder für längere Besuche nach Deutschland zurück. Chaika Grossmann schrieb ein Buch über ihre Erlebnisse im Zweiten Weltkrieg. In Israel wurde sie als Abgeordnete in die Knesset gewählt. Als Busse 1978 erkrankte und in der Bundesrepublik war, besuchte Chaika Grossmann ihn – entgegen einem zuvor abgelegten Gelübde – in Deutschland. Yad Vashem erkannte Otto Busse am 25. Juni 1968 als Gerechten unter den Völkern an.

Hans Georg Calmeyer und Gerhard Wander

Das Wirken von Hans Georg Calmeyer fällt unter den Portraits der Gerechten unter den Völkern auf. Er wurde nicht zum Lebensretter, weil er jüdische Mitbürger versteckt und mit Lebensmitteln versorgt hat, wie es bei einem großen Teil der Retter der Fall war. Auch hat er nicht – wie zum Beispiel Oskar Schindler oder Berthold Beitz – Juden gerettet, weil er sie in einem Betrieb beschäftigte, sodass sie der Deportation entzogen waren. Calmeyer hat als Jurist in der Verwaltung gearbeitet – und dabei sehr intelligent und planvoll Menschen gerettet. Mindestens 3.000 jüdische Leben sollen es nach der Schätzung von Yad Vashem gewesen sein.

Calmeyer wurde als Sohn eines Richters geboren, trat in die Fußstapfen seines Vaters und wurde Jurist. Er betrieb eine Rechtsanwaltskanzlei in Osnabrück. Diese war angesehen, aber klein. Eine seiner zwei Angestellten war Jüdin. Mit der NSDAP geriet er schon früh in Konflikt. Im Januar 1933 wurde er von den neuen Machthabern mit einem Berufsverbot belegt, weil er als politisch „unzuverlässig" galt. Das Arbeitsverbot für die kleine Kanzlei hatte aber keinen Bestand und wurde kurz darauf wieder aufgehoben. Zu Beginn des Krieges wurde Calmeyer zur Armee eingezogen. Er sprach niederländisch, was dazu führte, dass er nach der Besetzung der Niederlande einen Posten beim Nachrichtendienst der Luftwaffe in Breda erhielt. Innerhalb der Verwaltung des besetzten Landes wechselte er wenig später die Aufgabe. Der Leiter der Innenabteilung des Generalkommissariats für Verwaltung und Justiz, der ebenfalls aus Osnabrück stammte, berief ihn nach Den Haag, wo Calmeyer eine neue Stelle in seinem Bereich erhielt. Dort gab es nämlich zu der Zeit große verwaltungstechnische Probleme, die die deutsche Besatzung selbst geschaffen hatten und die einer dringenden Lösung bedurften. Die Besatzer hatten in den Niederlanden die Meldeverordnung VO 6/41 erlassen. Diese zwang alle Menschen mit einem oder mehreren jüdischen Großelternteilen, ihre familiären Verbindungen anzugeben. Gleichzeitig enthielt die Verordnung aber auch Klauseln, nach denen die betroffenen Personen nachweisen konnten, nicht-jüdischer Abstammung zu sein. Das führte zu einer regelrechten Schwemme an entsprechenden Anträgen, die natürlich von der Verwaltung überprüft und bearbeitet werden mussten. Das war die neue Aufgabe von Hans Georg Calmeyer, der sofort erkannte, welche Möglichkeiten sich ihm damit boten, Juden zu helfen. Die wollte er nutzen – und ging dabei äußerst planvoll und geschickt vor. Calmeyer war das damit vorhandene Risiko bewusst. Ihm war klar, dass er nur erfolgreich sein konnte, wenn er vertrauenswürdige Mitarbeiter hatte. Also wählte er sein Personal entsprechend aus, sodass eine kleine antinationalsozialistischen Zelle innerhalb der Besatzungsverwaltung entstand. Auf dieser Basis machte er sich an die Arbeit. Dabei half er nicht – wie andere Retter – Juden, die als solche von der deutschen Obrigkeit identifiziert worden waren und schütze diese, sondern er setzte vorher an und verhalf Juden zu einem nichtjüdischen Status, der die weitere Verfolgung und Deportation verhinderte. Ein Mitarbeiter von ihm war Gerhard Wander. Er half ganz wesentlich bei der Rettung vieler jüdischer Menschen. Auf dem Schreibtisch von Calmeyer und seiner Mitarbeiter landeten Anträge, den Status eines Elternteils oder Großelternteils von jüdisch auf halbjüdisch oder sogar arisch zu ändern. Um das zu erreichen, wurden Taufscheine entsprechend ausgestellt. Wenn das nicht möglich war, hatte Calmeyer Verbindung zu Experten, die gewünschte Taufscheine als Fälschungen anfertigten. Dabei handelte es sich um hochwertige Arbeiten, bei denen die nötigen alten Handschriften gefälscht und Papier verwendet wurde, das ein Jahrhundert alt aussah. Calmeyer war dabei nicht zurückhaltend. Mit der Zeit entstand eine große Anzahl solcher Fälschungen, die später als Calmeyer-Urkunden bezeichnet wurden. Gab es kritische Fälle, forderte Calmeyer die Erstellung eines anthropologischen Gutachtens an, auf das er sich dann bei seiner Entscheidung stützen konnte. Im Dritten Reich war die offizielle, vom Staat propagierte Auffassung, dass es unter den Menschen unterschiedliche Rassen gibt, die durch klar erkennbare rassische Unterschiede voneinander zu unterscheiden sind. Dieses Konzept wurde als wissenschaftlich bewiesen angesehen und propagiert. Als Experten galten unter anderem Anthropologen. Ein führender Wissenschaftler auf diesem Gebiet war Professor Hans Weinert aus Kiel, der auch als „rassenbiologischer Gutachter" arbeitete. In kritischen Fällen forderte Calmeyer bei Weinert ein Gutachten an, das dieser gegen hohe Bezahlung gern erstellte. All seine Gutachten fielen – im Gegensatz zu den Arbeiten anderer Gutachter, die meist gegen die Antragsteller entschieden – positiv aus. Auch dabei agierte Calmeyer sehr klug. Er hatte eine Vielzahl von Anträgen auf dem Tisch und entschied sich dafür, die zu unterstützen, bei denen sicher war, dass sie nicht schon bei oberflächlicher Betrachtung den Verdacht einer Manipulation oder Fälschung erregt hätten. Das war hart. Aber alles andere hätte zu einer tiefergehenden Nachforschung, zur Aufdeckung der Manipulation und damit letztlich zum Ende der gesamten Arbeit mit dem Ausschluss weiterer Genehmigungen führen können. Trotzdem wurde der Sicherheitsdienst (SD) der SS mit der Zeit misstrauisch, beobachte das Wirken von Calmeyer zunehmend genauer und versuchte, ihm die Arbeit unmöglich zu machen und Manipulationen nachzuweisen. Der Vorwurf, dass Calmeyers Arbeit „Abstammungsschwindel" war, wurde wiederholt geäußert, genauso wie die Forderung, seine Genehmigungen stichpunktartig genauer unter die Lupe zu nehmen. Dazu trug bei, dass einige der Personen, die durch ihn eine „saubere" Abstammung erhalten hatten, forderten, ihnen ihr zuvor an das Bankhaus Lippmann-Rosenthal abgetretenes Vermögen zurückzugeben. Darunter befanden sich bekannte jüdische Persönlichkeiten der Region. Mit der Zeit spitzte sich die Lage immer weiter zu. Die SS verlangte die Einsetzung eines Ausschusses zur Überprüfung von Calmeyers Arbeit. Besonders gefährlich für diesen: Dem Ausschuss sollte der niederländische SS-Mann Ludo ten Cate angehören. Und dieser verfügte über ein einzigartiges Archiv mit Informationen über die jüdische Gemeinde. Sehr viel Material enthielt Daten über die niederländische Kolonie Surinam. Gerade das war brisant. Denn aufgrund des Krieges war die Kommunikation zur Kolonie abgebrochen, sodass angebliche Informationen aus Surinam wichtiger Bestandteil der Arbeit Calmeyers waren. Eine Weile passierte nichts weiter, bis im März 1944 ein Befehl des Reichssicherheitshauptamtes aus Berlin eintraf, der die genaue Überprüfung aller Entscheidungen Calmeyers verlangte. Trotzdem verzögerte sich die Untersuchung. Der Leiter des Judenreferates IV B 4, SS-Sturmbannführer Wilhelm Zoepf, forderte im Juli 1944 beim SS-Rasse- und Siedlungshauptamt in Berlin zunächst die Abstellung eines Fachmanns mit erbbiologischen und urkundentechnischen Erfahrungen an. Der traf im August 1944 in Gestalt des Stammbaum-Experten Ulrich Grotefend, seines Zeichens SS-Untersturmführer, in Den Haag ein. Dieser sah aber zunächst keine Möglichkeiten zum Zugriff auf die Akten von Calmeyer. Er ahnte, dass dieser den Vorwurf der Fälschung zurückweisen sowie ganz sicher keine Unterlagen herausgeben werde, und schlug in einer Rückmeldung nach Berlin vor, die Akten aus dem Büro von Calmeyer zu beschlagnahmen. Daraus spricht ein sehr großer inhaltlicher Respekt vor der Komplexität der Arbeit von Calmeyer, die diesen auch schützte. Das wird auch durch eine Aussage deutlich, die Willy Lages nach dem Krieg gemacht hat. SS-Sturmbannführer Lages war der Leiter des Sicherheitsdienstes der SS in Amsterdam. Er erklärte nach dem Krieg, „für ihn waren Calmeyers Aktivitäten immer ein Buch mit sieben Siegeln“. Zu der Beschlagnahme der Akten kam es in den Niederlanden dann angesichts der vorrückenden alliierten Truppen nicht mehr.

Zu den Menschen, die Calmeyer durch die Entscheidung über die Anträge zur Abstammung rettete, kamen weitere, die sich selbst bei ablehnendem Bescheid retten konnten. Wurde der Antrag bearbeitet, hatte das hinsichtlich einer Deportation nämlich aufschiebende Wirkung. Solange der Antrag lief, konnte der Antragsteller nicht deportiert werden. Das bot so manchem die Möglichkeit zum Untertauchen. Die Sekretärinnen in Calmeyers Büro warnten Antragsteller gezielt, sobald Anträge abgelehnt wurden, sodass diese vor dem Zugriff der Polizei noch ihre Häuser verlassen konnten.

Calmeyer überlebte den Krieg und starb 1972 in Osnabrück. Sein Wirken blieb bis in die achtziger Jahre weitgehend unbekannt, fand dann aber zunehmend Beachtung. Yad Vashem erkannte Hans Georg Calmeyer am 4. März 1992 als Gerechten unter den Völkern an.

Sein Mitarbeiter Gerhard Wander hatte weniger Glück. Er geriet in Verdacht der Gestapo, wurde zunächst aus Den Haag nach Deutschland abberufen, stand in Kontakt zum niederländischen Widerstand und kehrte illegal in die Niederlande zurück. Am 22. Januar 1945 stürmte die Gestapo sein Versteck. Wander wurde erschossen. Veteranen des niederländischen Untergrunds ehrten ihn, indem sie seine sterblichen Überreste auf dem Friedhof für Helden des niederländischen Widerstands beisetzen ließen. Am 23. Januar 1975 erkannte Yad Vashem ihn als Gerechten unter den Völkern an.

Herbert Coehn

Immer wieder gehörten auch Soldaten der Wehrmacht zu den Menschen, die Juden in der Zeit des Zweiten Weltkriegs retteten. Ein Beispiel dafür ist Herbert Coehn. Er rettete Paulina und Meir Stein sowie ihren siebenjährigen Sohn Israel. Die Familie hatte bereits eine riskante Flucht aus dem Ghetto Wilna hinter sich, als Paulina Stein dem Wehrmachtssoldaten in Bialystok begegnete. Zu dem Zeitpunkt hatte sich die kleine Familie getrennt. Meir war nach Warschau weitergereist, woher die Familie ursprünglich kam. Paulina und der Junge blieben in Bialystok, wo Paula einen befristeten Arbeitsplatz in einer Zweigstelle der Organisation Todt fand. Wie ihr das gelang, ist unbekannt. Bei der Arbeit lernte sie Herbert Coehn kennen. Beide freundeten sich an und Coehn half ihr, mit ihrem Mann, der mittlerweile in Warschau war, Kontakt zu halten. 1943 kam es zum Aufstand im Warschauer Ghetto, das von den deutschen Truppen zerstört wurde. Meir Stein konnte entkommen und floh nach Bialystok, wo er Frau und Sohn wiedertraf – und auf die Idee kam, Coehn zu fragen, ob er bereit wäre, sie im Notfall zu verstecken. Herbert Coehn war einverstanden. Als das Ghetto von Bialystok aufgelöst wurde, fanden Steins bis zum Sommer 1944, als Coehn an die Front versetzt wurde, Unterkunft bei dem deutschen Soldaten. Bei der Rettung der drei half auch Coehns polnische Vermieterin Stefanja Dobrowolska. Im Sommer 1944 wurde die Region um Bialystok von sowjetischen Truppen befreit. Paulina, Meir und Israel Stein überlebten den Krieg. Am 10. Juni 1982 erkannte Yad Vashem Herbert Coehn als Gerechten unter den Völkern an.

Ursula Calogerás-Meissner

Wenn Retter ihre jüdischen Mitbürger dadurch retteten, dass sie diese in ihrer Wohnung versteckten, geschah das zu einem überraschend großen Teil, wenn sich Retter und Jude zuvor noch nie gesehen hatten. Ein Beispiel dafür ist Ursula Meissner, die später heiratete und den Namen Calogerás annahm. Die junge Frau war Schauspielerin und arbeitete als solche am Berliner Staatstheater unter keinem geringeren als Gustaf Gründgens. Sie war mit einer Familie Weiss befreundet, einem jüdischen Mann, der mit einer „arischen" Frau in Mischehe lebte. Diese fragten sie im März 1943, ob sie jüdische Verwandte des Mannes aus Breslau aufnehmen könnte. Es waren Manfred und Margarete Latte sowie ihr erwachsener Sohn Konrad. Diese waren vor der anstehenden Deportation geflohen und nach Berlin gekommen. Sie hatten weder Ausweispapiere noch Geld oder Lebensmittelkarten. Ursula Meissner hatte die drei noch nie gesehen, sagte aber trotzdem spontan zu. In der Folge versteckte sie die Familie mehrere Wochen im Norden Berlins. Gefährlich wurde die Situation insbesondere während der häufigen Luftschutzalarme. Ursula Meissner nahm ihre drei Schützlinge mit in den dafür vorgesehenen Luftschutzraum, wo das Risiko der Entdeckung durch andere Personen gegeben war. Immerhin waren Konrad und Manfred Latte im wehrfähigen Alter. Im September 1943 wurden die drei bei einer Gestapo-Razzia erwischt und in das Sammellager in der Großen Hamburger Straße in Berlin eingeliefert. Konrad gelang die Flucht. Er gelangte nach Goslar, wo ihm Ellen Brockmann beim weiteren Überleben half. Seine weitere Geschichte wird unter dem Eintrag von Ellen Latte erzählt. Seine Eltern, Margarete und Manfred Latte, wurden in Auschwitz ermordet. Ursula Meissner überlebte den Krieg. Yad Vashem erkannte sie am 11. September 1994 als Gerechte unter den Völkern an.

Elise Conrad

In Ungarn setzte die systematische Ermordung jüdischer Menschen im Zweiten Weltkrieg vergleichsweise spät ein. Das Land war mit dem Deutschen Reich verbündet, die Regierung widersetzte sich aber lange dem deutschen Druck in dieser Richtung. Das änderte sich, als Ungarn Mitte März 1944 von der Wehrmacht besetzt wurde. Jetzt setzten die Deportationen in großem Stil auch in diesem Land ein. Davon betroffen war auch der 1923 in Budapest geborene Andor Revai. Im April 1944 schickten die ungarischen Behörden Andor Revai zur Zwangsarbeit, im November 1944 folgte die Verlegung zunächst nach Budapest und kurz darauf ins KZ Buchenwald, wo er in einem Nebenlager arbeitete. Revai gehörte zu einer Gruppe von Häftlingen, die Stollen in einen Berg treiben mussten, damit dort eine Fabrik für Flugzeugtreibstoff errichtet werden konnte. In der letzten Phase des Zweiten Weltkriegs forcierte die Reichsführung zahlreiche solcher Projekte, bei denen Industrieanlagen unter die Erde verlegt wurden. Auf diesem Weg sollte die Fortführung der Produktion auch bei alliierten Luftangriffen sichergestellt werden. Im April 1945 näherten sich US-amerikanische Truppen dem KZ Buchenwald. Die SS schickte die Häftlinge, zu denen Andor Revai gehörte, auf einen Todesmarsch Richtung Flossenbürg. Die Marschkolonne hatte bereits eine Woche Marsch hinter sich, als sie in der Nacht des 13. April in der Nähe der bayerischen Stadt Arzberg unterwegs war. Als Andor Revai bemerkte, dass er am Ende der Kolonne ging und weder Wachen noch Hunde hinter ihm waren, nutzte er die Chance und rannte in den nahegelegenen Wald, wo er sich versteckte und völlig erschöpft unter einem Baum einschlief. Das Aufwachen war mit einem Schreck verbunden: Er hörte das Geschrei von Hitlerjungen, die im Wald nach Juden suchten, die dem Todesmarsch entkommen waren. Er versteckte sich, blieb unentdeckt und ging nach einer Weile auf der Straße in die Richtung, aus der der Todesmarsch gekommen war. Als die Nacht anbrach, halfen ihm russische und polnische Arbeiter in einer Fabrik. Sie versteckten ihn in einem mit Stroh gefüllten Wagen, gaben ihm Zivilkleidung und eine Mütze, mit der er seinen rasierten Kopf bedecken konnte. Die Arbeiter warnten ihn eindringlich davor, irgendeiner Person gegenüber zu erwähnen, dass er Jude sei. Am nächsten Tag, es war der 15. April, machte sich Andor Revai wieder auf den Weg. Eine Polizeistreife griff ihn auf, er wurde auf die Wache gebracht und erzählte den Beamten, er sei Arbeiter in einer Fabrik in Weimar gewesen. Nach deren Zerstörung durch einen Bombenangriff habe er sich auf den Weg zurück in seine Heimat nach Ungarn gemacht. Er kam wieder frei, wanderte weiter und traf noch an diesem Tag einige Menschen, unter denen sich die 1906 geborene Elise Conrad befand. Diese lebte mit ihrem Mann und drei Kindern im kleinen Ort Röthenbach. Die Frau sah sofort, wie schlecht der Zustand des Mannes auf der Straße war und bot ihm an, dass er sich bei ihr ausruhen und eine Mahlzeit bekommen könnte. Revai war einverstanden – und tat das, was er nach der Empfehlung der polnischen und russischen Arbeiter unbedingt vermeiden sollte: Er erzählte der Frau von seiner Identität als Jude und dass er vor der SS geflohen sei. Zum Glück gereichte ihm das nicht zum Nachteil. Elise Conrad ließ ihren Schützling eine Weile schlafen und versorgte ihn mit Seife, Wasser und Handtüchern. Ihr wurde zunehmend klar, wie schlecht es Revai wirklich ging – und ließ ihn die Nacht über auf dem Dachboden schlafen, obwohl es Nachbarn gab, die unter denselbem Dach wohnten. Am nächsten Morgen entschied sie, den Mann bei sich zu behalten. Zu diesem Zeitpunkt wog Revai nur noch 37 Kilogramm. Er konnte auf dem Dachboden wohnen, war damit vor der Außenwelt versteckt, und sie versorgte ihn mit drei Mahlzeiten am Tag. Am 30. April erreichten US-Truppen die Region und befreiten sie. Jetzt organisierte Elise Conrad einen Krankenwagen des amerikanischen Roten Kreuzes, der ihren Schützling in ein Krankenhaus brachte, wo Andor Revai sich erholte. Anschließend zog er nach Frankreich. Ab 1960 nahm Revai Kontakt zu seiner Retterin auf und schrieb ihr. Nach ihrem Tod 1996 korrespondierte er noch eine Weile mit ihrer Enkelin weiter. Als er älter wurde, hatte Revai immer stärker das Bedürfnis, die Frau, die ihm einst Schutz geboten hatte, als Gerechte unter den Völkern anerkennen zu lassen und so seine Dankbarkeit auszudrücken. Er stellte einen entsprechenden Antrag. Yad Vashem erkannte Elise Conrad am 31. Oktober 2017 als Gerechte unter den Völkern an.

Sibylla Cronenberg

siehe bei Josephine und Heinz Odenthal

Regina, Paul und Margit David

Über die Familie David und das, was sie als Retter im Zweiten Weltkrieg taten, ist vergleichsweise wenig bekannt. Dabei ist ihr Handeln nicht weniger imponierend als das anderer Gerechter. Die kleine Familie bestand aus Paul David, der im Bielsko-Biala im polnischen Oberschlesien eine Reparaturwerkstatt für Militärlastwagen betrieb. Regina war seine Frau und Margit die Tochter der beiden. Bei der Familie handelte es sich um so genannte Volksdeutsche. So wurden nach Definition des nationalsozialistischen Staates Menschen bezeichnet, die außerhalb der Grenzen des Deutschen Reiches lebten und als dem deutschen Volke zugehörig betrachtet wurden. Auch wenn das so war, hatten die drei Kontakt zu polnischen Partisanen, die Paul für einen „stillen Antifaschisten" hielten, wie Yad Vashem notiert. Als in der Region Juden auf der Flucht vor SS und Gestapo waren, stellten die Partisanen Kontakt zur Familie David her und fragten, ob diese fliehende Menschen verstecken könnten. Davids willigten ein – und boten zwischen 1943 und dem Ende des Kriegs zwölf Menschen in ihrem Haus Schutz, Verpflegung und Unterkunft. Dafür hob die Familie im Hof eigens einen Keller aus, in dem sich Schutzbedürftige verstecken konnten. Zu den Geretteten gehörten Sara Schlanger und ihre zehnjährige Tochter, die nach der Liquidierung des Ghettos Bedzin mit gefälschten Papieren nach Bielsko-Biala kamen. Die 19-jährige Tochter der Davids, Margit, arbeitete im örtlichen Arbeitsamt. Sie hatte die Möglichkeit, der hilfesuchenden Frau eine Arbeitserlaubnis zu verschaffen. Während die Frau dann auf der Arbeit war, kümmerte sich der anwesende Teil der Familie David um ihre zehnjährige Tochter. Mit ihrer Hilfe gingen Davids, wie andere Retter auch, ein erhebliches persönliches Risiko ein. Paul und Regina David sowie ihre Tochter Margit wurden am 26. Oktober 1982 von Yad Vashem als Gerechte unter den Völkern anerkannt.

Margarete und Wilhelm Daene

Die Geschichte von Wilhelm Daene ist ein Beispiel für das Portrait eines Retters, der aus sehr einfachen Verhältnissen kam und dessen politischer

Hintergrund eine Rolle bei seiner Entscheidung, zum Retter zu werden, gespielt haben dürfte. Daene wurde 1899 geboren. Sein Vater war Sozialdemokrat, was in der Zeit des Kaiserreichs durchaus als mutige Entscheidung gelten durfte. Die Familie bestand aus zwölf Personen. Als der Vater starb, konnte die Mutter die Kinder vermutlich nicht mehr ausreichend versorgen. Notiert ist in jeden Fall in den Unterlagen von Yad Vashem, dass Daene 1911 in ein Waisenhaus kam. Im Alter von 13 arbeitete er bereits und unterstützte damit die Mutter finanziell. Er begann eine Ausbildung zum Drechsler. Er musste diese beim Eintritt in die Marine – der Erste Weltkrieg hatte begonnen – jedoch abbrechen. Nach dem Ende des Krieges beendete Daene 1919 seine Ausbildung. Politisch war er in die Fußstapfen des Vaters getreten und engagierte sich als Sozialdemokrat. Das blieb auch den Behörden nicht verborgen, was dazu führte, dass Daene 1933 nach der Machtergreifung der NSDAP für ein halbes Jahr inhaftiert wurde. Die Behörden deklarierten – wie in der Zeit üblich – die Gefangennahme als „Schutzhaft". 1934 folgte eine zweite Festnahme. Dieses Mal saß er für sechs Wochen in der Gestapo-Zentrale in der Prinz-Albrecht-Straße in Berlin ein. Heute befindet sich hier die Niederkirchnerstraße. Als Daene wieder frei war, fand er Arbeit als Dreher in den Teves-Werken in Berlin-Wittenau, wo er 1941 Leiter einer Abteilung wurde, in der 120 jüdische Frauen als Zwangsarbeiterinnen beschäftigt waren. Daene begann, die Arbeitsbedingungen für die Frauen erträglicher zu machen. In Abstimmung mit dem Direktor von Teves, ebenfalls einem altgedienten Sozialdemokraten, führte er kürzere Arbeitszeiten und Schichten ein. 1942 wurden Juden aus Berlin und anderen Regionen des Deutschen Reichs in die Ghettos und Vernichtungslager „evakuiert", wie es in den offiziellen Ankündigungsschreiben, die diese Menschen erhielten, verschleiernd hieß. Für Daene begann damit der Kampf um den Verbleib „seiner" Arbeiterinnen. Er habe monatliche Produktionsquoten zu erfüllen, argumentierte er gegenüber der Gestapo, die für die Kriegsanstrengungen unerlässlich seien. Dieser aber könne er nur einhalten, wenn die Frauen ihre Arbeit in seiner Abteilung fortsetzen würden. Als Margot Wolf, eine der Arbeiterinnen von der Gestapo inhaftiert worden war und im Sammellager in der Levetzowstraße auf den Transport nach Auschwitz wartete, ging er persönlich zum zuständigen Gestapo-Beamten und erwirkte ihre Freilassung. Kaum war sie auf freiem Fuß, riet er ihr, sofort unterzutauchen. Margot Wolf folgte seinem Rat und überlebte. Zwei andere Arbeiterinnen versorgte er mit gefälschten Papieren. Das waren Lotte Josephy und Emilie Anciaux-Korn. Auch sie überlebten. Am 27. Februar 1943 führten die Gestapo in Berlin, wie auch in anderen Regionen Deutschland, die so genannte „Fabrikaktion" durch. Betriebe wurden abgeriegelt, Juden verhaftet und anschließend deportiert. Davon war auch Teves betroffen. Daene konnte den einzigen männlichen jüdischen Arbeiter in seiner Abteilung, Felix Luxemburg, retten. Er versteckte ihn in der Herrentoilette. Der damals Vierzigjährige überlebte. Mit Fortdauer des Krieges und der Verfolgungen half zunehmend auch Daenes Ehefrau, Margarete, und die Wohnung der beiden spielte eine Rolle bei den Rettungstaten. Die 17-jährige Jüdin Gerda Lesser wohnte eine Zeitlang bei Daenes, bis sie Ende 1944 von der Gestapo verhaftet wurde. Sie starb in Auschwitz.

Ab Sommer 1943 wohnten mit Ursula Finke und Lola Alexander zwei weitere Frauen bei Daenes, die den Krieg überlebten. 1944 verhaftete die Gestapo Wilhelm Daene. Ihm wurde die Mitgliedschaft in einer Untergrundorganisation in der Firma Teves zur Last gelegt. Damit kümmerte sich Margarete Daene allein um ihre drei Schützlinge. Das Ehepaar überlebte den Krieg. Am 13. Februar 1978 erkannte Yad Vashem Wilhelm und Margarete Daene als Gerechte unter den Völkern an.

Konrad David

Das Portrait von Konrad David gehört zu den Fällen, in denen zwischen Gerechtem und seinem Schützling schon vor der Rettungstat eine Beziehung bestand. Der 1910 geborene David war ursprünglich im Krieg Soldat, wurde dann aber 1943 auf der Armee entlassen. Grund war sein schlechter Gesundheitszustand. Er bekam eine neue Aufgabe, die in der Leitung einer Baueinheit in Lwow, das ist in Ostpolen, bestand. Die Aufgabe seiner Einsatzgruppe, die aus 17 Personen bestand: Sie mussten Landebahnen von Flugplätzen, die bei Luftangriffen beschädigt worden waren, reparieren.

Für die Verpflegung sorgte eine polnische Köchin, die den Männern vom Arbeitsamt zugeteilt wurde. Der Nachname war Gogatko, der Vorname ist heute leider nicht mehr bekannt. Die Frau war Jüdin und erst kurz zuvor zusammen mit ihrer fünfjährigen Tochter aus dem Ghetto von Lwow geflohen und damit der Deportation entkommen. Anschließend hatte sie eine „arische" Identität angenommen. Davon wussten natürlich weder David noch seine Mitarbeiter etwas. Eines Tages wurde die Köchin von einem ehemaligen polnischen Bekannten bedrängt, der drohte, sie bei der Gestapo zu denunzieren. Die Frau riskierte es, ihren Arbeitgeber über ihr wahres bisheriges Schicksal zu informieren – was natürlich mit einem extremen Risiko verbunden war. Sie hatte Glück – und vermutlich eine gute Menschenkenntnis. Konrad David half ihr und brachte sie in der leerstehenden Wohnung seines abwesenden Vorgesetzten unter. Wenig später wurde Gogatko, als sie sich auf der Straße bewegte, von einer Ukrainerin denunziert und darauf von der Gestapo verhaftet. Wieder griff David ein, sprach bei der Gestapo vor, nutzte seine Stellung als Bauleiter einer kriegswichtigen Baueinheit und konnte so seine Köchin und ihre Tochter aus der Haft befreien. Trotzdem wurde der Schutz der Frau und ihrer Tochter für Konrad David immer schwieriger. Kurz nach Weihnachten 1944 deklarierte er die Frau als seine polnische Haushälterin und wollte sie nach Deutschland bringen. Die gemeinsame Fahrt mit der Eisenbahn schlug aber fehl. Aufgrund einer Panne verpasste David den Zug, worauf Mutter und Tochter allein fuhren. Der Kontakt zwischen ihnen brach ab. Frau Gogatko und ihre Tochter überlebten aber den Krieg. Über die genauen Umstände ist nichts bekannt. Aber 1966 gelang es der Frau, über das Rote Kreuz Kontakt zu ihrem Retter aufzunehmen. Yad Vashem erkannte Konrad David am 26. Juni 1980 als Gerechten unter den Völkern an.

Hilde und Paul Dietrich

Paul und Hilde Dietrich sind zwei der zahlreichen Retter, die ihre jüdischen Mitbürger durch Verstecken in ihrem Haus oder ihrer Wohnung vor der Verfolgung durch die deutschen Behörden schützten. In ihrem Fall kannten sie ihren Schützling schon lange, bevor sie ihm ein Versteck anboten. Paul Dietrich wurde 1882 geboren und war beruflich Sattlermeister. Er war Witwer und lebte in einem kleinen Haus in der Ortschaft Oettersdorf in Thüringen. Dabei wohnte er zusammen mit seiner Schwiegertochter Hilde Dietrich. Paul Dietrichs Sohn war Soldat bei der Wehrmacht. Der Mann, den beide beschützten, war Alfred Lichtenstein. Dieser wohnte im rund 80 Kilometer entfernten Apolda. Paul Friedrich kannte ihn seit der gemeinsamen Zeit im Ersten Weltkrieg. Als die Diskriminierungen für Juden in Deutschland zunahmen, vereinbarten beide Männer, dass Lichtenstein im Notfall bei Dietrich unterkommen könne. Im Juni 1944 war es so weit. Lichtenstein erhielt Besuch von der Polizei, die ihn verhaften wollte. Er erbat sich eine halbe Stunde Aufschub und sagte zu, sich selbst auf dem Polizeirevier zu melden. Das tat Lichtenstein aber nicht. Stattdessen machte er sich sofort auf den Weg nach Oettersdorf, wobei er per Anhalter fuhr und wechselweise Streckenabschnitte zu Fuß ging. Dietrich stand zu seinem Wort und versteckte seinen alten Freund bis zum 15. April 1945. An diesem Tag erreichten US-amerikanische Truppen den Ort. Lichtenstein hielt sich die meiste Zeit auf dem Dachboden des Hauses auf. Erst am Abend wagte er es manchmal, nach unten zu gehen. Nach dem Ende des Krieges wanderte Alfred Lichtenstein in die USA aus – und unterstützte von dort seinen Retter und dessen Familie eine Weile.

Yad Vashem erkannte Paul und Hilde Dietrich am 16. April 2001 als Gerechte unter den Völkern an.

Luise und Alfred Dilger, Hildegard und Theodor Dipper, Gertrud und Otto Mörike

Alfred Dilger war evangelischer Pfarrer in Württemberg. Er lebte zusammen mit seiner Frau in Cannstatt. Der Geistliche hatte im Ersten Weltkrieg als Soldat gedient und dabei ein Bein verloren. Er gehörte dem Bruderrat der Bekennenden Kirche in Württemberg an. Das war eine informelle Organisation von Pfarrern, die sich für Verfolgte im nationalsozialistischen Deutschland einsetzte. Das Haus von Dilgers war ein geheimer

Treffpunkt des Bruderrats. Dem gehörten neben ihm Theodor Dipper und Otto Mörike an. Als von Berliner Kollegen die Frage an sie herangetragen wurde, ob sie denn bereit wären, Juden auf der Flucht mit Unterkunft und Lebensmitteln zu helfen, antwortete der Bruderrat mit einem klaren „Ja" – und stand anschließend zu dem Versprechen. Am 11. Oktober 1943 standen Ines Karoline Krakauer und ihr Mann Max in der Tür von Dilgers Haus und brauchten dringend Hilfe, die ihnen Alfred und Luise Dilger sofort gewährten. Den Nachbarn stellten der Pfarrer und seine Frau die Neuankömmlinge als Berliner vor, die kurz zuvor bei einem Luftangriff ihr Hab und Gut sowie ihre Wohnung verloren hatten und nun zu Besuch seien, um sich zu erholen. Während des fünfwöchigen Aufenthalts der Krakauers warnte die Kirche Dilger, dass er im Falle einer Entdeckung nicht mit Unterstützung rechnen dürfe. Dilger antwortete, er stellte sich in diesem Fall unter einen „höheren Schutz". Die nächste Station für das Ehepaar Krakauer war Otto Mörike, der schon in der Vergangenheit immer wieder in Konflikt mit den nationalsozialistischen Machthabern geraten war. Er nahm zusammen mit seiner Frau Krakauers im November 1943 im Haus des Ehepaars im Dorf Flacht auf. Hier lebten sie zusammen mit ihren eigenen fünf Kindern, einem verletzten Pflegekind und drei weiteren Personen. Auch Mörikes stellten ihren Nachbarn das jüdische Ehepaar als „arische" Bekannte aus Berlin vor, die ausgebombt worden seien. Da sich das jüdische Ehepaar bei einem Aufenthalt von mehr als vier Wochen rein formal bei den Behörden hätten anmelden müssen, wechselte es nach dieser Zeit zu einer anderen geheimen Unterkunft und später zu weiteren – die Mörike organisierte. Bis zum Kriegsende waren es schließlich 41 Plätze. Im Frühjahr 1944 und dann noch einmal zwischen Dezember 1944 und Januar 1945 versteckte sich das Ehepaar Krakauer bei Theodor und Hildegard Dipper in Reichenbach. Auch Theodor Dipper half kräftig mit, wenn es darum ging, eine neue Bleibe für seine Schützlinge zu finden. Wie auch für die anderen Helfer war auch für ihn das Risiko beträchtlich – zumal er dem Regime bereits als Gegner bekannt war. 1938 war er aus diesem Grund für einige Wochen in ein Konzentrationslager gekommen und die Gestapo hatte ihm das Predigen in der Kirche untersagt. Das Finden immer neuer Wohnungen für die Verfolgten war teilweise sehr schwierig, wie sich Dipper nach dem Krieg erinnerte. So hätten Pastoren trotz getroffener Zusage diese später aus Furcht vor den möglichen Folgen wieder zurückgezogen. Ines Karoline und Max Krakauer überlebten die Shoah. Am 3. November 1970 erkannte Yad Vashem Otto und Gertrud Mörike als Gerechte unter den Völkern an. Am 5. November 1991 folgten Alfred und Luise Dilger und am 10. Dezember 2008 Theodor und Hildegard Dipper.

Maria und Josef Dinzinger

Im April 1945 stand das Kriegsende kurz bevor. Noch kämpften Verbände der Wehrmacht und SS in Ost und West gegen die alliierten Truppen. Viele Konzentrationslager waren bereits befreit, überall im verbliebenen Reichsgebiet wurden Juden auf Todesmärschen durch das Land getrieben. Viele verloren dabei kurz vor der Rettung noch das Leben, nur wenige hatten auf den Märschen noch die Kraft, ihren Bewachern zu entkommen. Dazu gehörten Yerucham Apfel, ein jüdischer Elektriker aus dem polnischen Mielec, und sein Freund. Am späten Abend liefen sie auf der Flucht durch ein abgelegenes Moorgebiet in Bayern in der Nähe der Gemeinde Parnkofen nahe der Isar. Vor ihnen lag ein Bauernhof, rund zwei Kilometer abseits des Dorfes. Die beiden Männer nahmen allen Mut zusammen und klopften. Als der aufgeschreckte Bauer öffnete, baten sie um eine Übernachtungsmöglichkeit. Bei dem Bauer handelte es sich um Josef Dinzinger, der zusammen mit seiner Frau Maria auf dem Hof lebte. Beiden war sofort klar, wer die abgemagerten Männer in der gestreiften Häftlingskleidung waren. Sie versteckten sie im Kuhstall und versorgten sie mit warmen Decken und Nahrung. Ein Offizier, der sich im Haus aufhielt, und Dinzigers Neffe, der bei der Hitlerjugend war, bekamen den Aufenthalt der Flüchtlinge auch mit. Tage später rückten Wehrmachtstruppen an und quartierten sich auf dem Hof ein, den sie zu ihrem Hauptquartier machten. Für Dinziger war das kein Grund, die beiden Häftlinge fortzuschicken. Im Gegenteil: Er ging ins Dorf, bestach einige Beamte und verschafften seinen beiden Schützlingen falsche Papiere, mit denen er ihre Existenz legalisierte. Yerucham Apfel überlebte den Krieg. Im Jahr 1957 reiste er zurück nach Parnkofen. Während Maria Dinzinger lebte, traf er ihren Mann nicht mehr an. Josef Dinziger war 1948 im Alter von 54 Jahren verstorben. Apfel konnte nicht mehr tun, als an seinem Grab einen Kranz abzulegen. Am 30. November 1966 erkannte Yad Vashem die beiden Helfer als Gerechte unter den Völkern an.

Margarethe Dobbeck

siehe bei Clara und Hermann Hinz

Hans von Dohnanyi

Der 1902 geborene Hans von Dohnanyi war der Sohn eines ungarischen Dirigenten und Komponisten sowie einer in ihrer Zeit bekannten Pianistin. Das Paar trennte sich 1913 und der junge von Dohnanyi wuchs bei der Mutter auf, die viele Bekannte und Freunde in gutbürgerlichen und künstlerischen Kreisen der Reichshauptstadt hatte. Seine Schule, das Grunewald-Gymnasium, besuchten in der Zeit auch Christine Bonhoeffer und ihre beiden Brüder Klaus und Dietrich. Ein weiterer Schulkamerad war Justus Delbrück. Es entwickelten sich tiefe Freundschaften. Was noch keiner der Schulfreunde ahnen konnte: Alle vier Männer wurden später wegen der Beteiligung an einer Verschwörung gegen Adolf Hitler hingerichtet. Von Dohnanyis Leben entwickelte sich geradezu mustergültig. 1920 begann der junge Mann mit einem Jurastudium in Berlin. 1924 legte er sein Referendarsexamen ab, nahm eine Stelle als wissenschaftlicher Mitarbeiter am renommierten Institut für Auswärtige Angelegenheiten in Hamburg an und heiratete Christine Bonhoeffer, die er nun schon viele Jahre kannte. Einer glänzenden Karriere schien nichts im Wege zu stehen. Parallel zur Anstellung arbeitete er an seiner Dissertation und erhielt im September 1926 den Doktortitel. Noch in der Weimarer Republik, im Januar 1929, nahm von Dohnanyi eine vielversprechende Stelle in der deutschen Justizverwaltung an, wo er als persönlicher Referent der verschiedenen Reichsjustizminister arbeitete – und entsprechende Einblicke in die politische Arbeit erhielt. Die Machtübernahme der NSDAP 1933 hatte zunächst keine negativen Auswirkungen auf die persönliche Laufbahn des jungen Referenten. Ganz im Gegenteil: Im Mai 1933 bat ihn Reichsjustizminister Franz Gürtner, die Reform des deutschen Strafvollzugs zu übernehmen. Von Dohnanyi nutzte die Chance und erwarb sich in kurzer Zeit das uneingeschränkte Vertrauen Gürtners. Dieser ernannte ihn im Oktober 1934 zum Chef seines Ministerbüros. Damit erhielt von Dohnanyi freien Einblick auch in vertrauliche Vorgänge des Ministeriums. Zu diesem Zeitpunkt hatte die innere Distanzierung des jungen Juristen zu den politischen Machthabern aber schon begonnen. Eine zentrale Rolle dabei spielte die Behandlung der jüdischen Mitbürger durch die Machthaber. Einer der Ausgangspunkte dafür war möglicherweise der Tod von Professor Kurt Perels. Perels war einer der Lehrer von Dohnanyis an der Universität Hamburg gewesen. Sein Vater hatte jüdische Eltern, war aber schon früh zum Christentum konvertiert. Auch Perels Mutter war Christin. Das half aber alles nichts. In Deutschland war am 7. April 1933 das Gesetz zur Wiederherstellung des Berufsbeamtentums in Kraft getreten. Und das legte fest, dass Beamte, die keine „arische“ Abstammung nachweisen konnten, in den Ruhestand versetzt wurden. In einem Fragebogen musste Perels die jüdische Herkunft seines Vaters angeben – wobei ihm die Konsequenzen bewusst waren. Am 10. September 1933 nahm er sich das Leben, nachdem er entlassen worden war. Im März 1935 verlor Gerhard Leibholz seinen Lehrauftrag an der Universität Göttingen. Leibholz war ein Jugendfreund von Dohnanyis. Er hatte jüdische Eltern, war aber christlich getauft und später auch erzogen worden – was ihm in den Augen der NSDAP aber auch nicht half. Von Dohnanyi begann, systematisch Beweise für die Verbrechen der Nationalsozialisten zu sammeln, um eine spätere juristische Aufarbeitung und Verfolgung der Täter zu erleichtern. Und er nutzte sein Wissen und seine Kontakte, um den Menschen, die ihn um Hilfe baten, zu unterstützen. Als Gerhard Leibholz Deutschland 1937 zusammen mit seiner Frau verließ, waren dafür die Informationen über die Inhaftierung von Juden und Regimegegnern, die ihm von Dohnanyi vermittelte, ausschlaggebend. Von Dohnanyis Abneigung gegen das Regime fiel den überzeugten

Nationalsozialisten im Ministerium auf. Sie störte zudem die sehr enge und vertrauensvolle Zusammenarbeit mit Franz Gürtner – und sie begannen Informationen zu sammeln, um den jungen aufstrebenden Juristen zu diskreditieren. Ein Ansatzpunkt war die zweifelhafte „arische" Abstammung von Dohnanyis. Ein Großvater von Dohnanyis mütterlicherseits hatte zwei jüdische Eltern. Einer seiner Hauptgegner ließ sogar ein Gutachten anfertigen, dass zu dem Schluss kam, von Dohnanyi sei zur Hälfte Ungar, zu einem Viertel Deutscher und zu einem Viertel Jude. Im September 1938 konnte auch der Justizminister seinen Mitarbeiter nicht mehr schützen – und ernannte den 36-jährigen Juristen zum Richter am Reichsgericht in Leipzig. Das ist für dieses Amt ein extrem geringes Alter. Von Dohnanyi arbeitete nicht lange in dieser Position. Mittlerweile hatte er enge Kontakte zum militärischen Widerstand aufgebaut. Diese bestanden zur Oppositionsgruppe rund um Admiral Wilhelm Canaris und damit zur Abwehr, dem militärischen Geheimdienst des Heeres. Canaris und seine rechte Hand, Generalmajor Hans Oster, ließen von Dohnanyi als zivilen Spezialisten in die Zentralabteilung des Nachrichtendienstes versetzen. Das war aber nur der äußere Schein. Der Jurist sollte in dieser Position die Vorbereitungen für einen geplanten Putsch gegen Hitler koordinieren. Es folgten die deutschen Siege in Polen und später in Norwegen und im Westen – mit der Konsequenz, dass die Bereitschaft der führenden Militärs, gegen Hitler zu opponieren, sank. Auch in der Bevölkerung wäre durch die deutschen Erfolge ein Putsch sehr wahrscheinlich zu diesem Zeitpunkt auf wenig Akzeptanz gestoßen. Parallel beobachtete von Dohnanyi mit wachsender Sorge eine weitere Entwicklung: die zunehmende Verfolgung der jüdischen Mitbürger. Wieder waren auch Menschen betroffen, die der Jurist gut kannte. Dazu gehörten Julius Fliess und Fritz W. Arnold, bei dem es sich um einen mittlerweile getauften Juden handelte. Von Dohnanyi kannte sie noch aus der Zeit als Leiter von Gürtners Ministerialbüro. Die beiden arbeiteten als so genannte Konsulenten. So bezeichnete man im Deutschen Reich dieser Zeit jüdische Rechtsanwälte, die nicht mehr als Rechtsanwalt praktizieren durften, die aber in besonderen Rechtsgebieten weiterhin jüdische Klienten vertreten durften. In Berlin gab es nach November 1938 noch 49 jüdischen Konsulenten. Fliess wie auch Arnold waren hoch dekorierten Veteranen des Ersten Weltkriegs. Als Julius Fliess im November 1941 deportiert werden sollte, bat von Donanyi Canaris um Hilfe, der ein Schreiben aufsetzte, das einen Aufschub der Deportation zur Folge hatte. Mit dem Lauf der folgenden Wochen zeichnete sich ab, dass es immer schwerer werden würde, Fliess, Arnold und ihre Familien dauerhaft zu schützen. Im Mai und Juni 1942 entwickelte von Dohnanyi einen verwegenen Plan: Demnach sollten die Männer und ihre Familien als angebliche Geheimdienstmitarbeiter deklariert und in einem neutralen Land zum Einsatz kommen – was sie in Sicherheit gebracht hätte. Canaris stimmte zu und fügte noch einige Personen hinzu, wozu die verwitwete Annemarie Conzen mit ihren „halbjüdischen" Töchtern und Ilse Rennefeld mit ihrem blinden „arischen" Ehemann gehörten sowie Charlotte Friedenthal, eine evangelische Sozialarbeiterin, die der Führung der Bekennenden Kirche nahestand. Sie wurde auf Vorschlag von Dietrich Bonhoeffer einbezogen. Die Umsetzung des Plans erwies sich als extrem schwierig. Da Juden eine Auswanderung verboten war, musste eine Ausnahmegenehmigung beschafft werden. Dieser musste der Reichsführer SS Heinrich Himmler persönlich zustimmen. Himmler erteilte die Genehmigung bei einem persönlichen Treffen mit Canaris. Die Flüchtlinge sollten zunächst in die Schweiz reisen. Diese verlangte eine finanzielle Sicherheit von 100.000 US-Dollar, damit Asylbewerber keine finanzielle Last für das Land darstellen würden. Von Dohnanyi beschaffte das Geld. Im Gegenzug überließen die Asylsuchenden dem Geheimdienst ihr Vermögen in Deutschland. Die Flucht klappte und die Menschen der Gruppe erreichten die Schweiz. Aber das Vorhaben hatte einen hohen Preis. Es hatte innerhalb des Nachrichtendienstes hohen Wellen geschlagen und war genau beobachtet worden. Es gab zahlreiche Zweifel an der Richtigkeit der Aktion – und der Oberkriegsgerichtsrat Manfred Roeder wurde mit der Untersuchung der Vorgänge beauftragt. Am 5. April 1943 wurde von Dohnanyi im Beisein von Canaris und Oster verhaftet. Am selben Tag wurden in Berlin Dietrich Bonhoeffer und Christine von Dohnanyi festgenommen. Der Vorwurf von Roeder lautete zunächst auf Korruption mit dem Versuch der persönlichen Bereicherung – stand aber auf schwachen Füßen. Von Donanyi verteidigte sich geschickt und leugnete. Die Monate zogen ins Land.

Für den Vorwurf der persönlichen Bereicherung gab es zwar kaum stichhaltige Beweise, doch die Tatsache, dass die angeblichen „Agenten" des Nachrichtendienstes in der Schweiz keine nachrichtendienstliche Tätigkeit ausübten und auch nicht nach Südamerika, ihrem angeblichen nachrichtendienstlichen Ziel, gelangten, erregte Verdacht. Es konnte auch nicht verschwiegen werden, dass der Nachrichtendienst mehrmals interveniert hatte, um die Deportation von Arnold und Fliess in den „Osten" zu verhindern. Dennoch gelang es Roeder nicht, den Widerstand von Dohnanyis zu brechen, der trotz des brutalen Drucks, dem er ausgesetzt war, weiterhin alles leugnete. Noch bevor die Anklage vor Gericht gebracht werden konnte, wurde Roeder durch einen anderen Richter ersetzt, der das ganze Verfahren neu aufrollte. Das Verfahren, das sich mehr als ein Jahr lang ergebnislos hinzog, stand kurz vor der Einstellung, als das gescheiterte Attentat auf Hitler am 20. Juli 1944 und seine Folgen den Eifer der Gestapo-Ermittler wieder anfachten.

Von Dohnanyi war mittlerweile an Diphtherie erkrankt. Am 20. August wurde er aus dem Krankenhaus in Potsdam in das KZ Sachsenhausen verlegt, wo er zweimal in der Woche verhört wurde. Trotzdem kamen die Ermittlungen auch jetzt nicht weiter – bis ein Zufallsfund alles änderte. In einem Tresor des Oberkommandos des Heeres wurden Unterlagen gefunden, die einen Bezug zu den Umsturzplänen aus dem Jahr 1938 hatten. Von Dohnanyi wurde in das Gestapo-Gefängnis nach Berlin verlegt, wo ihm jegliche medizinische Versorgung vorenthalten wurde, um ihn zum Ablegen eines Geständnisses zu bringen. Sein Zustand verschlechterte sich schnell, bis sein Schwiegervater, Professor Karl Bonhoeffer, intervenierte. Er schaffte es, dass von Dohnanyi in die Häftlingsabteilung des Landeskrankenhauses verlegt wurde, wo sich Albrecht Tietze, der Chefarzt der Neurologie, hingebungsvoll um ihn kümmerte. Ein von ihm entwickelter Fluchtplan konnte nicht mehr umgesetzt werden. Am 6. April 1945 wurde von Dohnanyi aus dem Landeskrankenhaus in das Konzentrationslager Sachsenhausen gebracht, wo ihn ein SS-Militärgericht wegen Hochverrats zum Tode verurteilte. Wahrscheinlich wurde er am 9. April gehängt. An diesem Tag starben in Flossenbürg Hans Oster, Wilhelm Canaris und Dietrich Bonhoeffer ebenfalls auf diese Weise. Yad Vashem erkannte Hans von Dohnanyi am 17. Juni 2003 als Gerechten unter den Völkern an.

Elfriede, Paul und Heinz Droßel

Heinz Droßel ist einer der Wehrmachtsoffiziere, die während des Krieges Juden gerettet haben. Elfriede und Paul Droßel sind seine Eltern. Heinz Droßel trat zweimal als Retter von Juden in Erscheinung. Zu der ersten Rettungstat kam es 1942. Droßel war gerade Offizier geworden und auf Heimaturlaub in Berlin angekommen, als er abends in der zum Schutz vor Fliegeralarm abgedunkelten Stadt auf einer Brücke eine Frau entdeckte, die sich auffällig über das Geländer beugte. Er sprach die Frau an, die sofort erschrak, als sie sich umdrehte und seine Uniform erkannte. Die Frau wollte sich von der Brücke fallenlassen, aber Droßel konnte sie festhalten. Er erinnerte sich, ihr schon einmal 1938 begegnet zu sein. Als ihm klarwurde, dass sie vermutlich Jüdin war und er das aussprach, brach sie weinend zusammen. Aber Droßel wollte sie nicht denunzieren. Er nahm sie, ihr Name war Marianne, in den Arm, brachte sie in seine Wohnung, ließ sie dort in Begleitung einer alten Freundin übernachten, während es sich selbst bei einem Freund einquartierte. Am nächsten Morgen hob er 6.000 Reichsmark von seinem Sparbuch ab, gab es den beiden Freunden, mit der Bitte, sich um die junge Frau zu kümmern, verabschiedete sich noch kurz von Marianne, bevor er selbst zurück nach Frankreich musste. Der Heimaturlaub war zu Ende. 1943 erfuhr er auf erneutem Heimaturlaub von den Freunden, dass Marianne bei einer jüdischen Familie untergekommen war, auswandern wollte, dann aber verhaftet, freigelassen und erneut verhaftet worden sei, bevor sich ihre Spur verlor. Umso überraschter und erfreuter war er, als er sie Ende 1945 wiedertraf. Sie verliebten sich ineinander und heirateten am 4. Mai 1946 in Berlin. Das Wiedersehen mit Marianne fand bei Jack, Lucie und Margot Hass statt, die im Retter-Portrait von Frieda Kunze eine zentrale Rolle spielen. Dort mussten sie am 27. März 1945 aufgrund einer Denunziation ausziehen und sich eine neue Unterkunft suchen. Die fanden sie bei Paul und Elfriede Droßel, die ebenfalls in Senzig bei Berlin wohnten. Sohn Heinz war gerade aufgrund einer Kriegsverwundung bei den Eltern. Er hatte noch eine Wohnung in Berlin-Tempelhof, in der aber Flüchtlinge einquartiert worden waren, wobei ihm weiterhin ein Zimmer zur Verfügung stand.

Am späten Abend des 26. März wurde er von Ernst Fontheim angesprochen, der zusammen mit der Familie Hass das nahe gelegene Sommerhaus von Frieda Kunze bewohnte. Fontheim gestand ihm, dass er und die drei anderen Bewohner in Wirklichkeit Juden seien, die sich versteckt hielten. Er berichtete auch von der Denunziation und davon, dass sie nun nicht wussten, was sie tun sollten. Heinz Droßel war sofort bereit zu helfen. Er sprach mit seinen Eltern und weihte sie ein. Auch sie wollten helfen. Elfriede Droßel packte sofort einen großen Korb mit Lebensmitteln für die bedrängten Nachbarn zusammen. Anschließend fanden Fontheim und die Familie Hass Unterschlupf bei Droßels, wobei dafür auch Heinz' Wohnung in Berlin genutzt wurde. Den dort lebenden Flüchtlingen stellte Heinz Droßel die Neuankömmlinge als Freunde vor, die ausgebombt worden waren und alles verloren hatten. Einige Tage später fand Jack Hass mit seiner Frau und seiner Tochter ein anderes Versteck. Ernst Fontheim blieb jedoch bis zum Ende des Krieges in dem Zimmer. Heinz Droßel hat über seine Erlebnisse in der Zeit vor, im und nach dem Dritten Reich ein Buch geschrieben. Es heißt „Zeit der Füchse". Die Lektüre kann sehr empfohlen werden. Es schildert die Rettung der Juden, vermittelt darüber hinaus sehr anschaulich und nachhaltig ein Bild der damaligen Zeit aus der Sicht eines jungen Mannes, der Abitur macht, Jura studiert und dann zur Wehrmacht eingezogen und bis zum Oberleutnant befördert wird, stets menschlich bleibt und den Krieg bis zur Gefangenschaft erlebt. Nach dem Krieg arbeitete Heinz Droßel als Richter und beschloss seine berufliche Laufbahn als Präsident des Sozialgerichts Freiburg. Er starb 2008. Yad Vashem erkannte ihn am 12. Januar 1999 zusammen mit seinen Eltern Paul und Elfriede Droßel als Gerechten unter den Völkern an.

Georg Ferdinand Duckwitz

Duckwitz ist in der Hansestadt Bremen ein Familienname mit großer Tradition. Arnold Duckwitz war 1857 bis 1863 Bürgermeister der Stadt, für deren weitere Entwicklung er wichtige Impulse setzte. Noch heute ist eine Straße in Bremen nach ihm benannt. Er ist Urgroßvater von Georg Ferdinand Duckwitz, der am 29. September 1904 in Bremen geboren wurde. Zu den führenden Familien der Hansestadt gehörend war Duckwitz politisch rechts. Er gehörte entsprechenden Studentenkreisen an und trat bereits 1932 in die NSDAP ein und engagierte sich hier im Auswärtigen Dienst der Partei. Schon nach vergleichsweise kurzer Zeit distanzierte er sich innerlich vom Regime, was dazu führte, dass er 1935 seine Arbeit für die Partei im Auswärtigen Dienst beendete. An seinen Vorgesetzten Alfred Rosenberg schrieb er: „In Anbetracht der Erfahrungen, die ich in den letzten zwei Jahren in Bezug auf fast alle Aspekte der nationalsozialistischen Erfahrung gemacht habe, muss ich zu der Auffassung gelangen, dass die Gründe, die mich 1932 veranlasst haben, mich ganz der Partei zu widmen, nicht mehr zutreffen." Zum Glück für Duckwitz hatte diese klare Aussage für ihn keine weiteren Konsequenzen. In der Folge arbeitete Duckwitz für die Hamburg-Amerika-Linie, eine in der Zeit weltweit führende Reederei, die er an verschiedenen Orten im Ausland als Repräsentant vertrat. 1939 kehrte er nach Deutschland zurück und bewarb sich für eine Stelle als Seeattaché an der deutschen Botschaft in Kopenhagen. Duckwitz kannte die örtlichen Verhältnisse in Dänemark und hatte gute Beziehungen zur dänischen Führung. In der Folge wurde er nach 1942 zu einem engen Vertrauten des Reichsbevollmächtigen für Dänemark, Werner Best. Best war ehemals stellvertretender Leiter der Gestapo und überzeugter Nationalsozialist. In Dänemark aber entschied er, die gemäßigte Politik seiner Vorgänger fortzusetzen und eine Zusammenarbeit mit den Dänen anzustreben, anstatt sie zum Widerstand gegen die deutsche Besatzung zu provozieren. Im Sommer 1943 kam es zu zahlreichen Streiks und Sabotageakten gegen die deutschen Besatzer. Deutschland verschärfte die Besatzungspolitik und traf Vorbereitungen für die Deportation der 7800 Juden im Land. Best befürchtete eine Verschlechterung der Lage, wenn die Juden gewaltsam in den Osten deportiert würden. Er informierte seinen Vertrauten über den Plan zur Deportation der jüdischen Gemeinde Dänemarks. Duckwitz wiederum informierte unter großem persönlichen Risiko die dänischen Sozialdemokraten, mit denen er befreundet war, darüber. Diese wiesen die jüdische Gemeinde auf die Gefahr hin. In der Folge flohen über 7.000 Juden mit zahlreichen Schiffen und Booten aus Dänemark nach Schweden. Als die

Gestapo am 2. Oktober mit den Verhaftungen startete, waren die meisten Juden nicht mehr in ihren Wohnungen. Nur 500 Juden wurden verhaftet und anschließend nach Theresienstadt deportiert. Duckwitz überlebte den Krieg. Anschließend arbeitete er im Auswärtigen Amt der Bundesrepublik Deutschland und wurde als Botschafter nach Dänemark entsandt. Er stieg in den Rängen des Ministeriums auf und wurde von Außenminister Willy Brandt, der später zum Bundeskanzler gewählt wurde, zum Staatssekretär ernannt. Am 29. März 1971 erkannte Yad Vashem Georg Ferdinand Duckwitz als Gerechten unter den Völkern an.

Johanna Eck

Warum haben die Gerechten unter den Völkern ihre jüdischen Mitbürger gerettet? So klar wie vielleicht kein anderer Retter hat Johanna Eck die Motivation für ihr Handeln angegeben: Sie sagte: „Die Beweggründe für meine Hilfe? Im Einzelfall nichts Besonderes. Im Prinzip denke ich Folgendes: Wenn ein Mitmensch in Not ist und ich ihm helfen kann, dann ist das meine Pflicht und Verantwortung. Würde ich dies unterlassen, dann würde ich die Aufgabe verraten, die das Leben – oder vielleicht Gott? – von mir verlangt. Die Menschen – so scheint es mir – bilden eine große Einheit; sie schlagen sich selbst und allen ins Gesicht, wenn sie sich gegenseitig unrecht tun. Das sind meine Beweggründe." Geboren wurde die Frau, die diese Worte sagte, 1888. Sie beherbergte von 1942 bis 1945 vier Menschen, die Schutz vor der Verfolgung durch die deutschen Behörden benötigten. Neben dem Journalisten Wilhelm Duesberg und der Komponistin Helen Tobias-Duesberg, die Ecks in den letzten Kriegsmonaten aufnahm, war das Heinz Guttmann. Sein Vater war ein Kamerad von Johanna Ecks Mann im Ersten Weltkrieg gewesen. 1942 wurde er zusammen mit seiner Frau und den Kindern nach Osten „evakuiert", wie die Deportation in der damaligen Zeit genannt wurde. Der junge Heinz war – warum auch immer, die genauen Umstände sind nicht bekannt – der Verhaftung entgangen. Nachdem Eltern und Geschwister fort waren, irrte der Junge ziellos durch die Straßen. Er hatte keine Unterkunft und keine Lebensmittelkarten. Es gab zunächst niemandem, der ihm helfen wollte. Das änderte sich erst, als er auf Johanna Eck traf. Sie bot ihm Unterkunft im Haus an und teilte mit ihm ihre Lebensmittel. Im November 1943 zerstörte ein Bombenangriff Ecks Haus. Die Frau suchte für ihren Schützling eine neue Unterkunft. Über seine neue Vermieterin entstand der Kontakt zu dem vierten Menschen, den Johanna Eck versteckte. Das war Elfriede Guttmann, die ebenfalls jüdisch, aber trotz des Namens nicht mit Heinz verwandt war. Das Mädchen hatte Schutz und Unterkunft bei der Vermieterin gefunden. Im Dezember 1943 kam es in deren Haus zu einer Razzia der Gestapo. Elfriede blieb – unter einem Bett versteckt – unentdeckt und bat darauf Johanna Eck, ob sie bei ihr wohnen könne. Diese hatte mittlerweile eine Einzimmerwohnung zugewiesen bekommen und war einverstanden. Was mit Heinz Guttmann weiter geschah, ist nicht zu ermitteln. Laut Angaben von Yad Vashem hat er aber die Shoah überlebt.

Beim Schlangestehen in einer Bäckerei traf Elfriede auf ein gleichaltriges Mädchen – das sie kannte. Es war die ehemalige Schulfreundin Erika Hartmann, die spontan beschloss, ihrer alten Freundin zu helfen. Das tat sie, indem sie Elfriede einige „Ariernachweise" aushändigte. Einer bestätige sogar, dass sie für den Arbeitsdienst gearbeitet hatte. Diese Papiere hatten großen Wert für das Mädchen. Nach Bombenangriffen war es nicht ungewöhnlich, dass Menschen neben ihrem Hab und Gut auch ihre Papiere verloren. Als im Januar 1944 ein weiterer großer Bombenangriff erfolgte und viele Berliner ausgebombt wurden, nutzte Johanna Eck die Gelegenheit und ließ Elfriede als vermeintlich ausgebombtes Mädchen, das einen Großteil der Papiere verloren hatte, bei sich unter dem Namen Erika Hartmann registrieren. Damit wurde die Anwesenheit des Mädchens legalisiert und Johanna Eck konnte sie offiziell in der Wohnung registrieren lassen. Damit standen ihr auch Lebensmittelkarten zu. Elfriede Guttmann überlebte den Krieg und die Shoah. Trotzdem war ihr Schicksal tragisch. Sie starb kurz nach der Befreiung an einer plötzlichen Magenerkrankung. Ihre Auswanderung in die USA war bereits geplant. Johanna Eck begleitete sie bis zum Tod im Krankenhaus. Später erkundigte sie sich bei der jüdischen Gemeinde nach den Namen von Elfriedes Eltern und Bruder. Alle waren verstorben. Johanna Eck ließ die Namen auf dem Grabstein eintragen, den sie auf eigene Kosten aufstellen ließ. Er steht auf dem Friedhof Berlin-Weißensee. Am 11. Dezember 1973 erkannte Yad Vashem Johanna Eck als Gerechte unter den Völkern an.

Frida und Gotthilf Eckert

Die Geschichte von Frida und Gotthilf Eckert ist typisch für einen großen Teil der Rettungstaten. Das Ehepaar half ihren jüdischen Mitbürgern, indem sie diese versteckten. In diesem Fall hießen die Schützling Stephanie und Hans Gumpel. Letzterer war Rechtsanwalt. Beide tauchten sofort unter, als sie von der Gestapo den Befehl zur Deportation erhalten hatten. Eine Zahnärztin verwies Gumpels an Gotthilf und Frida Eckert. Beide waren ihr als Christliche Wissenschaftler und Menschen, die Juden halfen, bekannt. Tatsächlich halfen Eckerts sofort – und nahmen Gumpels von August bis Dezember 1943 in ihrem Haus auf. Das unmittelbare Zusammenwohnen endete, als Gotthilf Eckert wegen des Verdachts, Juden zu helfen, bei der Gestapo vorgeladen wurde. Anschließend mieteten Eckerts in Glienicke bei Potsdam ein Bootshaus an, in dem Gumpels Unterschlupf fanden. Sie lebten dort bis zum Einmarsch der Roten Armee. Yad Vashem erkannte Gotthilf und Frida Eckert am 26. Juni 1980 als Gerechte unter den Völkern an.

Hans Eiden

Normalerweise waren Gerechte unter den Völkern vor ihrer Rettungstat in einer Position, in der sie selbst keiner Verfolgung durch die deutschen Behörden ausgesetzt waren. Das war bei Hans Eiden anders. Als Mitglied der Kommunistischen Partei war er bereits 1936 verhaftet und anschließend wegen Hochverrats zu einer dreijährigen Gefängnisstrafe verurteilt worden. Kaum wieder auf freiem Fuß verhaftete ihn die Gestapo erneut und brachte ihn ins Konzentrationslager Buchenwald. In den Lagern dieser Zeit gab es nicht nur Häftlinge und Bewacher. Auch unter den Häftlingen hatten sich Strukturen entwickelt. So hielten zum Beispiel insbesondere die rein kriminellen Häftlinge der Kategorien BV (Berufsverbrecher) und SV (Sicherungsverwahrte) zusammen, genauso wie politische Häftlinge mit kommunistischem Hintergrund. Die Gruppen lieferten sich untereinander oft einen Machtkampf, wobei das Ergebnis je nach KZ unterschiedlich sein konnte. Es versteht sich von selbst, dass Hans Eiden sich den kommunistischen Häftlingen anschloss. Mit der Zeit übernahm er immer mehr eine führende Rolle. Ende 1944 hatte er die Position des Lagerältesten in Buchenwald inne. Die SS hatte in den Lagern eine Häftlingsselbstverwaltung eingerichtet. Das erleichterte ihr die Verwaltung der Lager. Der Lagerälteste war die höchste Position, die ein Häftling einnehmen konnte. Als Hans Eiden Lagerältester war, hatte die Zeit der Todesmärsche begonnen, mit denen die SS Häftlinge aus Konzentrationslagern vor den anrückenden alliierten Truppen evakuierte. Insbesondere in den Lagern im Osten brachen viele Todesmärsche auf. Viele der KZ-Insassen, ein Großteil von ihnen Juden, kamen dabei ums Leben, was zum Teil auch Ziel der Todesmärsche war. Als die Amerikaner am 4. April vor Weimar standen, lag auch das KZ Buchenwald in ihrer Reichweite. Im Lager befanden sich 6.000 jüdische Häftlinge aber noch weitmehr nicht-jüdische. Die SS plante die Evakuierung des Lagers mit einem Todesmarsch und befahl Eiden als Lagerältestem, die Juden, die sich in einem eigenen Lagerteil befanden, antreten zu lassen, damit sie sich auf den Weg des Todesmarsches machen konnten. Der Befehl betraf die 6.000 jüdischen Insassen. Eiden war klar, dass damit der sichere Tod sehr vieler Juden verbunden war. Es gab eine kurze Debatte unter den führenden Häftlingen, bei der sogar der Aufstand des Lagers erwogen wurden. Das aber erschien angesichts der noch vorhandenen militärischen Fähigkeiten der SS-Bewacher als Selbstmord. Darauf beschlossen die Häftlinge unter Eidens Leitung, dass auf den Befehl der SS keine Häftlinge antreten würden. Eiden erstattete dem Lagerkommandanten Bericht und meldete, die Juden hätten Angst und schlug vor, den Marsch bis zum nächsten Morgen zu verschieben. Der Aufschub wurde akzeptiert. Wieder zurück bei den anderen Gefangenen ordnete Eiden an, dass die jüdischen Häftlinge den an der Kleidung angebrachten gelben Stern abnehmen und sich mit den anderen nicht-jüdischen Häftlingen vermischen sollten. Am nächsten Morgen sollte der Befehl der SS umgesetzt werden. Schon nach kurzer Zeit meldeten die damit beauftragten Barackenältesten – wie zu erwarten –, dass sie die jüdischen Häftlinge nicht identifizieren konnten. Der Todesmarsch fand an diesem Tag nicht statt. Die SS änderte ihre Pläne. Zwischen dem 7. und dem 10. April 1945 wurden rund 28.000 KZ-Insassen zu Fuß oder in Viehwaggons nach Dachau, Flossenbürg und Theresienstadt gebracht. Darunter befanden sich nur noch 3.000 Juden. Die anderen 3.000 jüdischen Häftlinge blieben im Lager Buchenwald. Sie wurden am 11. April 1945 von der US-amerikanischen Armee befreit. Auch Hans Eiden überlebte den Krieg. Er zog in seine Heimatstadt Trier, engagierte sich weiter für die Kommunistische Partei und wurde sogar in den Landtag von Rheinland-Pfalz gewählt. Aber schon 1950 starb er – auch an den Folgen der Haft- und KZ-Zeit. Er war nur 49 Jahre alt. Am 30. Juni 2014 erkannte ihn Yad Vashem als Gerechten unter den Völkern an.

Charlotte Erxleben

Charlotte Erxleben ist ein weiteres Beispiel für einen Retter aus einfachen Verhältnissen. Sie arbeitete in Berlin als Prostituierte. 1906 geboren, war sie 1939 in die Reichshauptstadt gezogen. Sie versteckte den Juden Fritz Walter in ihrer Wohnung. Walter war nach Majdanek deportiert worden, konnte aber fliehen und kehrte nach Berlin zurück, wo er sich bei Charlotte Erxleben versteckte. Besonders brisant war, dass sich ihre Wohnung in der Nähe des Alexanderplatzes und damit der Gestapozentrale befand. Walter lernte die junge Steffi Ronau kennen und verliebte sich in sie. Die junge Frau war Jüdin und befand sich in einer sehr prekären Lage. Zuvor hatte sie sehr erfolgreich als Schauspielerin gearbeitet. Als Jüdin hatten die Machthaber sie früh vom reichsdeutschen Kulturbetrieb ausgeschlossen, worauf Steffi Ronau aber im Rahmen des Jüdischen Kulturbundes auftrat und sehr erfolgreich spielte. Ab 1938 hatte sie mit ihrem damaligen Ehemann Walter Hinzelmann eine eigene Puppenbühne. Bis August 1941 spielte sie außerdem in Inszenierungen von Fritz Westen und Ben Spanier, zuletzt in Franz Molnars „Spiel im Schloss", der letzten Aufführung des

Jüdischen Kulturbundes. Mit der Schließung sämtlicher jüdischer Kultureinrichtungen im Reich musste sie dann untertauchen. 1942 wurde ihre Tochter Reha geboren. Wenig später starb ihr Mann. Zudem wurden ihre Mutter und zwei Schwestern deportiert. Damit waren Steffi Ronau mit ihrer Tochter im Untergrund auf sich gestellt. Fritz Walter stellte Kontakt zu Charlotte Erxleben her, die sich sofort entschied zu helfen und die junge Schauspielerin und ihre kleine Tochter an eine Kollegin vermittelte, die ihr ein Zimmer vermietete, ohne zu wissen, dass es sich um eine Jüdin handelte. Walter war indessen nicht untätig, sondern recht erfolgreich auf dem Schwarzmarkt unterwegs, wo er Geld verdiente, mit dem er zusammen mit Charlotte Erxleben Mutter und Tochter unterstützte. Ende 1943 oder Anfang 1944 wurde die Gestapo auf Walter aufmerksam und stürmte die Wohnung von Erxlebens. Walter entkam über die Hintertreppe, musste aber Kleidung zurücklassen. Er versteckte sich im Zimmer bei Steffi Ronau. Die Gestapo verhaftete Charlotte Erxleben. Diese verteidigte sich geschickt, erklärte, die gefundene Männerkleidung gehöre ihrem Verlobten und wurde wieder freigelassen. Der Zugriff der Gestapo beeindruckte Charlotte Erxleben wenig. Sie versorgte Steffi Ronau und die kleine Reha weiterhin mit Lebensmitteln, auch nachdem ihre eigene Wohnung infolge eines Bombenangriffs zerstört wurde. Nach dem Krieg heirateten Steffi Ronau und Fritz Walter und unterstützten nun ihrerseits Charlotte Erxleben. 1957 starb Fritz Walter. Charlotte Erxleben wurde am 16. Dezember 2014 von Yad Vashem als Gerechte unter den Völkern anerkannt.

Maria und Alois Elsner

Ein weiteres Beispiel für Helfer aus einfachen Verhältnissen sind Alois Elsner und seine Frau Maria. Beide lebten im bayerischen Landsberg. Elsner war Schornsteinfeger. Zu seinen Aufgaben gehörte es unter anderem, die Schornsteine in den Konzentrationslagern, die 1944 in seiner Heimatregion eingerichtet wurden, zu reinigen. Dabei bekam er natürlich den Alltag in den Lagern zu sehen. Bei den Lagern handelte es sich um das so genannte KZ Kaufering. Es bestand aus elf Außenlagern des KZ Dachau, die in der Region um Landsberg und Kaufering errichtet worden waren. Hier sollten drei halbunterirdische Bunker als Produktionsanlagen für den Bau des neuen Düsenjägers vom Typ Messerschmitt Me 262 gebaut werden. Bei den meisten Häftlingen handelte es sich um Juden, viele waren mit Todesmärschen aus Auschwitz gekommen. Sie lebten im Lager in Erdbaracken und litten unter Kälte, Unterernährung und der grausamen Behandlung durch die Wachen. Elsner beschloss, ihnen zu helfen. Zusammen mit seiner Frau sammelte er Lebensmittel und Medikamente, die er zu den Häftlingen schmuggelte. Außerdem informierte er die Häftlinge über den Vormarsch der Alliierten, was den Gefangenen natürlich Hoffnung gab.

In einem Dankesbrief formulierten viele Häftlinge nach der Befreiung den Dank an ihren Helfer, den sie in der Zeit von Juni 1944 bis zum Kriegsende als ihren „Freund und Helfer“ bezeichnete.

„…Er brachte uns verschiedene Dinge, die dazu beitrugen, unsere miserable Situation zu verbessern. Wir bekamen Medikamente, Lebensmittel, Kleidung, insbesondere Socken und Unterwäsche. Außerdem hat er uns immer vor den Plänen der SS gewarnt. Er riskierte sein Leben, um uns zu helfen. Er ermutigte uns immer wieder zu fliehen und verpflichtete sich, uns eine Unterkunft zu gewähren. Frau Elsner half ihm ständig bei dieser edlen Mission, indem sie in verschiedenen Apotheken Medikamente kaufte.“ Yad Vashem erkannte Alois Elsner und seine Frau am 6. Oktober 2015 als Gerechte unter den Völkern an.

Bernhard Falkenberg

Bernhard Falkenberg gehört zu den Rettern in Uniform. Indem er sich widersetzte und seinem Gewissen folgte, handelte er gegen das Prinzip von Befehl und Gehorsam und damit dem, was ihm seit langem beigebracht worden war und ihm eigentlich in Fleisch und Blut hätte übergehen müssen. Mit anderen Rettern in Uniform verband ihn aber noch etwas anders: Es war bei seinen Taten völlig allein und konnte sich nicht auf den Rückhalt oder Austausch mit Freunden oder auch einer christlichen oder politischen Gruppierung stützen. Ganz im Gegenteil: Er war umgeben von

Kameraden, die genau das Gegenteil seiner inneren Einstellung dachten und lebten.

Während des Krieges war Bernhard Falkenberg Aufseher des Arbeitslagers Wlodawa in Ostpolen. Nur wenige Kilometer entfernt lag das Vernichtungslager Sobibor. Falkenberg leitete ein Entwässerungsprojekt. Und dazu benötigte er Arbeiter, die sich aus dem Lager rekrutierten. Wer hier arbeitete, hatte ein extrem hartes Leben. Aber er war recht gut vor der Deportation geschützt. Um „seinen" Arbeitern diesen Schutz zu bieten, stellte ihnen Falkenberg spezielle Arbeitskarten aus. 500 Arbeiter standen ihm zu. In seinem Lager war die Zahl der Häftlinge weit größer, womit viele der hier Inhaftierten keine offizielle Arbeitserlaubnis hatten. Die Gestapo führte immer wieder Razzien durch. Um insbesondere die Häftlinge ohne Arbeitskarte zu schützen, warnte Falkenberg die Lagerinsassen, sobald er von einer anstehenden Razzia wusste. Juden ohne Arbeitspapiere konnten sich dann in einer riesigen Scheune verstecken. Rundherum von Heuhaufen umgeben stand sie in der Nähe von Falkenbergs Haus. 1943 sollte das Lager aufgelöst werden. Zur Durchführung rückten ukrainische Polizisten an. Falkenberg lud die Männer ein, bot ihnen reichlich Getränke an, was vielen Lagerinsassen die Möglichkeit zur Flucht gab. In den nahen Wäldern konnten sie sich den dort lebenden Partisanen anschließen.

Der Kommandant des Arbeitslagers im nahe gelegenen Adampol wurde auf Falkenberg aufmerksam und zeigte ihn bei der Gestapo an. Der Vorwurf: Falkenberg habe Partisanen mit Lebensmitteln versorgt und Juden in seinem Haus versteckt. Falkenberg bestritt die Vorwürfe, wurde aber inhaftiert und in das Konzentrationslager Mauthausen überführt, wo er bis zur Befreiung durch die Alliierten blieb. Er überlebte den Krieg und wurde am 7. Oktober 1969 von Yad Vashem als Gerechter unter den Völkern anerkannt.

Wanda Feuerherm und Vera Lagrange

Wanda Feuerherm wurde 1905 geboren, war Näherin und hatte in Berlin bis 1938 im jüdischen Modehaus Horn gearbeitet. Zu ihren Bekannten gehörten auch Menschen jüdischen Glaubens wie Aaron Segal, den sie beruflich kennengelernt hatte. 1942 war Wanda Feuerherm verheiratet, hatte einen achtjährigen Sohn und eine zehnjährige Tochter. Ihr Mann war als Soldat an der Front. Die kleine Familie lebte in einem Holzhaus in Lichtenberg am Rand Berlins.

Im Sommer 1942 hatten viele Juden in Berlin bereits ihren Deportationsbefehl erhalten und waren in die Ghettos in Osteuropa transportiert worden. Segal lebte mit seiner Familie noch in Berlin – und beschloss unterzutauchen, wobei jedes Familienmitglied eine andere Unterkunft finden sollte. Die Familie wandte sich an Wanda Feuerherm mit der Bitte, die 19-jährige Tochter Gerda Segal zu verstecken. Wanda Feuerherm war spontan einverstanden. Ihr Ehemann Willi erfuhr erst später davon. Als er auf Gerda Segal traf, akzeptierte er die Anwesenheit der jungen Frau zunächst. Später musste er es sich wahrscheinlich anders überlegt haben und verriet Gerda. Anfang 1944 stürmte die Gestapo das Haus und durchsuchte die Zimmer. Gerda hatte Glück. Sie konnte sich gerade noch rechtzeitig im Keller verstecken und wurde nicht entdeckt. Nach diesem Schreck wechselte sie das Versteck und zog zunächst zu ihrer Mutter, die an einem anderen Ort Unterschlupf gefunden hatte. Später musste sie noch weitere Verstecke finden. Gerda Segal überlebte die Shoah. Yad Vashem erkannte Wanda Feuerherm und ihre Tochter Vera Lagrange am 28. Dezember 1987 als Gerechte unter den Völkern an.

Hans Feyerabend

Am 1. Februar 1945 wurden am Strand von Palmnicken, dem heutigen Jantarny, an der Ostsee 3.000 Juden ermordet. Während sich der Bürgermeister des Dorfes dabei als besonders eifriger Helfer der SS zeigte, versuchte ein Mann die Menschen zu retten: Hans Feyerabend. Auch wenn sein Bemühen letztlich tragisch scheiterte, erkannte ihn Yad Vashem am 18. Juni 2013 als Gerechten unter den Völkern an. Feyerabend hatte eine militärische Vergangenheit. Im Ersten Weltkrieg diente er als Artillerieoffizier. Während des Zweiten Weltkriegs arbeitete er als Gutsverwalter in Ostpreußen nordwestlich von Königsberg, wobei er in Palmnicken lebte. Das Dorf befand sich direkt an der ostpreußischen Ostseeküste. Als gegen Kriegsende in Deutschland der so genannte Volkssturm aufgestellt wurde, ernannten die Behörden Feyerabend zum Kommandeur der örtlichen Volkssturmeinheit der Region. Der Volkssturm bestand aus Jugendlichen und älteren Männern, die aufgrund ihres Alters nicht zur regulären Wehrmacht eingezogen wurden. Sie sollten sich als „letztes Aufgebot" den anrückenden alliierten Truppen entgegenstellen. Während Feyerabend sein neues Kommando innehatte, waren überall in Deutschland Juden in so genannten Todesmärschen unterwegs, mit denen die KZ evakuiert wurden. Auch in Ostpreußen gab es Lager. Häftlinge aus den Außenlagern des KZ Stutthof marschierten im Januar 1945 entlang der Ostseeküste. Es war eiskalt.

Unter den Häftlingen waren Tausende jüdischer Frauen. Sie hatten am Bau von Festungsanlagen im Königsberger Gebiet gearbeitet, nachdem sie zuvor aus Auschwitz gekommen waren. Auf ihrem weiteren Weg mussten sie sechs Tage in einer verlassenen Fabrik in Königsberg ausharren, bevor der Marsch nach Palmnicken an der Ostseeküste weiterging. Hier kommandierte Hans Feyerabend den Volkssturm. Er musste mit dem Bürgermeister des Ortes, Kurt Friedrichs, zusammenarbeiten. In Palmnicken brachte die SS die Häftlinge, es waren 3.000 Menschen, in eine Bernsteinmine. Der Stollen sollte verschlossen und die Hälftlinge sich selbst überlassen werden, was natürlich zu deren Tod geführt hätte. Als Hans Feyerabend davon erfuhr, setzte er sich für die Hälftlinge ein und forderte ihre Freilassung, was natürlich zu einem Konflikt mit Fritz Weber, dem verantwortlichen SS-Offizier, führte. Durch das Kommando über den Volkssturm verfügte Feyerabend über beachtliche militärische Fähigkeiten. Im Ergebnis konnte die SS den Mord im Bergwerksstollen nicht durchführen. Weber war klar, dass Feyerabend aus dem Ort verschwinden musste, wollte er die Juden umbringen. Dazu sprach er sich mit Bürgermeister Friedrichs ab. Beide Männer entwickelten einen Plan, um Feyerabend loszuwerden. Dabei teilten sie dem Volkssturmkommandanten mit, dass er dringend als Verstärkung einer Wehrmachtseinheit in Kumehnen, dem heutigen Kumatschowo, benötigt werde. Der Ort liegt rund 20 Kilometer östlich. Feyerabend zog mit 100 Mann seiner Einheit los, um der Wehrmacht zu helfen. Am 30. Januar 1945 traf er mit seinen Männern in Kumehnen ein – und musste feststellen, dass die Soldaten dort mit keiner Verstärkung durch ihn gerechnet hatten und auch keine angefordert hatten. In der Folge nahm sich Feyerabend selbst das Leben. Nachdem er sich der SS nicht mehr in den Weg stellen konnte, führte diese in der Nacht zum 1. Februar die 3.000 Juden zum Strand. Hitlerjungen unterstützten die SS dabei. Am Strand wurden die Juden erschossen. Kurt Friedrichs, der Bürgermeister, tat sich dabei besonders hervor. Wie Martin Bergau, der als Hitlerjunge dabei war, sich später erinnerte, forderte er die Jungen auf, in den Wäldern nach versteckten Juden zu suchen und Dorfbewohner zu fragen, ob sie Juden gesehen hätten, denen die Flucht gelungen sei. 18 jüdische Menschen überlebten trotzdem. Viele Dorfbewohner beteiligten sich an der Ermordung und Verfolgung der Juden, die fliehen konnten. Einige nahmen aber auch die 18 Überlebenden des Massakers bis zum Eintreffen der Roten Armee auf.

Fritz Fiedler

Mit 45 Jahren gehörte Fritz Fiedler im Deutschen Reich nicht zu den ersten Soldaten, die bei Kriegsausbruch an die Front mussten. Er war Reserveoffizier und wurde als solcher im Sommer 1941 im östlichen Polen, an der Grenze zur Ukraine stationiert. Die Operation Barbarossa, der Angriff auf die Sowjetunion, hatte gerade begonnen und die deutschen Truppen ihren Nimbus der Unbesiegbarkeit noch nicht verloren. Als Oberleutnant wurde Fiedler Ortskommandant der Stadt Horodenka. Von Anfang an fiel er durch menschliches Verhalten gegenüber den hier lebenden Juden auf. Für Dezember 1941 plante die SS eine erste „Judenaktion" in Horodenka – was nichts anderes hieß, als dass die etwas 2500 Juden aus der Stadt umgebracht werden sollten. Der Massenmord sollte unter dem Deckmantel einer „Impfaktion" organisiert werden. Als Ortskommandant erfuhr Fiedler davon. Er hatte keine Möglichkeit, das Morden als solches zu unterbinden, erkannte aber sofort die Chance, im Kleinen Gutes zu tun. Er informierte seinen Zahnarzt, Chaim Kaufmann, über die geplante Aktion und ihren Deckmantel. Beide Männer besprachen sich und kamen überein, dass Kaufmann zusammen mit rund 50 weiteren Menschen zum Zeitpunkt der Aktion in die Kommandantur der Wehrmacht kommen sollte. Fiedler deklarierte sie in seiner Rolle als Ortskommandant zu Beschäftigten der Wehrmacht. Den ihm unterstellten Soldaten gab er den Befehl, die Ortskommandantur unter allen Umständen auch gegen das Eindringen der SS zu verteidigen. Dazu kam es aber nicht. Die SS begnügte sich damit, die anderen Juden, die sich am Sammelplatz eingefunden hatten, nach Siemakowcze zu transportieren und dort zu erschießen. Die 50 Juden, die in der Kommandantur Schutz gefunden hatten, überlebten. Über das weitere Schicksal vieler von ihnen ist aber nichts bekannt. Im Mai 1942 wurde Fiedler zunächst nach Krasne und dann nach Russland versetzt. Chaim Kaufmann überlebte zusammen mit seiner Familie den Holocaust. Nach dem Krieg nahm er den Kontakt zu Fiedler auf, der seinen Einsatz ebenfalls überlebt hatte. Yad Vashem ehrte Fritz Fiedler am 26. Juli 1966 als Gerechten unter den Völkern.

Hans Fittko

Ein großer Teil der Rettungstaten hat ein gemeinsames Element: Die Gerechten versteckten Juden in ihren Häusern oder Wohnungen und versorgten sie mit Lebensmitteln und zuweilen auch mit gefälschten Papieren. Aber es gibt auch immer wieder Portraits, die davon abweichen. Die Geschichte von Hans Fittko ist eine davon. Fittko wurde 1903 im brandenburgischen Finsterwalde in einer Arbeiterfamilie geboren. Bereits mit zwölf verließ er die Schule, lernte aber in Eigenregie ständig weiter und arbeitete schließlich als Journalist in Berlin, wobei er sich einen anerkannten Status erwarb. Politisch war er links – und musste 1933 aus Deutschland fliehen, da ihm nach der nationalsozialistischen Machtergreifung die Verhaftung drohte. In der tschechischen Hauptstadt Prag lernte er Lisa Eckstein kennen, die er später heiratete. Die Frau stammte aus einer jüdisch-ukrainischen Familie und war ebenfalls aus Deutschland geflohen. Sie hatten kaum geheiratet, als sie Prag verlassen mussten und nach Paris emigrierten. Aber auch hier kam das Paar nicht zur Ruhe. Nach dem Einmarsch der deutschen Truppen in Frankreich blieb der Süden zunächst unbesetzt und unterstand der so genannten Vichy-Regierung. Das änderte aber nichts daran, dass Emigranten stark gefährdet waren. Hans Fittko und seine Frau versuchten von daher, das Vichy-Gebiet zu verlassen. Ihr Ziel war Lissabon. Im August 1940 waren sie auf ihrem Weg in Banyuls-sur-Mer und damit unweit der spanischen Grenze, als sie auf Varian Fry, einen amerikanischen Journalisten, trafen. Dieser half Flüchtlingen in Marseille und bat sie, ihn dabei zu unterstützen, Menschen außer Landes zu schaffen. Die Fittkos waren sofort einverstanden. Unterstützung erhielten sie vom sozialistischen Bürgermeister von Banyuls, der Lisa Fittko einen alten Schmugglerpfad über die Pyrenäen zeigte. Auf diesem Weg ließ sich die Grenze unbemerkt überqueren. Ab September 1940 begannen Hans und Lisa Fittko mit der Hilfe. Sie begleiteten zahlreiche Verfolgte auf diesem Schmugglerpfad, der so genannten „Route F", in die Sicherheit. Unter den Flüchtlingen befanden sich Intellektuelle, Schriftsteller und Künstler, viele von ihnen Juden.

Unter den ersten Verfolgten, die am 26. September 1940 über die Grenze gebracht wurden, befand sich der Essayist und Literaturkritiker Walter Benjamin. Der Grenzübertritt gelang. Die Flucht verlief trotzdem tragisch. Als die spanische Polizei in Port Bou drohte, ihn auszuweisen, beging Benjamin Selbstmord. Seine beiden Mitflüchtlinge überlebten, ebenso wie viele andere, die Hans und Lisa Fittko über die Grenze schmuggelten. Fittkos konnten die Fluchthilfe bis zum Herbst 1941 fortsetzen. Dann wurde der Aufenthalt auch in Vichy-Frankreich zu gefährlich – und sie selbst mussten sich auf den Weg an einen sicheren Ort machen. Sie flohen nach Kuba, wo sie einige Jahre lebten, bevor sie sich in den USA niederließen. Yad Vashem erkannte Hans Fittko am 8. Februar 2.000 als Gerechten unter den Völkern an.

Gabriele und Emil Fleischer

Gegen Ende des Zweiten Weltkriegs wurden die Insassen vieler Konzentrationslager zu Todesmärschen gezwungen. Damit verfolgten die Machthaber verschiedene Ziele. So konnten die SS-Wachmannschaften damit vor den heranrückenden alliierten Truppen „Beweise" vernichten oder zumindest reduzieren, indem die Opfer aus den Konzentrationslagern „weggeschafft" wurden. Daneben konnten Arbeitskräfte an andere Orte im Reich verlegt werden, wobei die Vernichtung derjenigen Personen, die nicht die Kraft zur Bewältigung der Märsche hatten, billigend in Kauf genommen wurde oder auch das Ziel dieser Märsche war. Anfang 1945 waren überall in Deutschland Todesmarsch-Kolonnen unterwegs. Eine davon erreichte aus Auschwitz kommend das Gut Hollbrunn in Brandenburg. Er bestand aus 2.000 jüdischen Frauen. Dem Pächter des Guts, Emil Fleischer, fiel sofort auf, dass die Frauen völlig ausgehungert waren. Er ging in die Küche und kochte Eintopf aus Kartoffeln und Rüben für sie. Das bekam die SS-Wachleute mit, die dazwischen gingen und Fleischer vorwarfen, er würde „den Reichtum des deutschen Volkes verschenken." Jeglicher Kontakt zu den Frauen wurde ihm untersagt. Das gelang aber nicht. Die Ärztin Ljubica Levi konnte mit ihm sprechen und bat um Rettung. Als Fleischer zögerte, griff seine 19-jährige Tochter Gabriele ein, die ihren Vater von der Notwendigkeit der Hilfe überzeugte und darauf hinwies, dass der Krieg ohnehin bald zu Ende sei und sie noch Menschenleben retten könnten. Es kam zu einer weiteren Kontaktaufnahme, als Gabriele Fleischer den Häftlingen in einem Stall begegnete. Trotz Bewachung durch die SS konnte Levi sie bitten, auch ihre Freundin zu retten.

Als die SS-Wachmannschaft die Frauen im Todesmarsch wieder auf den Weg schickte, gelang es Levi und ihrer Freundin Lili Goldenberger, sich in einer Scheune zu verstecken, wo Emil Fleischer und seine Tochter sie mit Lebensmitteln versorgten. Anschließend beschaffte er zwei Arbeitsausweise für die Frauen. Dabei gab er an, dass sie Flüchtlinge seien, die ihre Ausweispapiere verloren hätten. Die Situation wurde noch zweimal dramatisch. Beim ersten Mal sah eine Hausangestellte der Fleischers die auf den Armen der entkommenden Frauen eintätowierten Häftlingsnummern, redete mit ihrem Mann darüber, der sofort die Polizei verständigte. Die griff ein. Die beiden Jüdinnen sollten hingerichtet und Fleischers an den Volksgerichtshof übergeben werden. Der Einmarsch sowjetischer Truppen verhinderte das. Damit gab es aber neue Probleme. Die Soldaten der Roten Armee beschuldigten Emil Fleischer und seine Frau Adelige und Großgrundbesitzer zu sein, die das Volk ausgebeutet hätten. Jetzt konnten sich Ljubica Levi und Lili Goldenberger für ihre Rettung revanchieren. Sie gaben sich als Auschwitz-

Überlebende zu erkennen, erzählten von ihrer Rettung durch Fleischers und verhinderten damit Schlimmeres. Am 16. Juli 2001 erkannte Yad Vashem Emil und Gabriele Fleischer als Gerechte unter den Völkern an.

Liselotte Flemming

Liselotte Flemming arbeitete während des Krieges in Riga. Sie stammte ursprünglich aus Nürnberg und war Aufseherin eines Stabshelferinnen-Hauses in einem Produktionsstandort für Militärfahrzeuge in der lettischen Stadt. Der Mann von Liselotte Flemming war Major bei der Wehrmacht. Die SS schickte aus dem nahen Ghetto jüdische Menschen zur Zwangsarbeit an verschiedene Orte in Riga. Bertha Seifersfeld musste zusammen mit ihrem Mann in die Fahrzeugproduktion. Dabei lernte Liselotte Flemming sie kennen – und erfuhr dabei, dass Bertha Seifersfeld aus Nürnberg stammte. Von nun an teilte sie ihr Essen mit der Zwangsarbeiterin, unterstützte sie und versorgte schließlich auch den Mann von Bertha Seifersfeld. Das entdeckte die SS. Liselotte Flemming stand ein Kriegsgerichtsverfahren bevor. Zur gleichen Zeit wurde ihr Haus in Nürnberg bei einem Luftangriff zerstört. Die Wehrmacht – vermutlich über ihren Mann – erfuhr vom Kriegsgerichtsverfahren, dem zerstörten Haus und intervenierte erfolgreich, sodass Lieselotte Flemming nach Hause geschickt wurde. Auch ihr Ehemann fiel durch menschliches Verhalten in unmenschlicher Zeit auf. Er versorgte Gefangene mit Lebensmitteln, wurde denunziert und beging darauf Selbstmord. Liselotte Flemming überlebte den Krieg, genauso wie Bertha Seifersfeld, während ihr Mann es nicht schaffte und verhungerte. Am 16. Februar 1984 wurde Liselotte Flemming von Yad Vashem als Gerechte unter den Völkern anerkannt.

Lydia Forsström

Lydia Forsström war Studentin, lebte in einer Einzimmerwohnung in Berlin und gehörte zur verbotenen evangelischen Studentengemeinde in Deutschland. Zu den Freunden der 1919 geborenen Frau gehörten auch

Quäker, die sie 1943 mit einer jungen Jüdin in Kontakt brachten: Liselotte Pereles. Obwohl Lydia Forsström die Frau noch nie gesehen hatte, entschloss sie sich zur Hilfe und versteckte sie eineinhalb Jahre in ihrer Wohnung. Dabei teilte sie auch die Lebensmittelrationen mit Pereles. In der folgenden Zeit half sie auch anderen jüdischen Frauen materiell und gab ihnen Beistand. In einem Fall in den letzten Kriegsmonaten überbrachte sie zum Beispiel für eine inhaftierte jüdische Mutter Nachrichten an ihren 14-jährigen halbjüdischen Sohn. Yad Vashem erkannte Lydia Forsström am 22. Oktober 1980 als Gerechte unter den Völkern an.

Peter Friedrich

Peter Friedrich gehörte zu den vielen Rettern, die jüdische Mitbürger versteckten. Auch er tat das in Berlin, die in dieser Hinsicht sicher die bedeutendste Stadt in Deutschland war. Geboren wurde Friedrich 1889. Er lebte mit seiner Familie in einem Haus am Rande der Reichshauptstadt. Zur Familie gehörten zwei unverheiratete Töchter. 1943 vertraute ihm seine Tochter Erika Überraschendes an. In einer Wohnung, in der Lebensmittel des Schwarzmarktes verkauft und getauscht wurden, hatte sie Ismar Reich kennengelernt, einen Juden, der noch mit seiner Mutter Rosa in Berlin lebte und mit dem sie sich sehr gut verstanden hatte. Wenig später hatte die Mutter des jungen Mannes sie aufgeregt besucht. Grund: Die Gestapo hatte ihren Sohn auf offener Straße verhaftet. Nun brauchte die Mutter eine sichere Bleibe. Peter Friedrich entschied, dass die Frau bei ihnen im Haus unterkommen konnte. Wenig später kam Ismar Reich dazu. Ihm war es gelungen, beim Transport auf dem Weg nach Auschwitz zu entkommen. Auch er fand im Haus der Friedrichs Unterkunft. Das Haus bestand aus einer Küche, einem Wohnzimmer, einem Schlafzimmer, einem kleinen Raum mit einem eingebauten Toilettenhäuschen und einem Kaninchenstall. Die Friedrichs und ihre beiden unverheirateten Töchter teilten sich nach Aufnahme der Gäste das Schlafzimmer, Rosa Reich schlief auf dem Wohnzimmersofa und ihr Sohn auf einem zusammenklappbaren Strandkorb. Peter Friedrich baute den Kaninchenstall mit einer doppelten Wand aus, sodass er im Notfall oder bei überraschenden Besuchen auch als Versteck dienen konnte. Um eine Entdeckung zu vermeiden, gingen Ismar und Rosa Reich in der Zeit des Versteckens nie nach draußen, sondern hielten sich ausschließlich im Haus auf. Zwischen Erika und Ismar entwickelte sich eine Liebesbeziehung und im Oktober 1944 gebar Erika ein Kind. Ismar und seine Mutter überlebten den Krieg in ihrem Versteck. Anschließend entschied sich Reich, zusammen mit seiner Mutter Deutschland zu verlassen und in den USA zu leben. Erika wollte ihre Familie und Heimat nicht verlassen und blieb zusammen mit dem Kind in Deutschland. Sie starb drei Jahre später, worauf das Kind von seinen deutschen Großeltern aufgezogen wurde. Reich hielt auch aus der Ferne den Kontakt nach Deutschland. Peter Friedrich starb 1967 in Berlin. Am 16. Juli 1985 wurde er von Yad Vashem als Gerechter unter den Völkern anerkannt.

Gertrud Fröhlich

Gertrud Fröhlich war verheiratet, hatte zwei Kinder und lebte in Breslau, dem heutigen polnischen Wroclaw. Ihr Mann diente als Soldat und wurde schließlich in Italien als vermisst gemeldet. Als die Rote Armee immer weiter nach Westen vorrückte, entschied sich Gertrud Fröhlich zusammen mit ihren Kindern zur Flucht nach Westen zu ihrem Vater, der in Dornhau in Niederschlesien lebte. Im März 1945 stand dort morgens eine Person vor ihrer Tür – bei dessen Anblick die Frau zunächst erschrak. Die Gestalt war abgemagert, in eine gestreifte Gefangenenuniform gekleidet. Um den Kopf hatte sie eine Decke gewickelt. Trotz des Schrecks öffnete sie die Tür – und traf auf Abraham Kaiser. Der Mann war Jude und über mehrere Konzentrationslager in das Lager Dornhau gelangt. Er bat um ein Versteck. Gertrud Fröhlich half – und versteckte den Mann im Keller, wo er bis zum Eintreffen der Roten Armee blieb. Nach Kriegsende blieb Kaiser noch bis zum Ende des Sommers, bevor er in seine Heimatstadt Lodz zurückkehrte. 1947 wanderte er nach Israel aus, blieb aber mit seiner Retterin in Kontakt. Im Jahr 1965 besuchte er sie in ihrem Haus in der damaligen Deutschen Demokratischen Republik. Yad Vashem erkannte Gertrud Fröhlich am 8. November 1999 als Gerechte unter den Völkern an.

Herta und Kurt Fuchs

Nicht alle Rettergeschichten fanden ein gutes Ende. Manche hatten einen tragischen Verlauf. Besonders dramatisch – und unsinnig – war das, was Kurt Fuchs und seiner Frau Herta und einem ihrer Schützlinge passierte. Herta und Kurt Fuchs wurden 1908 geboren und lebten in Oberpoyritz. Das ist ein kleines Dorf am Rande von Dresden. Beide hatten keine Kinder. Kurt Fuchs war Sanitäter, wurde aber aufgrund gesundlicher Probleme vom Militärdienst befreit. Die Geschichte des Ehepaares verlief bis Anfang 1945 unauffällig. Das sollte sich in diesem Frühjahr ändern. Nicht weit entfernt von ihnen arbeiteten Anfang Februar drei polnische Juden. Die Männer gehörten zu 500 jüdischen KZ-Häftlingen, die in einer Munitionsfabrik eingesetzt wurden. Ihre Namen waren Roman Halter, Abraham Sztaier und Josef (oder Adam) Szwajcer. Am 13. Februar 1945 traf der Luftangriff auf Dresden auch die Fabrik und beschädigte sie schwer. Die überlebenden jüdischen Arbeiter mussten zunächst Trümmer räumen, bevor sich schließlich in südlicher Richtung aus Dresden auf einen Todesmarsch befohlen wurden. Den drei Männern gelang in der dritten Nacht die Flucht. Sie schlugen sich nach Norden durch und erreichten wieder Dresden, wo Sztaier und Szwajcer Kontakt zu einem ehemaligen Arbeitsleiter aufnahmen, der sie zum Haus Fuchs führte. Warum der Arbeitsleiter den Kontakt zu Fuchs herstellte, ist unbekannt. Yad Vashem macht dazu keine Angaben. Das Ehepaar versteckte die Juden. Ein paar Tage später kam der 17-jährige Halter dazu. Die drei Männer gaben sich als polnische Fremdarbeiter aus, doch Kurt und Herta Fuchs wussten um ihre Identität als Juden. Wenig später kapitulierte Deutschland bedingungslos. Der Krieg war zu Ende. Im Dorf wurde bekannt, dass das Ehepaar drei Juden versteckt gehalten hatte. Das führte zu Schikanen durch den Bürgermeister und andere Ortsbewohner. Dabei blieb es nicht. Drei Tage nach Kapitulation und Kriegsende wurden Kurt Fuchs und Josef Szwajcer erschossen. Abraham Sztaier, der ebenfalls anwesend war, konnte gerade noch entkommen. Verschont blieb auch Roman Halter, der dritte Flüchtling. Er hatte sich bereits zehn Tage zuvor auf die Suche nach seinen überlebenden Verwandten auf den Weg nach Polen gemacht. Seine Suche war vergeblich. Herta Fuchs blieb am Leben. Sie lebte nach dem Krieg in der Deutschen Demokratischen Republik. Nach der Wiedervereinigung Deutschlands gelang es der Frau, Roman Halter ausfindig zu machen. Dieser lebte mittlerweile in England.

Yad Vashem erkannte Herta und Kurt Fuchs am 2. April 1995 als Gerechte unter den Völkern an.

Hanni Ganzer

siehe bei Maria und Fritz Briel

Willi Garbrecht

Willi Garbrecht gehört zu den Deutschen, die eine Militäruniform trugen – und trotzdem zu Rettern an Juden wurden. Garbrecht war Leutnant der Luftwaffe und zur Zeit der Rettungstaten in Zawierce stationiert. Diese kleine Stadt lag im von Deutschland besetzten Teil Polens. 1941 wurde sie durch die deutschen Machthaber in Warthenau unbekannt. In der Stadt gab es ein Ghetto, in dem rund 7.000 Juden lebten. 1941 begann die Ermordung dieser Menschen. Viele Juden im Ghetto arbeiten in einer Fabrik, in der Uniformen für die deutsche Luftwaffe hergestellt wurden. Darunter befand sich der 1916 geborene Yoel Grinkraut. Während viele Juden in dieser Zeit noch hofften, durch gute Arbeit die Zeit bis zu einer Befreiung überstehen zu können, war für die nationalsozialistischen Machthaber die Vernichtung der Juden längst beschlossene Sache. Aus den Ghettos führte der Weg meist in die Vernichtungslager. Die Selektion der Opfer wurde von der deutschen Seite in der Regel als „Aktion" bezeichnet. Bei solchen Aktionen wurden meist viele Hundert oder Tausend Juden aus dem Ghetto geholt und in die Vernichtungslager wie Auschwitz transportiert. Bevorzugt abtransportiert wurden Juden, die keine Arbeitsbescheinigung vorweisen konnten. Um sich zu verstecken, bauten Juden an einigen Stellen Verstecke, die als Bunker bezeichnet wurden. Ende Mai 1942 fand eine erste Aktion in Zawierce statt, in deren Ablauf 2.000 Juden nach Auschwitz deportiert wurden. Für die Selektion mussten sich die Juden aus dem Ghetto auf dem Marktplatz der Stadt versammeln. Dabei traten zwei Offiziere des Feldbekleidungsamtes der Luftwaffe auf den Platz. Bei dem einen handelte es sich um Leutnant Willi Garbrecht. Von dem anderen ist nur bekannt, dass er Hauptmann war und Teichert hieß. Beide sortierten so viele Menschen wie nur möglich aus den angetretenen Reihen mit der Begründung, Facharbeiter für die Produktion in der Fabrik zu benötigen. Sie konnten 30 bis 40 Juden auswählen, ohne zunächst auf Widerstand durch die Gestapo zu stoßen. Als die Gestapo den Ansatz zeigte, die Auswahl zu behindern, griffen die beiden Luftwaffen-Offiziere zu den Pistolen und schossen in die Luft. Als Überlebender berichtete Yoel Grinkraut später davon, wie die Retter agierten: „Ein paar Worte zu den deutschen Wehrmachtsoffizieren Teichert und Garbrecht. Am Tag der Aktion kamen sie auf den Neuen Markt. Sie gingen zu jüdischen Jugendlichen, die sie gar nicht kannten, und sagten: ‚Was steht ihr hier? Arbeitest du noch bei uns in der Luftwaffe?'" Die ebenfalls überlebende Inka Weissbrot erinnert sich an eine Aktion wenig später: „Am 16. Juni 1942, um 5 Uhr morgens, hörten wir das Geräusch der SS-Stiefel, und sofort ertönten Rufe: ‚Alle Juden raus!' Wir zogen uns schnell an. Nichts war von Bedeutung, außer der Arbeitsbescheinigung der Luftwaffenfabrik. Diejenigen, die keine Bescheinigung hatten, versteckten sich in den Bunkern. Wir mussten uns alle auf dem Marktplatz versammeln, 7.000 Juden. Man munkelte, dass Dreher, der Gestapo-Chef von Kattowitz, gekommen sei. Plötzlich gab es den Befehl, sich mit dem Gesicht nach unten auf den Boden zu legen. Wir lagen dort ein oder zwei Stunden lang, zusammengepfercht und gelähmt vor Angst. Wir wussten nicht, warum, und niemand hat uns gefragt. Es war still. Man hörte nur ab und zu ein Kindergeschrei, das sofort zum Schweigen gebracht wurde. Schließlich ertönte der Befehl. ‚Aufstehen!' Wir standen auf. Diejenigen, die nicht sofort aufstanden, wurden mit der Peitsche geschlagen oder von Hunden angegriffen. Die Kontrolle der Papiere, die über unser Schicksal entscheiden sollten, hatte begonnen. Plötzlich sah ich zwei bekannte Personen – die Offiziere Garbrecht und Teichert. Sie liefen herum, gingen auf die jungen Leute zu und riefen: ‚Ihr habt eure Papiere in der Fabrik vergessen. Geht sofort dorthin. Wir brauchen euch für die Arbeit.‘ So retteten sie Dutzende von jungen Menschen, obwohl sie nie in der Fabrik gearbeitet hatten.“ Yoel Grinkraut beschrieb weitere Vorfälle, bei denen Garbrecht Juden rettete. Nach den Recherchen von Yad Vashem soll er sogar versucht haben, die endgültige Liquidierung des Ghettos zu verhindern, scheiterte aber. Yoel Grinkraut hatte einen polnischen Freund, Antoni Jastrzab. Dieser versprach, ein Versteck zu besorgen, falls es nötig sein würde. Grinkraut leitete diese Information an Garbrecht weiter. Als dieser erfuhr, dass das Ghetto liquidiert werden sollte, informierte er darüber sofort Grinkraut mit dem Hinweis, dass nun das Versteck benötigt werde. Gleichzeitig ließ er über seine Sekretärin die Frau von Yoel, Priwa Grinkraut, aus der Fabrik holen und zum Haus von Jastrzab bringen. Hier lebte Priwa Grinkraut für sechs Wochen, bis er ihr neue Papiere beschafft hatte. Diese wiesen sie als polnische Arbeiterin aus. Als solche schickten die deutschen Behörden sie ins Sudetenland, wo sie unter diesem Status bis zum Kriegsende auf einem Bauernhof arbeitete und überlebte. Dabei ließ es Willi Garbrecht aber nicht bewenden. Denn auch Yoel Grinkraut brauchte Schutz. Ihn versteckte er zusammen mit sechs weiteren Juden in einem Keller, wo er bis zum Ende der Deportation blieb. Über Antoni Jastrzab konnte Grinkraut sogar den Kontakt zu seiner Frau aufrechterhalten. Jastrzab brachte ihm die Lebensmittelpakete, die sie von dem Bauernhof schickte. Nach dem Krieg kam das Ehepaar wieder zusammen und wanderte nach Israel aus. Sie blieben in Kontakt mit Garbrecht. Yoel Grinkraut sagte später über seinen Retter: „Jedes Kind im Ghetto kannte den Namen Garbrecht. Ich habe nur einen kurzen Bericht über diesen Mann, diesen Engel, der uns gerettet hat, gegeben. Er tat alles, was er konnte, um uns zu helfen und uns zu retten. Seine Taten dürfen nie vergessen werden.“ Am 15. März 2011 hat Yad Vashem Willi Garbrecht und Antoni Jastrzab als Gerechte unter den Völkern anerkannt. Letzterer ist einer der über 7.000 polnischen Gerechten.

Hedwig Gehrke

siehe bei Maria und Fritz Briel

Elisabeth Goes

Elisabeth Goes ist ein Beispiel für einen der zahlreichen Retter, die Juden in ihrer Wohnung versteckten und so vor der Ermordung bewahrten. Die Frau war verheiratet und Mutter dreier Kinder. Sie lebte in Gebersheim. Das ist ein Dorf in Württemberg. Ihr Mann war evangelischer Pfarrer und als Soldat eingezogen. Elisabeth Goes war Mitglied der Sozietät der Christlichen Nächstenliebe, einer christlichen Wohltätigkeitsorganisation, die sich für verfolgte Menschen einsetzte. In Württemberg arbeiteten die Mitglieder in der Form eines losen Netzes von Geistlichen der Bekennenden Kirche, die in den letzten Kriegsjahren verfolgten Juden Unterschlupf gewähren wollten. Für die junge Pfarrersfrau waren das nicht nur Worte. Sie handelte auch entsprechend. Im Herbst 1944 versteckte sie das jüdische Ehepaar Ines und Max Krakauer fünf Wochen lang in ihrem Haus. Ein befreundeter Bauer versorgte sie mit Lebensmitteln und wusste um ihr Geheimnis. Das Verstecken verlief unkompliziert. Bekam Elisabeth Goes Besuch, verschwanden Ines und Max Krakauer einfach in ihrem Zimmer. Nach dem Ende der fünf Wochen zogen Krakauers in eine neue Unterkunft. Elisabeth Goes unterstützte sie dabei. Am 5. November 1991 erkannte Yad Vashem Elisabeth Goes als Gerechte unter den Völkern an.

Hermann Friedrich Gräbe

Das Portrait von Hermann Friedrich Gräbe ist besonders. Zum einen wegen seiner Taten. Er war einer der wenigen Retter, die eine Waffe zogen, um Juden zu retten. Darüber hinaus wirft seine Geschichte auch ein sehr aufschlussreiches Bild auf den Umgang mit dem Nationalsozialismus in der Bundesrepublik. Er sagte als Zeuge der Anklage bei den Nürnberger Prozessen aus und wurden von der deutschen Öffentlichkeit nach dem Krieg derart massiv angefeindet und sogar mit dem Tod bedroht, dass er in die USA auswanderte. Erst nach seinem Tod 1986 in den Vereinigten Staaten wurde er in Deutschland rehabilitiert und seine Taten in einem neuen

Licht gesehen. Geboren wurde Gräbe 1900 in Gräfrath in armen Verhältnissen. Die Stadt liegt zwischen Solingen und Wuppertal im Rheinland. 1924 heiratete er und schloss wenig später eine Ausbildung zum Ingenieur ab. Für ein Arbeiterkind war das in der Zeit nicht selbstverständlich. Die neue nationale Bewegung schien Gräbe zunächst gefallen zu haben. Noch vor der Machtergreifung trat er 1931 in die NSDAP – und merkte schnell, welcher Geist dort herrschte. Bereits 1934 kritisierte er die nationalsozialistische Kampagne gegen jüdische Unternehmen. Das tat er nicht nur offen, sondern sogar auf einer Parteiversammlung. Die Reaktion folgte auf dem Fuß: Die Gestapo verhaftete Gräbe. Er wurde für mehrere Monate in Essen inhaftiert und kam dann ohne Gerichtsverfahren frei. Beruflich arbeitete Hermann Friedrich Gräbe für die Baufirma Josef Jung aus dem benachbarten Solingen. Ingenieure, insbesondere solche aus dem Baubereich, waren in dieser Zeit gefragt. Kurz nach dem Überfall der Wehrmacht auf die Sowjetunion wurde er auf die Reise nach Lemberg in die Ukraine geschickt, wo er für die Organisation Todt arbeiten sollte. Diese führte Bauarbeiten in den von Deutschland besetzten Gebieten durch. In diesem Fall ging es darum, Bautrupps zu rekrutieren, die beim Bau und der Renovierung der Eisenbahninfrastruktur in der Ukraine helfen sollten. Gräbe kam im September 1941 in Wolhynien an. Das ist eine Region im Nordwesten der Ukraine. Zu seinen ersten Aufgaben gehörte die Organisation der Arbeit. Dazu richtete er zunächst seinen Hauptsitz in Zdolbunow und dann zahlreiche Niederlassungen in der ganzen Region ein. Eingesetzt wurden zu einem großen Teil jüdische Zwangsarbeiter. Von Anfang an bekam Gräbe mit, welche Gräueltaten von seinen Landsleuten und den ukrainischen Hilfstruppen an der jüdischen Bevölkerung verübt wurden. Ein Beispiel: Am 5. Oktober 1942 war er auf dem Flugplatz in der Nähe von Dubno und sah, wie 5.000 jüdische Männer, Frauen und Kinder nackt vor zuvor ausgehobenen Gruben aufgereiht von SS-Erschießungskommandos und Ukrainern hingerichtet wurden. Gräbe war entsetzt und fassungslos gleichermaßen. Das Verbrechen spielte sehr viel später bei den Nürnberger Prozessen eine wichtige Rolle, als Gräbe als Zeuge der Anklage aussagte. Bei den Morden war Gräbe nur Zuschauer und konnte nicht eingreifen. Aber er handelte auf andere Art und Weise – und beschloss, so viele Juden zu retten, wie es ihm nur möglich war. Ein Hebel dazu war die kriegswichtige Arbeit, die er leistete und für die er Arbeiter brauchte. Gräbe nahm so viele Aufträge an, wie es nur ging. Er schloss mehr Verträge für Arbeiten, als seine Firma überhaupt bewältigen konnte. Das gab ihm die Möglichkeit, den Bedarf an immer mehr jüdischen Arbeitskräften anzumelden, die ihm auch zugewiesen wurden. Juden, die eine solche Arbeit hatten und diese mittels Arbeitskarten nachweisen konnten, waren während dieser Zeit weitgehend sicher vor Deportationen. Gräbe beließ es nicht dabei, Juden zur Arbeit anzufordern. Er unternahm alles, um seine jüdischen Mitarbeiter und deren Familien zu schützen. Als im Sommer 1942 das Ghetto in Rowno liquidiert werden sollte und Gräbe davon erfuhr, eilte er nach Rowno, wo er mit der Waffe in der Hand die Freilassung von 150 Juden erreichte. Als er eintraf, hatten die ukrainischen Polizisten bereits damit begonnen, die Ghettoinsassen zur Sammelstelle zu treiben, von wo aus sie in den Tod gebracht werden sollten. Gräbe erreichte sein Ziel und brachte die Menschen zu Fuß nach Zdolbunov, wo sie in Sicherheit waren.

Einige Monate später begann die SS auch mit der Deportation der Juden in Zdolbunov. Gräbe ließ für 25 Arbeiter „arische" Ausweispapiere fälschen. Das waren in der Regel Papiere, die den Menschen eine neue Identität zum Beispiel als Pole gaben. In den Dokumenten tauchte ihre jüdische Identität nicht mehr auf. Als jeder seine Papiere hatte, fuhr Gräbe sie in kleinen Gruppen mit seinem eigenen Auto zu einer weit entfernten Firmenniederlassung in Poltawa. Diese befand sich Hunderte von Kilometern östlich. Dort war es zu der Zeit für Juden sicherer. Die Niederlassung in Poltawa war eine reine Fiktion. Es gab dort keinen wirklichen Firmenbetrieb. Gräbe hatte die Niederlassung extra mit dem Ziel eingerichtet, dort einen Unterschlupf für seine jüdischen Arbeiter zu haben. Das Vorhaben gelang. Die Gruppe überlebte bis zum Eintreffen der Roten Armee. Yad Vashem nennt die Namen einiger Juden, die auf diese Weise gerettet wurden. Das waren unter anderen Tadeus Glass mit Frau und Sohn, Albina Wolf und Tochter Lucia, Barbara Faust und Kitty Grodetski. Um so viele Juden zu retten und gleichzeitig seinen Betrieb an Laufen zu halten, musste Gräbe hocheffizient und klug vorgehen. Seine Vorgesetzten in Solingen beurteilten ihn und seine Arbeit im Laufe der Zeit anders. Ihnen fielen zunehmend die Unwirtschaftlichkeit seines Handelns und auch unkonventionelle Methoden, die er anwandte, auf. Gräbe sollte abberufen und sogar wegen Veruntreuung vor Gericht gestellt werden. Doch dazu kam es nicht mehr. Die deutsche Front in Ostpolen brach zusammen. Mit seinem Büroteam, das vorwiegend aus Juden bestand, zog er zunächst nach Warschau um, dann ins Rheinland, wo er im September 1944 mit rund zwanzig seiner Schützlinge zu den Amerikanern überlief und damit gerettet war. Sofort unterstütze er die US-Streitkräfte und half bei der Aufklärung der Kriegsverbrechen. Von Februar 1945 bis Herbst 1946 arbeitete Gräbe eng mit der War Crimes Branch der U.S. Army an der Vorbereitung der Nürnberger Prozesse zusammen und sagte dort auch aus. In Deutschland galt er damit als „Nestbeschmutzer“, wurde übel diffamiert und bedroht, worauf er mit seiner Familie in die USA auswanderte. Von San Francisco aus kümmerte er sich weiter um die Aufklärung der Kriegsverbrechen und half dabei, deutsche Kriegsverbrecher, die sich in der Bundesrepublik aufhielten, vor Gericht zu bringen. In Deutschland wurde er damit zu einer unerwünschten Person. Dabei muss man bedenken, dass in der damaligen Zeit – heute kaum vorstellbar – zahlreiche ehemalige Nationalsozialisten weiterhin einflussreiche Positionen in Verwaltung und Gerichtsbarkeit innehatten. Die Verbrechen aus der Zeit des Dritten Reichs wurden verdrängt oder sogar geleugnet. Es dauerte lange, bis in Deutschland ein anderer Umgang mit der Vergangenheit Einzug hielt, der dann auch Früchte trug. Im Jahr 2017 ehrte Gräfrath seinen Bürger und benannte eine Straße nach Gräbe und ein Jugendzentrum. An dem Gebäude, in dem er lebte, wurde eine Gedenktafel angebracht. Yad Vashem hatte Hermann Friedrich Gräbe bereits am 23. März 1965 als Gerechten unter den Völkern anerkannt.

Luise und Alfred Griesmann

siehe bei Margarete und Arno Bach

Loni und Albert Harder

Palmnicken ist ein Ort an der Ostseeküste, nahe dem damaligen Königsberg, das heute als Kaliningrad zu Russland gehört. Heute heißt Palmnicken Yantarny. Hier fand kurz vor Kriegsende, im Januar 1945, ein Massenmord an Juden statt. Die näheren Umstände sind im Portrait von Hans Feyerabend geschildert. Zu den Bewohnern von Palmnicken gehörten in diesen Tagen Loni und Albert Harder. Sie boten drei jüdische Frauen, die dem Todesmarsch entkommen waren, Schutz, beherbergten sie in ihrer Wohnung, versorgten sie mit Lebensmitteln und kümmerten sich um ihre Wunden. Die drei Frauen waren Zelina Moshkowitz-Manielewitz, Miriam Zweig und Genia Weinberg. Sie fanden bis zum Einmarsch der Roten Armee Schutz bei Harders. Während der ganzen Zeit drohten Nachbarn, sie bei den Behörden zu denunzieren. Albert Harder starb kurz nach dem Krieg. Seine Frau siedelte nach Westdeutschland über, wo sie zusammen mit ihren ehemaligen Schützlingen in so genannten DP-Lagern in Bayern lebte. DP steht für Displaced Persons. Die Lager wurden für heimatlose Menschen in der Zeit nach dem Krieg eingerichtet. Yad Vashem erkannte Albert und Loni Harder am 29. November 1966 als Gerechte unter den Völkern an.

Anne-Liese Harich

Anne-Liese Harich rettete einen Juden, dessen Name bereits im Portrait von Ruth Andreas-Friedrich und Karin Friedrich erwähnt wurde: Konrad Latte. Latte war Musiker. Während er in der Wohnung von Ruth Andreas-Friedrich zu essen bekam und dirigieren lernte, fand er bei Anne-Liese Harich ein Dach über dem Kopf. Als die Frau ihren zukünftigen Mitbewohner zum ersten Mal sah, war der Eindruck negativ. Latte, der sich ihr als Konrad Bauer vorstellte, trug ein Hakenkreuzabzeichen. Das war Anne-Liese Harich unsympathisch, denn die Witwe des Literaturhistorikers und Schriftstellers Walther Harich stand dem nationalsozialistischen Regime ablehnend gegenüber. Als sie erfuhr, dass er Jude war, illegal in Deutschland lebte und in Wirklichkeit Konrad Latte hieß, bot sie ihm langfristige Unterkunft in ihrer Villa in Berlin-Zehlendorf an. Latte durfte außerdem die Kleidung ihres Sohns, der bei der Wehrmacht war, nutzen. Da die Eltern Lattes ebenfalls im Untergrund lebten, half sie auch diesen mit Lebensmitteln. Konrad Latte überlebte den Krieg. Seine Eltern wurden nach Auschwitz deportiert und dort ermordet. Am 12. August 2002 wurde Anne-Liese Harich von Yad Vashem als Gerechte unter den Völkern anerkannt.

Hans Hartmann

Hauptmann Hans Hartmann war ein leitender Offizier in einem Heeresreparaturdepot unweit von Lemberg in Ostgalizien, dem heutigen Lwiw in der Ukraine. 1942 war er 40 Jahre alt. Wie vielerorten im Deutschen Reich und in den besetzten Gebieten waren Wehrmacht und Industrie auf die Arbeit von Zwangsarbeitern angewiesen. So auch im Reparaturdepot bei Lemberg, in dem Panzer, Autos und zahllose Typen von Militärfahrzeugen mit Schäden vom Einsatz an der Front repariert wurden. In Lemberg gab es ein Ghetto und das Konzentrationslager Janowska, das vor allem als Durchgangslager für Zwangsarbeitslager in andere Regionen und in das Vernichtungslager Belzec diente. Viele Häftlinge wurden in Janowska auch erschossen, was dazu führte, dass das Lager zuweilen auch als Vernichtungslager bezeichnet wird. Insassen des Lagers Janowska war Wolf Goldberg mit seinem 19-jährigen Sohn Abraham. Sie lebten zuvor im Ghetto von Lemberg, waren dort aber vom Rest der Familie getrennt und ins Lager gebracht worden. Gitel Goldberg, die Frau von Wolf Goldberg, die weiterhin im Ghetto lebte, war verzweifelt. Sie brach aus dem Ghetto aus und machte sich auf die Suche nach Mann und Sohn. Da sie ursprünglich aus Thüringen kam, sprach sie Deutsch, nur wenig Polnisch, aber kein Ukrainisch oder Russisch. In ihrer Hilflosigkeit sprach sie jeden vorbeikommenden deutschen Offizier in der Stadt an und bat ihn, ihr zu helfen, Mann und Sohn aus dem Lager Janowska zu befreien. Dabei müssen sich rührende Szenen zugetragen haben. Überliefert ist, dass die Frau – wohl um Mitgefühl und Interesse bei den Offizieren zu wecken – die Schulzeugnisse ihres Sohnes aus Thüringen zeigte. Die Offiziere ließ das kalt. Einige verhöhnten die arme Frau sogar noch. Einer der Soldaten, den sie ansprach, war Hauptmann Hans Hartmann. Er hörte sich ihre Geschichte an und machte sich sogar sorgfältig Notizen in seinem Notizbuch. Das war nicht nur Schein. Der Offizier versuchte tatsächlich in den folgenden Tagen die Freilassung der beiden Goldbergs zu erreichen und sie in seine Arbeitsgruppe zu überstellen, hatte aber erst Erfolg, als er persönlich zum Lager fuhr und Wolf und Abraham Goldberg herausholte, wobei es auch zu Wortwechseln mit den Lagerwachen kam. Anschließend lebten Vater und Sohn wieder im Ghetto. Die Familie, zu der neben den beiden Männern und Gitel auch noch eine Tochter gehörte, wollte Hartmann zum Dank ein vergoldetes Pelikan-Schreibset schenken, was der Hauptmann aber mit der Begründung ablehnte, die Familie würde es sicher noch an anderer Stelle verwenden können. Dabei muss man wissen, dass im Ghetto solche Wertgegenstände wichtig sein konnten, um im Alltag oder auch besonderen Situationen Vorteile durch Bestechung oder Bezahlung zu erhalten. Für die SS war der Fall aber noch nicht abgeschlossen. Sie sorgte dafür, dass Hans Hartmann zu einer Reparatureinheit beim Afrikakorps versetzt wurde. Er überlebte den Krieg und arbeitete anschließend als Postmeister in der bayerischen Kleinstadt Wolfratshausen. Gitel Goldberg, die sich in den Straßen von Lemberg so rührend um Mann und Sohn gekümmert hatte, überstand die Zeit im Ghetto nicht. Sie wurde zusammen mit ihrer Tochter am Tag der Liquidierung des Ghettos in Lemberg hingerichtet. Wolf und Abraham Goldberg wurden in eine andere Arbeitseinheit versetzt und konnten mit Hilfe eines Polen fliehen, der ihnen gefälschte Dokumente besorgte. Sie erreichten die Stadt Dnjepropetrowsk, wo sie bis zur Befreiung der Stadt durch die Rote Armee im Jahr 1944 blieben. Beide überlebten die Shoah. Über das weitere Schicksal von Wolf Goldberg ist nichts bekannt. Sein Sohn, Abraham Goldberg, sagte nach dem Krieg in vielen Prozessen gegen Kriegsverbrecher, die in Lemberg und Janowska operierten, aus. 1949 wanderte er nach Israel aus. Er hat zwei Töchter und sechs Enkelkinder. Mit Hans Hartmann blieb er bis zu dessen Tod im Jahr 1951 in Kontakt. Noch heute stehen Goldbergs Enkelkinder in Kontakt mit Hartmanns Familie.

Yad Vashem erkannte Hans Hartmann am 16. Juli 1963 als Gerechten unter den Völkern an.

Heinrich Heinen und Paul Krebs

Manchmal verbirgt sich hinter nur wenige Worten eine ganze Geschichte. In dem Fall, den das Aufnahmebuch des Gerichtsgefängnisses der kleinen Stadt Feldkirch an der Grenze zwischen Österreich und der Schweiz dokumentiert, ist es – wie so oft in dieser Zeit – eine Tragödie. Am 23. Juni 1942 wurde dort unter den Nummern 165 und 166 um 0.50 Uhr die Aufnahme zweier neuer Gefangener dokumentiert. Es waren die Hausgehilfin Edith Meyer aus Langenfeld bei Düsseldorf, wie die Akte penibel dokumentiert, und der kaufmännische Angestellte Heinrich Heinen aus Köln. Geboren wurden beide 1920. Mit der Aufnahme in das Gefängnis war die abenteuerliche Flucht der beiden gescheitert, wenn auch die Geschichte noch nicht zu Ende.

Sie begann einige Wochen zuvor im Ghetto in Riga, in das Edith Meyer zusammen mit 1006 anderen deutschen Juden aus Düsseldorf und der umliegenden Region deportiert worden war. Das konnte ihre Jugendliebe, der nichtjüdische Heinrich Heinen, nicht akzeptieren. Er handelte und fuhr mit dem Zug nach Riga, wo er Edith kurzerhand aus dem Ghetto befreite. Ziel der darauffolgenden abenteuerlichen Flucht: die Schweiz. Sie endete wie so oft im Dritten Reich dieser Zeit durch Denunziation und hatte noch ein Nachspiel, bei dem Heinrich die Flucht und beinahe die Befreiung von Edith aus dem Gefängnis gelang.

1938 hatten sich Edith und Heinrich kennengelernt. Über die genaueren Umstände ist nichts bekannt. Es gibt keine Nachkommen oder Zeitzeugen, die darüber Auskunft geben könnten. Und trockene Protokolle von Polizei und Justiz vermitteln nur wenig Einblick in private Hintergründe.

Eigentlich waren zu dieser Zeit Beziehungen zwischen Juden und Nichtjuden aufgrund der 1935 eingeführten Nürnberger Gesetze verboten. Dass Edith und Heinrichs Liebe aber zumindest von Ediths Eltern toleriert wurde, ist anzunehmen, da ihr Vater ebenfalls mit Nichtjuden befreundet war und dafür im März 1942 sogar für drei Wochen in „Schutzhaft" genommen wurde. Bevor die jungen Leute sich kennenlernten, besuchte Edith die Schule und schloss diese mit der Mittleren Reife ab. Anschließend arbeitete sie als „Haustochter" einige Monate im Haushalt des Leiters der jüdischen Schule in Düsseldorf – eine für gutbürgerliche Töchter in dieser Zeit übliche Phase. Nach dieser wurde sie von der Firma Brügelmann in Köln angestellt. Das Unternehmen stellt seit 1820 Bettwäsche, Bettdecken und Leinentücher her. Edith lebte bei ihrer Familie in Langenfeld. Der Ort liegt rund 30 Kilometer nördlich von Köln und 25 Kilometer südlich von Düsseldorf. Die jüdische Bevölkerung war gut in das Gemeindeleben integriert, antisemitische Vorfälle vor 1933 sind nicht bekannt. Ediths Vater Max Meyer war im Vereinsleben engagiert und betrieb zusammen mit seinem Stiefbruder Bernhard eine Gemischtwarenhandlung, die im Ort und Umland einen guten Ruf hatte. Nach der nationalsozialistischen Machtergreifung wurden Juden auch in Langenfeld zunehmend attackiert und benachteiligt. In der Reichspogromnacht vom 9. auf den 10. November verübten SS und SA schwere Gewalttaten gegen ihre jüdischen Mitbürger. Auch das Geschäft und die Wohnung von Max Meyer wurden beschädigt und geplündert, Ediths Vater für fast zwei Wochen im Polizeigefängnis eingesperrt.

Es folgten in schneller Folge weitere Schikanen: Mit Wirkung zum 31. Dezember 1938 nahmen die Behörden der Familie die wirtschaftliche Grundlage. Das Geschäft wurde von Amts wegen geschlossen und der Firmeneintrag gelöscht. Nur wenige Monate später, am 18. September 1939, mussten die Familie von Max Meyer und seinem Stiefbruder in ein so genanntes Judenhaus umziehen. In solchen Häusern wurden überall im Deutschen Reich Juden zusammengefasst, um sie besser überwachen und kontrollieren zu können. In diesem Fall gehörte das Judenhaus Albert Salomon, Ediths Onkel mütterlicherseits.

Im Gegensatz zu Edith ist über Heinrich Heinen kaum etwas bekannt. Aktenkundig ist nur, dass er in Köln-Lindenthal geboren wurde. Sein Vater war Fabrikarbeiter, seine Mutter Hausfrau und die Familie katholisch. Da die beiden 1938 zusammenkamen, erlebten sie die Pogromnacht, den Umzug von Ediths Familie ins Judenhaus und sicher auch so manche Diskriminierung von Edith und ihrer Familie als Paar. Über ihr alltägliches Leben, wie oft sie sich trafen, ob sie zusammen ausgingen und was sie sonst in ihrer Freizeit unternahmen, ist heute nichts bekannt.

Befreundet waren sie mit Paula und Willi Berntgen, die in Solingen wohnten und noch eine besondere Rolle in der späteren Geschichte spielen sollten. Der Kontakt war über eine Cousine von Edith entstanden. Diese hieß Helene Krebs. Sie war ebenfalls Jüdin, aber mit dem nichtjüdischen Paul Krebs verheiratet. Aufgrund der „Mischehe" war sie – solange sie nicht sonst auffällig wurde – zunächst vor einer Deportation geschützt. Helene und Paul Krebs wohnten in Solingen in unmittelbarer Nachbarschaft zu Berntgens, mit denen sie zusammen in einem Gesangverein gesungen hatten.

Anfang Dezember 1941 spitzte sich die Situation von Edith in Langenfeld zu. Sie erhielt den Deportationsbefehl, der sie nach Riga bringen sollte. Nach der Einweisung ins Judenhaus war das der nächste Schritt auf dem Weg zur Vernichtung der Juden. Überall in Deutschland wurden in den letzten Monaten des Jahres 1941 Juden in dafür eingerichtete Ghettos zum Beispiel nach Riga oder Minsk deportiert. Von dort erfolgte dann später der Weitertransport in die Vernichtungslager wie Auschwitz.

Am 10. Dezember musste sich Edith zusammen mit ihrem Onkel Albert Salomon und dem Stiefbruder ihres Vaters, Bernhard, sowie dessen Ehefrau und der 10-jährigen Tochter mit dem Zug auf den Weg nach Düsseldorf machen. Am Hauptbahnhof wurden die für den Transport nach Riga vorgesehenen Juden zunächst gesammelt, bevor sie dann in einer streng bewachten Kolonne am Nachmittag zum Schlachthof der Stadt laufen mussten. Die Strecke war fünf Kilometer lang. Hinter den Fenstern beobachteten die Bewohner der Häuser den Marsch. Im ungeheizten Schlachthof verbrachten die Menschen die Nacht. Nach zwölfstündiger Wartezeit trieb das Wachpersonal sie um vier Uhr in der Nacht auf den Bahnsteig, wo sie wieder einige Stunden standen, um auf den Zug zu warten. Es waren 1007 Menschen, die schließlich ab 9 Uhr in die nun eingerollten Viehwaggons der Reichsbahn steigen mussten. Um 10.30 Uhr am 11. Dezember fuhr der Zug ab, um am 13. Dezember um 22.35 Uhr den Bahnhof Skirotawa, etwas außerhalb von Riga, zu erreichen.

Von Edith Meyer ist nicht bekannt, wie sie die Fahrt erlebte. Eine Mitreisende aber, Hilde Sherman, die den Holocaust überlebte, veröffentlichte später ihre Erinnerungen und berichtete darin von dem Transport. Bei minus zwölf Grad mussten die Insassen demnach die Nacht im Zug in Skirotawa verbringen. Erst am nächsten Morgen trieb das Wachpersonal sie in das zwei Kilometer entfernte Ghetto. Als sie sich in den ihnen zugewiesenen Häusern umsahen, stießen sie auf Zimmer, in denen die Tische noch gedeckt waren. Sie sahen Teller, Bestecke, Tassen und Schüsseln mit angerichteten Speisen, die allerdings steinhart gefroren waren. Was sie nicht wussten: Das Ghetto war kurz vor ihrer Ankunft geräumt worden. Die SS hatte die dort bisher lebenden rund 27.000 Juden aus dem Ghetto in den Wald von Rumbula getrieben und dort erschossen.

In Köln konnte Hinrich Heinen seine Edith nicht vergessen. Kurz vor Weihnachten sprach er mit Willi Berntgen und sagte diesem, dass er Edith aus dem Lager im Osten holen würde, wenn er nur wüsste, wo sie wäre. Berntgen gab diese Aussage später gegenüber der Polizei zu Protokoll. Was Heinrich in dieser Zeit beruflich machte, ist nicht bekannt. Wenig später aber, am 15. Januar 1942, wurde er als Kalkulator bei den Henschel-Werken nach Berlin dienstverpflichtet. Die Firma war ein bedeutender Rüstungsproduzent und stellte Lastwagen, Panzer und Flugzeuge her. Ein Kalkulator errechnet die Preise von Waren und bezieht dabei zahlreiche Prozesse und Faktoren aus der Produktion mit ein. Er muss sehr gute wirtschaftliche Kenntnisse haben und kommunizieren können, denn er führt auch Verhandlungen zum Beispiel beim Einkauf. Das ist eine gutbezahlte, anspruchsvolle Arbeit. Wenn Heinrich diesen Beruf gut beherrschte, erklärt das, warum er nicht als Soldat zur Front eingezogen worden war. Im Zuge dieser Arbeit bezog er eine Wohnung in Berlin.

Über das Schicksal von Edith und ihm in den folgenden Monaten ist nichts bekannt. In dieser Zeit muss es Heinrich aber gelungen sein, den Aufenthaltsort von Edith herauszufinden. Wie lässt sich heute nicht mehr klären. Übermittelt ist aber, dass Ghettobewohner, die außerhalb des Ghettos arbeiteten, Gelegenheiten fanden, um Post nach Deutschland zu senden. Es ist durchaus möglich, dass auch Edith diese Möglichkeit nutzen konnte. Ostern 1942 jedenfalls brach Heinrich kurz entschlossen in Berlin auf, um die Feiertage zu nutzen und Edith aus dem Ghetto zu herauszuholen. Zu diesem Zeitpunkt wusste er also, wo sich seine Freundin befand. Den späteren Vernehmungsprotokollen zufolge gelangte er problemlos nach Riga, wo er aber zunächst verhaftet, nach kurzer Zeit aber wieder freigelassen wurde, da gegen ihn nichts vorlag und ihn seine Ausweispapiere als unbescholtenen Deutschen auswiesen. Für einige Tage sondierte er die Situation in der Stadt und rund um das Ghetto. Er schaffte es, in das Ghetto zu gelangen. Dort suchte und fand er Edith. Der trockene Vernehmungstext spart die genauen Umstände genauso aus wie die damit verbundenen Emotionen. In jedem Fall schmiedeten die beiden darauf zusammen den Plan einer gemeinsamen Flucht, den sie auch sofort in die Tat umsetzten.

Sie krochen an einer dafür günstigen Stelle unter dem Stacheldrahtzaun, der das Ghetto umgab, hindurch, flohen sofort aus der Stadt und kamen einige Tage bei einer lettischen Bäuerin unter. Anschließend marschierten sie zunächst zu Fuß in Richtung Deutschland, bis es ihnen gelang, einen Lkw der Operation Todt, die Baumaßnahmen in den besetzten Gebieten durchführte, anzuhalten. Der Fahrer nahm sie mit und sie gelangten darin über die Grenze bis nach Königsberg. Dort kauften sie eine Fahrkarte und stiegen in einen Zug nach Berlin. In der Stadt angekommen reisten sie noch am selben Tag nach Solingen weiter. Am 30. April standen sie vor der Haustür der befreundeten Paula und Willi Berntgen und baten um Einlass und Unterstützung. Heinrich gab später zu Protokoll, dass diese über ihre Flucht Bescheid wussten und ihm zuvor versprochen hatten, ihnen „jegliche Unterstützung" zu leisten. An diesem Tag aber war diese Zusage vergessen. Berntgens wiesen Edith und Heinrich ab und verweigerten Edith auch die Herausgabe ihrer Aussteuer, die sie verwahrten.

Edith und Heinrich fanden darauf Unterkunft und Verpflegung bei ihrer Cousine Helene Krebs und ihrem Mann, die in der Nähe wohnten. Zusammen wohnten sie hier drei Tage.

Während Edith auch die folgenden acht Tage in Solingen blieb, fuhr Heinrich nach Köln zu seinen Eltern, besuchte Edith mehrfach und fuhr dann nach Berlin, wohin ihm Edith folgte. In Berlin wohnten sie in der Kürassierstraße 20, wo Heinrich auch gemeldet war.

Unterdessen hatte der kurze Besuch in Solingen Konsequenzen. Berntgens wiesen Edith und Heinrich nicht nur ab – sondern verrieten sie auch. Am 11. Mai ging Paula Berntgen zur Polizei, meldete dort den Besuch der beiden und zeigte bei der Gelegenheit auch gleich Paul und Helene Krebs an. Für die Frau sollte das tödliche Folgen haben. Warum Berntgens das taten, lässt sich heute nicht mehr ergründen.

Heinrich und Edith wussten, dass sie nicht in Deutschland bleiben konnten. Nach acht Tagen in Berlin brachen sie nach Südwesten auf.

Ihr Ziel war die Schweiz. Ihre erste Station hieß Königswinter am Rhein, wo sie vier Tage in einer Pension wohnten und anschließend weiter nach Bludenz in Vorarlberg fuhren. Hier wurde ihnen das Geld knapp. Die Pension in Bludenz verließen sie heimlich, ohne zu zahlen und versuchten bei Feldkirch die Grenze in die Schweiz zu übertreten.

Dabei wurden sie von Zollbeamten gefasst. Wo genau, lässt sich aus den vorhandenen Unterlagen nicht mehr ermitteln. Dafür gibt eine kurze Aktennotiz einen Hinweis darauf, dass Heinrich durchaus noch Handlungsoptionen sah, um sein Schicksal und das seiner Braut zu wenden. So notierte das Gericht, dass sich Heinrichs „Verwegenheit" unter anderem dadurch zeigte, dass er die ihn verhaftenden Zollbeamten in einem Zimmer eingeschlossen und die Flucht versucht habe. Offenbar vergeblich, da ja die folgende Inhaftierung im Gefängnis von Feldkirch dokumentiert ist. Im Zuge der Verhaftung müssen sich die beiden Liebenden auch zum letzten Mal gesehen haben. Heinrich wurde in die Zelle 52 im ersten Stock des Gefängnisses geführt, in der sich bereits sechs Häftlinge befanden. Die Beamten sperrten Edith in eine Zelle der Frauenabteilung, die sich im zweiten Stock befand.

Heinrichs „Verwegenheit" sollte sich aber noch ein weiteres Mal zeigen. Zunächst aber kam es am 27. August 1942 zur Gerichtsverhandlung gegen ihn. Wie nicht anders zu erwarten, wurde er wegen des „Verbrechens der Rassenschande" verurteilt. Außerdem befand ihn das Gericht des Verstoßes gegen die Passstrafen-Verordnung und der Entziehung seiner Wehrdienstverpflichtung für schuldig, wobei die beiden letztgenannten Vergehen nachrangig waren. Das Gericht verurteilte ihn zu fünf Jahren Zuchthaus. Die Verhandlung dauerte weniger als 45 Minuten.

Heinrich musste jetzt damit rechnen, in den nächsten Tagen zur Verbüßung seiner Strafe in das Gefängnis von Bruchsal eingewiesen zu werden. Aber dazu kam es nicht. Er hatte sich mittlerweile mit einigen der anderen Zelleninsassen angefreundet. Gemeinsam planten sie den Ausbruch. Am Sonntag, den 30. August, handelten die Männer.

An diesem Tag hatten nur zwei Wachbeamte Dienst im Gerichtsgebäude: ein zweiundfünfzigjähriger Justizhauptwachtmeister und ein siebenundvierzig Jahre alter Hilfsaufseher, die beide unter den Gefangenen als gutmütig galten. Am Nachmittag führten die Zelleninsassen ihren Plan durch. Zunächst würgten sie den vermutlich unter einer Psychose leidenden Mithäftling Helmut Schwendiger in ihrer Zelle, bis dieser bewusstlos war. Dann riefen sie mit der Zellenglocke das Wachpersonal. Beide Beamte erschienen, öffneten die Tür und wiesen die Häftlinge an, den bewusstlosen Mitgefangenen in sein Bett zu legen. Der Hauptwachtmeister machte sich wieder davon, während der Hilfsaufseher in der offenen Zellentür stand, um das weitere Vorgehen zu überwachen. Diese Gelegenheit nutzten Heinen und seine Gefährten, um den Wachmann zu überwältigen, ihm die Pistole abzunehmen und in die Zelle zu sperren. Der Hauptwachtmeister eilte, angelockt durch den Lärm, herbei und stand Sekunden später vor Heinrich Heinen, der ihn mit vorgehaltener Pistole in die Zelle sperrte.

Jetzt begannen Heinrich und die anderen Zelleninsassen damit, Edith zu suchen, um sie aus der Haft zu befreien. Heinrich wollte mit ihr zusammen fliehen. Wie sie Polizei später ermittelte, muss die Suche nach der jungen Frau fast 1,5 Stunden gedauert haben. Erstaunlich ist, dass sich die Mitgefangenen offensichtlich mit großer Ausdauer an der Suche beteiligten, anstatt gleich zu fliehen. Bei der Suche öffneten sie jede Zelle der Frauenabteilung im zweiten Stock. Aber Edith fanden sie nicht. Sie war einen Tag zuvor, am 29. August um 9 Uhr, von Gestapobeamten abgeholt und in das Gefängnis nach Innsbruck gebracht worden, wo sie um 15.30 Uhr eintraf.

Mit Sicherheit war Heinrich sehr enttäuscht, seine große Liebe nicht befreien zu können. Kurz vor 19 Uhr verließen die Häftlinge das Gerichtsgebäude, teilten sich in zwei Gruppen auf und flohen getrennt. Drei der Männer wurden bei dem Versuch, in die Schweiz zu kommen, von der Polizei festgenommen und wieder in die Haftanstalt eingeliefert. Die drei anderen – unter ihnen Heinrich – flohen auf zwei Fahrrädern, die sie in der Haftanstalt entwendet hatten. Einer der drei, der 19-jährige Josef Höfel, kam aus einer Nachbargemeinde, kannte sich in der Gegend also gut aus und hatte in der Vergangenheit häufig als Schmuggler die Schweiz besucht, was die Chancen auf einen Grenzübertritt aufgrund seiner Erfahrung natürlich verbesserte. Am Abend und in der Nacht kamen sie bei Bekannten des Ortskundigen unter und wurden dort verpflegt, bevor sie weiter nach Lustenau kamen, eine kleine Stadt, die direkt an die Schweiz grenzt. Um die Mittagszeit trennten sich die drei Ex-Häftlinge kurz. Heinrich und Josef Höfel blieben zusammen. Kurz darauf wurde der dritte der Ausbrecher von einem Grenzschutzbeamten aufgegriffen und mitgenommen. Auf dem Weg sah er seine beiden Gefährten im Garten eines Gasthauses – und machte den Beamten darauf aufmerksam. Über seine Gründe kann man heute nur spekulieren. Der Grenzer versuchte darauf, Heinrich und Josef Höfel im Gasthof festzunehmen. Das gelang aber nicht, weil Heinrich die Pistole zog und den Beamten damit bedrohte. Kurz entschlossen griff Heinrich sich eines der Fahrräder, übergab die Pistole an Höfel, der sich auf den Gepäckträger setzte, weiter mit der Waffe auf den Grenzschützer zielte, während Heinrich sich in den Sattel schwang, in die Pedale trat und sie sich so vom Gasthof entfernten.

Diese Flucht gelang. Aber mittlerweile hatte die Polizei eine Großfahndung eingeleitet. Eine der Maßnahmen: Die Beamten wussten, dass eine Parzelle am Ortsrand von Hohenems Höfel schon häufiger als Rückzugsort gedient hatte. Sie fuhren hin und baten Nachbarn, der Polizei zu melden, sollten sich zwei verdächtige Personen der Parzelle nähern. Genau das geschah. Am Dienstag, 1. September meldete eine Frau dem nächstliegenden Gendamerieposten, „dass die zwei Gesuchten gegenüber ihrem Haus auf einer Hausbank sitzen.“ Wenig später umstellten Polizisten das Wohngebiet und arbeiteten sich zur Parzelle vor, vor der immer noch Heinrich und sein Freund saßen. Die Beamten griffen zu, es kam zu einem kurzen Feuergefecht, bei dem erst Höfel noch an der Bank und Sekunden später Heinrich Heinen auf der Flucht erschossen wurde.

Und das weitere Schicksal von Edith? Nach ihrer Einlieferung in das Gefängnis von Innsbruck blieb sie dort bis zum 9. Oktober 1942. Ihre

Karteikarte bei der Gestapo Innsbruck vermerkt für diesen Tag um 7.30 Uhr als „Endverfügung“: Transport Auschwitz. Weitere Details lassen sich nicht mehr rekonstruieren. In dieser Zeit setzte die Deutsche Reichsbahn so genannten Gefangenenwagen ein, die regelmäßig in Ringen die auf der Strecke liegenden Haftanstalten abfuhren, Gefangene aufnahmen und an andere Gefängnisse oder in Konzentrationslager transportierten. Die Ankunfts- und Abfahrtszeiten waren in eigens dafür erstellten Kursbüchern für Gefangenenwagen vermerkt. Innsbruck wurde jeweils am Dienstag und Freitag angefahren, womit Edith an einem Freitag in den Zug nach Auschwitz steigen musste. Anschließend verliert sich ihre Spur, sodass sich nicht mehr ermitteln lässt, wann genau sie dort ankam. Im Grunde ist nicht einmal beweisbar, dass sie überhaupt dort eintraf, denn ihr Name wurde dort nicht mit einer Häftlingsnummer registriert und taucht auch nicht in den Sterbebüchern auf. Das machte die SS aber auch nur mit Häftlingen, die nicht unmittelbar nach ihrer Ankunft in die Gaskammern geschickt wurden. Es spricht also sehr viel dafür, dass Edith sofort in Auschwitz ermordet wurde.

Nach der Anzeige von Paula Berntgen ermittelte die Gestapo auch gegen Paul und Helene Krebs, weil sie Heinrich und Edith geholfen hatten. Am 17. August 1942 wurden beide verhaftet und ins Polizeigefängnis nach Wuppertal gebracht. Während die Gestapo Paul Krebs kurz darauf wieder freiließ, weil er als Facharbeiter in seinem Betrieb der Rüstungsindustrie dringend weiter gebraucht wurde, blieb Helene weiter in Haft und sollte in ein Konzentrationslager gebracht werden. Im September stellte sich heraus, dass sie schwanger war.

Die Gestapo Wuppertal sprach sich deshalb dafür aus, auf eine Deportation zu verzichten. Aber die vorgesetzte Dienststelle, die Gestapo-Leitstelle in Düsseldorf, intervenierte, bestand auf dem Transport ins Konzentrationslager und setzte diesen auch durch. In diesem Fall wäre es aufgrund der Gesetzeslage durchaus möglich gewesen, Helene Krebs in Deutschland zu belassen. Das lag im Ermessen der Gestapobeamten – und ist ein Beispiel dafür, dass es nicht wahr ist, wenn Gestapomitarbeiter nach dem Krieg in ihrer Verteidigung darauf verwiesen, sie hätten aufgrund der engen Gesetzes- und Verordnungslage keine Entscheidungsfreiheit gehabt.

Paul Krebs versuchte noch mit einem langen Brief, die Deportation seiner Frau zu verhindern. Erfolglos. Die schwangere Helene Krebs wurde am 7. Dezember 1942 nach Auschwitz deportiert, wo sie am 3. Januar 1943 starb.

Yad Vashem erkannte Heinrich Heinen und Paul Krebs am 28. Mai 2013 als Gerechte unter den Völkern an.

Josef Heinen

Josef Heinen war Inhaber eines Möbelgeschäfts in Adenau. Der Ort liegt südöstlich von Bonn. Im nahegelegenen Liers hatte er ein Wochenendhaus gemietet. Zu seinen Lieferanten gehörte die Lampenschirmfabrik Sonnenfeld aus Köln. Der Inhaber, Gerd Sonnenfeld, war Jude. Im Laufe der Zeit freundeten sich beide Männer an. Gerd Sonnenfeld war auch Gast im Wochenendhaus von Heinen. Im Laufe der Zeit wurde die Situation in Köln – wie im gesamten Deutschen Reich – immer schwieriger. Als die Familie Sonnenfeld, neben Gerd gehörten dazu seine beiden Eltern, den Befehl zur Deportation bekam, lud Josef Heinen die Drei ein, in dem Wochenendhaus Zuflucht zu suchen. Darauf wohnte die jüdische Familie vier Jahre in dem Haus bis zum Einmarsch der US-Truppen. Josef Heinen versorgte sie auch mit Lebensmitteln. Am 8. Juli 1969 wurde er von Yad Vashem als Gerechter unter den Völkern anerkannt.

Clara und Herrmann Hinz sowie Margarethe Dobbeck

Emil Stargardter und seiner Frau Gertrud hatten ein gutes Verhältnis zu ihren Nachbarn. Auch als die Lebensbedingungen für Juden in Deutschland immer schwieriger wurden, hielten Hermann und Clara Hinz den Kontakt zu ihnen aufrecht. Und nicht nur das: Die beiden, die neben ihnen im selben Haus in Berlin wohnten, unterstützten sie mit Lebensmitteln. Diese wurde über Lebensmittelkarten ausgegeben. Dabei erhielten Juden weniger und andere Zuteilungen als Reichsbürger. Als Gertrud Stargardter operiert werden musste, kümmerte sich Clara Hinz anschließend um sie. Die Lage spitzte sich weiter zu, als immer mehr Juden 1942 deportiert wurden. 1943 sollten die letzten Menschen jüdischen Glaubens aus Berlin „evakuiert“ werden. Es ist nicht klar, ob die Betroffenen wussten, was für ein Schicksal auf sie wartete. Gerüchte über Erschießungen und die Vernichtung von Juden machten aber die Runde – sodass es nachzuvollziehen ist, dass sich Stargardters entschlossen, sich der Deportation zu entziehen und sich nicht am im „Evakuierungsschreiben“ genannten Sammelplatz einzufinden, als sie im Februar 1943 dazu aufgefordert wurden. Sie tauchten unter und übernachteten an wechselnden Orten. Eines ihrer wichtigsten Verstecke war eine Laube, die Hermann und Clara Hinz in einem Kleingartengebiet gehörte. Das Ehepaar versorgte sie auch mit Lebensmitteln und half mittlerweile auch Dr. Bessunger, einem weiteren Juden, dessen Vornamen Yad Vashem nicht ermitteln konnte. Als die Bombenangriffe Ende 1943 auf Berlin zunahmen, war es für Stargardters immer schwieriger, eine Unterkunft zu finden. Sie entschlossen sich, Berlin zu verlassen. Dabei nutzten sie einen Kontakt, den sie in Berlin gemacht hatten: Dort hatten sie Margarethe Dobbeck kennengelernt, eine Frau, die mittlerweile in ihre Heimat Mühlhausen im Elsass zurückgekehrt war. Stargardters fuhren nach Mühlhausen und kamen im Haus von Margarethe Dobbeck unter. Diese versteckte eine weitere jüdische Mitbürgerin. Dabei handelte es sich um Flora Wolff. Alle drei überlebten den Krieg. Emil und Gertrud Stargardter wanderten später nach Israel aus, wo sie in Haifa wohnten. Yad Vashem erkannte Clara und Hermann Hinz sowie Margarethe Dobbeck am 30. April 2013 als Gerechte unter den Völkern an.

Helene Hesseler-Höffner und Joseph Höffner

Joseph Höffner ist einer der prominentesten Gerechten unter den Völkern. Den meisten Menschen ist er als Erzbischof von Köln und Kardinal in Erinnerung. Dass er im Dritten Reich das Leben von Juden rettete, ist dagegen sehr viel weniger bekannt. Während der Rettungstaten war Höffner einfacher Pfarrer. Geboren wurde der spätere Retter und hohe Würdenträger der katholischen Kirche 1906 in Horhausen im Westerwald. Er war das älteste von insgesamt sieben Kindern. 1926 machte Höffner sein Abitur. Anschließend studierte er an der Päpstlichen Universität Gregoriana in Rom, wo er nach kurzer Zeit, 1929, den ersten Doktortiteln erlangte. Drei weitere sollten folgen. Das schafften nur sehr wenige Deutsche. 1932 wurde er in Rom zum Priester geweiht. Anschließend kehrte er nach Deutschland zurück und arbeitete zunächst als Kaplan in Saarbrücken, bevor er 1937 sein Theologiestudium an der Universität Freiburg fortsetzte. Von 1939 bis 1943 wirkte Höffner als Pfarrer in Kail an der Mosel, bevor er im April 1943 nach Trier versetzt wurde. Soweit klingt sein Lebenslauf nach dem eines sehr zielstrebigen, wissbegierigen, aber ansonsten unauffälligen Geistlichen. Dabei stand der spätere Kardinal aber dem Nationalsozialismus schon früh sehr kritisch gegenüber. Bereits in der Einleitung zu seiner Dissertation aus dem Jahr 1938 schrieb Höffner: „Inmitten der Rassen und Völker, die kommen und gehen, weiß sich die Kirche frei und unabhängig, denn ihr tiefstes Wesen ist weder jüdisch noch römisch noch griechisch; sie ist nicht arisch, nicht mongolisch, nicht afrikanisch: Sie ist göttlich." Höffner beließ es nicht bei Worten. 1942, er war Pfarrer in Kail, wurde eine Kinderlandverschickung nach Kail durchgeführt. Das war im Zweiten Weltkrieg eine übliche Maßnahme. Damit wurden Kinder aus den großen Städten, die durch Bombenangriffe bedroht waren, auf das Land verschickt, wo sie längere Zeit lebten. Im Fall von Kail kamen die Kinder aus Berlin. Unter ihnen befand sich ein achtjähriges jüdisches Mädchen namens Esther Meyerowitz, die ihre Identität unter dem Decknamen Christa Koch verbarg. Höffner wusste, wer Esther wirklich war – und versteckte sie bei seiner Schwester. Sie arbeitete als Haushälterin im Kirchenhaus. Höffner informierte sie aber nicht über die wahre Identität des Kindes. Bei der Versetzung nach Trier 1943 konnte der spätere Kardinal das Mädchen nicht mitnehmen. Er nahm Kontakt zur Bauernfamilie Heucher im Ort auf, die das Kind aufnahm, ohne jedoch die jüdische Identität zu kennen. Auf dem Bauernhof überlebte Christa Koch den Krieg. Höffner hatte sie nicht aus den Augen verloren. Er wusste, dass ihre Mutter ebenfalls überlebt hatte und in Berlin war. Mit diesem Wissen beantragte er im Oktober 1945 bei der amerikanischen Militärregierung in Trier einen Interzonenpass für Christa und eine Begleitperson nach Berlin. Das Mädchen konnte nach Berlin reisen und war wieder bei seiner Mutter. Beide wanderten wenig später nach Amerika aus. Das war nicht der einzige Fall, in dem Joseph Höffner Juden half. In einem anderen Fall kümmerte er sich um Edith und Hans Nowak, die dringend Schutz vor der Verfolgung durch die deutschen Behörden brauchten. Höffner bat seine Schwester, das jüdische Ehepaar im Haus der Höffners in Horhausen unterzubringen, wo Nowaks 1943 für ein halbes Jahr Unterkunft fanden. Von Edith Nowak ist ein Dankesbrief erhalten, in dem sie an Joseph Höffner am 24. Juni 1946 schrieb: „Die Schwierigkeiten, die Ihre Familie damals schon mit dem Nazi-Regime im Bezirk hatte, haben Sie nicht daran gehindert, dieses Risiko einzugehen; es hätte schlimme Folgen für Sie und die Ihren gehabt, wenn bekannt geworden wäre, dass Sie eine Jüdin in Ihrem Haus versteckt hatten." Höffner sprach nach dem Krieg lange nicht in der Öffentlichkeit über die Rettung der drei Menschen. Sie wurde erst viele Jahre später bekannt. Yad Vashem erkannte Joseph Höffner und seine Schwester Helene Hesseler-Höffner am 25. August 2003 als Gerechte unter den Völkern an.

Wilhelm (Wilm) Hosenfeld

Wilhelm Hosenfeld gehört zu den wenigen Gerechten, von denen heute eine breitere Öffentlichkeit schon etwas gehört hat. Dabei ist sein Name weniger bekannt, dafür aber sein Handeln als Wehrmachtsoffizier im Zweiten Weltkrieg. Hosenfeld ist eine der zentralen Figuren in dem von Roman Polanski gedrehten Film „Der Pianist", der 2002 in die Kinos kam. Der Film zeigt sehr einfühlsam, wie Hosenfeld im letzten Drittel des Films dem jüdischen Pianisten, der Hauptfigur, bis zum Einzug der Roten Armee hilft, in den Ruinen des zerstörten Warschaus zu überleben. Der Pianist, Władysław Szpilman, ist dabei nicht der erste Jude, dem Hosenfeld half. Zuvor hatte er sich schon ganz entscheidend für Leon Warm eingesetzt.

Geboren wurde Wilhelm Hosenfeld 1895 in einem Dorf in Hessen. Er wuchs in einem katholischen, konservativen und patriotischen Umfeld auf und war selbst gläubiger Christ. Als junger Mann diente er im Ersten

Weltkrieg, überlebte, arbeitete anschließend als Lehrer. 1935 trat er in die NSDAP ein. Privat heiratete er und hatte beim Ausbruch des Zweite Weltkriegs fünf Kinder. Als Reservist wurde er im August 1939 zur Wehrmacht eingezogen. Einen Monat später befand sich Deutschland im Krieg und die Wehrmacht besetzte Polen. Hosenfeld war jetzt 43 Jahre alt und wurde zunächst im polnischen Pabiance stationiert, später dann in Warschau, wo er bis zum Ende des Krieges blieb. Es stieg in der militärischen Hierarchie vom Feldwebel bis zum Hauptmann auf und fungierte vor allem als Sport- und Kulturoffizier. Bei seinem Aufenthalt in Polen erlebte er Tag für Tag die deutsche Politik, die Polen unterdrückte und Juden misshandelte bis hin zur Umsetzung der „Endlösung". Das führte dazu, dass er sich im Laufe der Zeit immer stärker von der deutschen Politik distanzierte. Das lässt sich heute gut rekonstruieren, weil Hosenfeld Tagebuch geschrieben hat und die Hefte regelmäßig nach Hause schickte, sodass sie erhalten geblieben sind. So schrieb er im Juli 1942, als die Deportationen aus Warschau nach Treblinka begannen:

„Ich bin nicht mehr gerne hier. Was hier gemacht wird, wie sie die Juden töten – in anderen Städten sind schon Tausende ermordet worden … Jetzt soll das Ghetto mit einer halben Million Menschen geleert werden. (…) Kann ein Deutscher jemals wieder sein Gesicht der Welt zeigen? Ist es das, wofür unsere Soldaten an der Front sterben? In der Geschichte gibt es dafür wahrscheinlich keine Präzedenzfälle. Die Urmenschen mögen sich gegenseitig aufgefressen haben, aber das schlichte Abschlachten eines ganzen Volkes – Männer, Frauen und Kinder – im 20. Jahrhundert, durch uns (…) Das ist eine blutige Schuld, die einen auf dem Boden zusammenbrechen lässt. Die Frage ist, ob die Verantwortlichen überhaupt normal sind. Hat der Teufel Menschengestalt angenommen? Daran zweifle ich nicht. Das ist kein schönes Ende für einen Brief, aber ich bin so elend, so deprimiert, dass ich die Hoffnungslosigkeit unserer Zukunft nicht bekämpfen kann …"

1943 ist in seinem Tagebuch zu lesen: „Mit dem grausamen Massenmord an den Juden haben wir diesen Krieg verloren. Wir haben einen ewigen Fluch über uns gebracht und werden für immer mit Schande bedeckt sein. Wir haben kein Recht auf Mitleid oder Barmherzigkeit; wir alle sind mitschuldig. Ich schäme mich, in der Stadt zu wandeln ..."

Hosenfeld wandte sich nicht nur innerlich vom Regime ab, sondern auch in Taten. In der Zeit, als er die oben genannten Zeilen 1942 schrieb, traf er Leon Warm. Der jüdische Mann aus Warschau war bei den Deportationen nach Treblinka aus einem Zug geflohen und zurück nach Warschau gekehrt, wo er umherirrte. Hosenfeld nahm sich seiner an, stellte ihn im Sportstadion an und verschaffte ihm eine neue Identität, mit deren Hilfe Warm überleben konnte. Im Sommer 1944, während des polnischen Aufstandes in Warschau, musste sich Hosenfeld an Verhören von Gefangenen beteiligten, was ihm später massiv zum Nachteil gereichen sollte. 1944 traf Hosenfeld auf Władysław Szpilman, dem Musiker, dessen Geschichte später von Roman Polanski verfilmt wurde. Szpilman gelang die Flucht aus dem Warschauer Ghetto, nachdem seine ganze Familie ermordet worden war. Er überlebte auf der „arischen Seite“ mit Hilfe der polnischen Freunde Janina Godlewska, Andrezej Bogucki und Czeslaw Lewicki. Nachdem die polnische Bevölkerung in der Folge des Aufstands im Sommer 1944 aus der Stadt vertrieben war, versteckte sich Szpilman in den Ruinen. Er war hungrig, verängstigt und völlig allein, als ihn Hosenfeld Mitte November 1944 traf und half, die letzten Wochen vor der Befreiung zu überleben. Wenig später, im Januar 1945 wurde Hosenfeld von der Roten Armee gefangen genommen. Er hatte kein Glück und wurde am 7. Mai 1950 von einem Militärtribunal in Minsk zu 25 Jahren Gefängnis verurteilt. Er hatte keinen Verteidiger in seinem Prozess. Im Urteil wird darauf verwiesen, dass er persönlich Gefangene verhört und damit den Faschismus im Kampf gegen die Sowjetunion gestärkt habe. Sechs Monate nach dem Prozess, im November 1950, besuchte Leon Warm Hosenfelds Frau in Thalau. Ein polnischer Priester, der Hosenfeld im Kriegsgefangenenlager kennengelernt hatte, hatte Warm ausfindig gemacht und ihm von der misslichen Lage seines Retters erzählt. Warm schrieb auch einen Brief an Szpilman in Warschau. Beide konnten die Situation ihres Retters nicht verbessern. Hosenfeld starb 1952 in einem sowjetischen Gefängnis. 1998 war es dann Szpilman, der sich an Yad Vashem wandte, um die Anerkennung seines Retters zu erreichen. Warm war bereits verstorben. Die Kommission von Yad Vashem prüfte sehr sorgfältig, ob Hosenfeld an Kriegsverbrechen beteiligt gewesen war. Ein wichtiger Baustein dabei war die Bestätigung der polnischen Kommission zur Untersuchung von Naziverbrechen, dass Hosenfelds Verhalten untadelig gewesen war. Am 25. November 2008 erkannte Yad Vashem Wilhelm Hosenfeld als Gerechten unter den Völkern an.

Ida Jauch und Maria Schönebeck

Hans Rosenthal war in den siebziger und achtziger Jahren einer der bekanntesten Entertainer des deutschen Fernsehens. Millionen Menschen sahen die von ihm moderierte Fernsehshow Dalli Dalli. Und das war nicht das einzige erfolgreiche TV-Format, in dem er zu sehen war. Was viele Menschen nicht wussten: Rosenthal war Jude und hatte die Shoah überlebt, indem er über Jahre versteckt in Berlin lebte. Seine Retterinnen waren Ida Jauch und Maria Schönebeck. Hans Rosenthal, der 1925 geboren wurde, hatte früh seine Eltern verloren. Sie waren 1937 und 1941 verstorben, sodass der Junge zusammen mit seinem jüngeren Bruder in einem Waisenhaus lebte. Ab August 1942 wurde er als Zwangsarbeiter in einer Fabrik eingesetzt und verließ damit das Waisenhaus. Das bedeutete natürlich auch die Trennung von seinem Bruder, der am 19. Oktober 1942 zusammen mit den anderen Bewohnern des Waisenhauses nach Riga deportiert und dort ermordet wurde. Anfang 1943 war Hans Rosenthal noch in Berlin, während immer mehr Juden deportiert worden waren und weiter deportiert wurden. Eine Woche vor seinem 18. Geburtstag beschloss er, unterzutauchen und damit dem Abtransport zu entgehen. Er hatte allerdings wenig Möglichkeiten dazu. Seine einzige Hoffnung war eine Bekannte seiner verstorbenen Mutter. Die Frau hieß Ida Jauch, war arm und lebte in einer Laube im Kleingartengebiet Dreieinigkeit in Berlin-Lichtenberg. Sie kannte Hans Rosenthal nur flüchtig, erklärte sich aber spontan bereit, ihn zu verstecken. Das bedeutete nicht nur, dass sie ein erhebliches Risiko für sich selbst einging, sondern auch, dass sie die ihr zugeteilten Lebensmittel mit dem späteren Entertainer teilen musste. Denn Hans Rosenthal hatte natürlich keine Lebensmittelkarten. Hunger wurde für beide zu einem ständigen Begleiter. Rosenthal versteckte sich in einem Raum, der nur vier Quadratmeter groß war – und das über die Dauer von 18 Monaten.

Es gab eine Mitwisserin: Emma Harndt. Das war eine Nachbarin, die sie besuchte und dabei auch Zeitungen mitbrachte. Die Lage spitzte sich zu, als Ida Jauch im Sommer 1944 erkrankte, in ein Krankenhaus eingeliefert wurde und dort verstarb. Emma Harndt konnte den jungen Mann nicht aufnehmen. Sie lebte mit ihrem Mann zusammen. Sie mussten annehmen, dass dieser aufgrund seiner politischen Vergangenheit als Kommunist immer noch von der Gestapo überwacht wurde. Dafür sprang eine andere Nachbarin, Maria Schönebeck, ein, die ebenfalls in einer Laube wohnte. Hier lebte Rosenthal von August 1944 bis zum Kriegsende im Mai 1945. Auch als Schönebecks Sohn als Soldat auf Heimaturlaub nach Hause kam und Konsequenzen befürchtete, blieb die Frau bei ihrer Haltung und versteckte Rosenthal weiter. Später schrieb Rosenthal über die Unterstützung der drei Frauen: „Ihre Hilfe ermöglichte es mir, nach dieser für uns Juden so schrecklichen Zeit unvoreingenommen in Deutschland zu leben, mich ohne Hass als Deutscher zu fühlen und Bürger dieses Landes zu sein." Yad Vashem erkannt am 10. Oktober 2011 Ida Jauch und Maria Schönebeck als Gerechte unter den Völkern an.

Otto Jogmin

Die Ausgrenzung und schließlich Verfolgung und Vernichtung der Juden lief in verschiedenen Stufen ab. Im Reichsgebiet gehörte die Zusammenfassung der Juden in so genannten Judenhäusern dazu. Das waren Häuser, die ausschließlich von Juden bewohnt wurden, wobei es reichsdeutsche Hausmeister geben konnte. Judenhäuser wurden ab 1939 eingerichtet, in einigen Regionen auch früher oder später. Einziehen mussten Juden, die zuvor in eigenen Wohnungen oder Häusern gelebt hatten. Die Einrichtung der Judenhäuser war eine Vorstufe zu den Deportationen, bei denen die jüdischen Bürger meist schon in Judenhäusern wohnten und aus diesen deportiert wurden. In Berlin stand ein solches Judenhaus in der Wielandstraße 17. Hausmeister war Otto Jogmin, der zur Erfüllung seiner Aufgabe zusammen mit seiner Frau und Adoptivtochter Eva Thorn in einer kleinen Pförtnerwohnung im Nachbarhaus lebte, für das er ebenfalls als Hauswart tätig war. Wie andere Hausmeister-Kollegen erfüllte Otto Jogmin seine Pflichten, die er allerdings etwas anders auslegte, als sich das die Verantwortlichen im Deutschen Reich vorgestellt hatte: menschlich. Er half den jüdischen Bewohnern des Hauses, wo er nur konnte. Zunächst riss er die Mauer ein, die den Keller des Gebäudes von dem des Nachbargebäudes trennte. Damit schuf er zweierlei: ein Versteck und einen Durchgang, sollte einmal eine Flucht nötig sein. Dann versteckte er in dem so geschaffenen Bereich Juden. Wenn das nicht mehr möglich war, brachte er sie an andere sichere Orte außerhalb der Stadt. In seiner Datenbank listet Yad Vashem 19 Personen auf, die von Otto Jogmin gerettet wurden. Eine davon war Margarete Asch. Jogmin sah sie eines Abends, als er die Tür des Hauses abschließen wollte. Sie ging nervös auf dem Bürgersteig hin und her. Kurz zuvor hatte Polizei das Haus von Asch gestürmt, wobei die Frau entkommen konnte. Jogmin kümmerte sich um sie und meldete sie unter falschem Namen an. Wenig später nahm er auch ihre Verwandten auf. Er registrierte alle unter falschen Namen als Reichsbürger, die bei den Luftangriffen ihre Heimat verloren hatten. Das war aber noch nicht alles. Jogmin beschaffte für seine Schützlinge auch Lebensmittel, reiste dafür auch zu Freunden auf das Land und verkaufte seine Briefmarkensammlung, um mehr Geld für den Einkauf zur Verfügung zu haben. Im Februar 1945 wurde er denunziert und von der Polizei kontrolliert. Er kam mit dem Schrecken davon. Die von ihm geretteten Menschen überlebten den Krieg. Am 14. Juli 2011 erkannte Yad Vashem Otto Jogmin als Gerechten unter den Völkern an.

Michael Jovy, Jean Jülich und Bartholomäus Schink

Die Edelweißpiraten waren vorwiegend Jugendliche, die sich in losen Gruppen zusammenschlossen und in Opposition zur Hitlerjugend (HJ) und dem Dritten Reich standen. Edelweißpiraten gab es vorwiegend in den Städten des Rheinlands und Ruhrgebiets, aber auch in Frankfurt und Offenbach. Ähnliche Gruppierungen traten in Danzig mit den Stäuber-Banden und in Wien mit den Schlurfs auf. Häufig grenzten sich die Jugendlichen dieser Gruppen auch äußerlich von den Mitgliedern der HJ, die Uniform trugen, ab. Dazu wurden gruppenspezifisch zum Beispiel Skihemden, Wanderschuhe, Lederhosen, Halstücher oder auch Edelweißsymbole als Erkennungszeichen verwendet. Die Mitglieder der Jugendgruppen kamen meist aus der Arbeiterschicht. Im Gegensatz zur HJ waren gleichermaßen Mädchen und Jungen dabei. Die Einordnung in den Widerstand ist heute noch Gegenstand der Diskussion unter Historikern und war sicher auch regional unterschiedlich. Eine der Edelweißpiraten-Hochburgen war Köln-Ehrenfeld. Hier gehörten Jean Jülich, Bartholomäus Schink und Michael Jovy dazu. Die Gruppe lehnte insbesondere auch die Rassenlehre der nationalsozialistischen Machthaber ab. Zu ihnen gehörten auch Günther und Wolfgang Schwarz, zwei jüdische Brüder. Die Gruppe bewahrte sie vor der Deportation und rettete in der zweiten Hälfte des Krieges auch noch Friedel Krämer und ihre Tochter Ruth sowie den Jugendlichen Paul Urbat. In einem Keller sammelten sie auch Munition und Lebensmittel. Bartholomäus Schink und Jean Jülich setzten sich besonders für die Juden ein. Schink hatte als Kind erlebt, wie ein jüdischer Friseur von der SA misshandelt wurde, was zu seiner Empörung gegen die Judenverfolgung beigetragen hatte. Der 1920 geborene Michael Jovy war älter als Jean Jülich, 1929 geboren, und der 1927 geborene Bartholomäus Schink. Jovy war bereits im November 1939 von der Gestapo verhaftet und zwei Jahre später vom Volksgerichtshof wegen „Vorbereitung zum Hochverrat" verurteilt und in die Haftanstalt Siegburg eingeliefert worden. Im Gefängnis freundete er sich mit dem 15-jährigen Sohn eines kommunistischen Häftlings an, wodurch ein Kontakt zu den Edelweißpiraten entstand. Wenig später wurde Jovy in das berüchtigte Strafbataillon 999 versetzt. In dieser militärischen Einheit – von der Mannschaftsstärke mit bis zu 37.000 Mann eher eine Division – sollten sich verurteilte Straftäter oder politische Häftlinge „an der Front beweisen." In der Praxis führte die Einheit häufig riskante „Himmelfahrtskommando" durch. Viele der Soldaten liefen an der Front zu den Alliierten über. Jovy gelang 1944 die Flucht aus dieser Einheit. Er kam nach Köln, wo er sich den Edelweißpiraten anschloss. Die Gestapo kam der Gruppe auf die Spur. Im Oktober 1944 gelang es ihr, diese zu zerschlagen und die meisten ihrer Mitglieder zu verhaften. Jovy gelang die Flucht. Er lief zu den alliierten Truppen über und lebte bis 1984. Schink und Jülich wurden verhaftet. Der 16-jährige Schink wurde zusammen mit zwölf anderen Personen am 10. November 1944 öffentlich gehängt. Einen Prozess hatte es nie gegeben. Jülich überlebte in Haft bis zum Ende des Krieges. Er starb 2011. Yad Vashem erkannte Michael Jovy, Jean Jülich und Bartholomäus Schink als Gerechte unter den Völkern am 18. November 1982 an.

Jean Jülich

siehe bei Michael Jovy

Hildegard und Theodor Dipper

siehe bei Luise und Alfred Dilger

Walter Krämer

Jedes Portrait der Gerechten unter den Völkern beeindruckt durch den Mut, der für die Rettung der jüdischen Menschen nötig war. In jedem Fall gingen die Retter ein hohes persönliches Risiko ein. Manche Fälle beeindruckten darüber hinaus besonders, weil sie auf immer wieder andere Art Aspekte aufweisen, die den Leser häufig nur staunend zurücklassen. Eine solche Geschichte ist die von Walter Krämer. Er wurde in 1892 in Siegen/Westfalen geboren, hatte den Beruf des Schlossers gelernt, war im Ersten Weltkrieg Soldat in der Kaiserlichen Marine des Deutschen Reichs, kämpfte in den Wirren des Beginns der Weimarer Republik beim Kapp-Putsch, einem Umsturzversuch deutschnationaler Kräfte, auf Seiten der Roten Ruhrarmee und war später Abgeordneter der KPD im Preußischen Landtag. Nach der Machtübernahme der NSDAP wurde er sofort verhaftet – und kam bis zu seinem Tod nicht mehr aus der Haft frei. Die Gefängnisse und Lager, in denen er gefangen gehalten wurde, wechselten. Krämer nutzte die Zeit und brachte sich medizinisches Fachwissen bei. Sein Talent muss dabei herausragend gewesen sein, genauso wie seine Lernfähigkeit und sein Geschick. Nach einiger Zeit konnte Krämer sogar komplizierte chirurgische Eingriffe vornehmen. Im Jahr 1938 wurde er Krankenpfleger im Konzentrationslager Buchenwald und Mitte 1939 zum Leiter der Häftlingskrankenbaracke ernannt. Er erwarb sich einen legendären Ruf als „Arzt" und wurde sogar gebeten, hochrangige SS-Offiziere zu operieren. Dazu gehörte auch der Lagerkommandant in Buchenwald, Karl Koch. Das verschaffte Krämer Einfluss auf das SS-Personal und den SS-Lagerarzt, den er durchaus zu nutzen wusste. Er setzte ihn ein, um das Los der Häftlinge zu verbessern.

Buchenwald bestand damals aus unterschiedlichen Lagerteilen. In einem waren die politischen Häftlinge wie Walter Krämer untergebracht, in einem anderen hauptsächlich Juden und Russen. Der Lagerbereich mit den jüdischen und russischen Häftlingen hatte deutlich härtere Bedingungen für die Gefangenen als der andere. Die Häftlinge schufteten in einem nahe gelegenen Steinbruch. Die Arbeit war extrem hart, viele Gefangene starben dabei. Im Winter, selbst bei Minusgraden, hatten die Häftlinge keine warme Kleidung, es gab nur sehr wenig zu essen – und keine medizinische Versorgung. Die einzige Hilfe, die Häftlinge erhielten, bot Walter Krämer, der sich immer wieder in den jüdisch-russischen Lagerbereich schlich, um dort Häftlingen zu helfen. Einer seiner Patienten war der 17-jährige Artur Radvansky aus Prag. Er hatte eine Erfrierung, die unbehandelt geblieben war, worauf sich Wundbrand entwickelt hatte. Krämer ließ Radvansky auf einer Trage in den anderen Lagerbereich bringen und operierte ihn noch in der gleichen Nacht ohne Narkose. Bei einer anderen Gelegenheit heilte er Radvansky von einer Infektion, die er sich als Folge einer brutalen Prügelstrafe zugezogen hatte. Yaaakov Silberstein ist einer der Überlebenden des KZ Buchenwald. Er berichtete anschließend, dass Krämer mitten in der Nacht in den jüdischen Lagerteil kroch, um ihn mit Medikamenten gegen Typhus zu behandeln. Ein anderer Fall der Hilfeleistung ist für den Herbst 1941 bezeugt. Im September oder Oktober kamen gefangene sowjetischer Offiziere in das KZ. Darunter befanden sich auch Juden. Der Lagerarzt wies Krämer an, ärztliche Atteste auszustellen, nach denen die Offiziere an Tuberkulose erkrankt seien. Entsprechend ausgestellte Atteste hätten als

Vorwand dazu geführt, dass die Männer ermordet worden wären. Krämer weigerte sich. Als Strafe versetzte die SS ihn in ein Außenarbeitskommando. Wenige Tage später wurde Krämer angeblich bei einem Fluchtversuch erschossen. Am 20. Oktober 1999 erkannte Yad Vashem Walter Krämer als Gerechten unter den Völkern an.

Paul Krebs

siehe bei Heinrich Heinen

Luise und Walter Kulka

siehe bei Elisabeth Bornstein

Frieda Kunze

Frieda Kunze arbeitete viele Jahre in Berlin als Bürovorsteherin für den jüdischen Rechtsanwalt Georg Martin Fontheim. Sie besaß ein kleines Sommerhaus südöstlich von Berlin. Es lag in dem Dorf Senzig. Mit der Zeit entwickelt sich zur Familie des Anwalts eine freundschaftliche Beziehung. 1938 belegten die nationalsozialistischen Machthaber jüdische Rechtsanwälte mit einem Berufsverbot – was Frieda Kunze nicht davon abhielt, weiter mit den Fontheims in Kontakt zu bleiben. Auch das Verbot von sozialen Kontakten zwischen Juden und Reichsbürgern änderte nichts daran, dass die Frau ihre jüdischen Freunde weiter besuchte, auch noch in den Jahren 1941 und 1942. In diesem Jahr spitzten sich die Ereignisse für Fontheims dramatisch zu. Die Eltern der Familie und ihre Tochter Eva Irena wurden von der Gestapo am 24. Dezember 1942 verhaftet. Der Sohn der Familie, Ernst Fontheim, war der Verhaftung entgangen. Er wusste nicht weiter – und sprach Frieda Kunze an. Er fragte, ob er ihr Sommerhaus in Senzig zusammen drei weiteren Juden, dem Ehepaar Lucie und Jack Hass und seiner

Freundin, der Tochter Margot Hass, mieten und als Versteck nutzen könne. Frieda Kunze sagte sofort zu. Vereinbart wurde ein symbolischer Preis von 50 Reichsmark pro Monat. Erleichtert wurde das Schicksal der vier Juden dadurch, dass es ihnen gelang, sich gefälschte Papiere zu verschaffen. Den Nachbarn wurden sie als Berliner vorgestellt, die ausgebombt worden seien. Sie lebten in dem Haus vom 30. Januar 1943 bis zum 27. März 1945, als sie aufgrund einer Denunziation wegziehen mussten. Daraufhin kümmerten sich ihre Nachbarn, Elfriede, Paul und Heinz Droßel (siehe deren Portrait) weiter um ihre Unterkunft. Der Auszug war gerade noch rechtzeitig gewesen. Am 28. März 1945 durchsuchte die Gestapo das Sommerhaus. Yad Vashem erkannte Frieda Kunze am 12. Januar 1999 als Gerechte unter den Völkern an.

Gerhard Kurzbach

In Zusammenhang mit den Rettungstaten von Gerhard Kurzbach hat Yad Vashem vergleichsweise viele Aussagen von Menschen veröffentlicht, die ihn gekannt und als Retter erlebt haben. Das wirft ein sehr eindringliches Bild auf diesen Gerechten, der 1915 geboren wurde. Seine Familie kam aus Posen, hatte sich aber, als Gerhard noch ein Kind war, im niederschlesischen Bunzlau niedergelassen. Der Vater hatte eine Autowerkstatt und Gerhard absolvierte dort eine Lehre zum Mechaniker. Kurz vor Kriegsausbruch, im August 1939, wurde er wie zahllose Altersgenossen zur Wehrmacht eingezogen. Gerhard Kurzbach diente bei der Artillerie. 1943 wurde er versetzt. Er kam nach Bochnia. Die Stadt liegt 45 Kilometer östlich von Krakau. Dort übernahm er die Leitung einer Werkstatt für Militärfahrzeuge, die zum Heeres-Kraftfahr-Park (HKP) gehörte. Vor dem Krieg war ein großer Teil der Menschen, rund 20 Prozent oder 3500 Personen, in Bochnia jüdischen Glaubens. Im Juli 1941 errichteten die deutschen Besatzer in der Stadt ein Ghetto, in das auch Menschen aus der umliegenden Region gebracht wurden, sodass 5.000 Menschen im Ghetto lebten. Zwischen dem 25. und 27. August 1942 führten SS und Gestapo die erste Deporation von Juden aus dem Ghetto durch. Bleiben durften nur Bewohner mit Sonderstempel im Ausweis, der auf ihren Status als Arbeiter hinwies. Viele Juden arbeiteten im HKP. Schon am 10. November 1942 fand eine weitere „Aktion“ statt. So wurden die Deportationen üblicherweise von den deutschen Behörden bezeichnet. Die SS und ihre Helfer ermordeten gleich 70 Menschen im Ghetto und auf dem Friedhof, andere wurden in das Vernichtungslager Belzec gebracht. Gerhard Kurzbach sah dem Töten und den Transporten nicht tatenlos zu – sondern versuchte zu retten, wen immer er im Rahmen seiner Möglichkeiten retten konnte. Er versteckte Menschen oder holte sie sogar noch aus den Deportationstransporten und brachte sie in Sicherheit. Einer der Überlebenden war Zeev Jakubowicz. Er berichtete später über die Zeit und erwähnte auch Gerhard Kurzbach, den er kurz als „der Deutsche“ bezeichnete:

„Als wir erfuhren, dass eine Deportation geplant war, gelang es uns, uns zu verstecken. Der Rest der Familie wurde zum Zug gebracht. Einer meiner Onkel war für die Autoreparatur zuständig, und er kam mit dem Kommandanten der Fabrik zum Bahnhof. Der Deutsche holte 200 Juden aus dem Zug unter dem Vorwand, dass er sie für die Arbeit brauche. Unter ihnen waren meine Eltern. Er brachte uns ins Militärlager. Die 200 Juden wurden ins Ghetto zurückgebracht und kamen jeden Tag zur Arbeit.“

Eine andere Überlebende war Greta Jonkler. Sie schrieb im Oktober 1945: „1942 begann die Deportation. Wir wussten von den Razzien in Krakau und Tarnow und nahmen an, dass uns das Gleiche in Bochnia widerfahren würde. Mein Mann bereitete in dem Haus, in dem wir wohnten, ein Versteck vor. Am Samstag ging er zur Arbeit, kehrte aber nicht zurück. Ich blieb fünf Tage lang in dem Versteck mit zwei Kindern, einem Laib Brot, einem Kilo Zucker und einem Eimer Wasser. Am Freitag holte uns mein Onkel, der Ingenieur Jakubowicz, zusammen mit dem Deutschen, Kurzbach, dem Kommandanten des HKP, der zusammen mit dem Ingenieur Henryk Jakubowicz mehrere Hundert jüdische Familien gerettet hatte, heraus. Ein Militärsanitätswagen kam an. Darin befand sich meine Schwester. Im Krankenwagen waren noch andere Personen, die sich in der Ziegelei versteckt hatten. Sie brachten uns zum HKP, wo sich mehrere Hundert jüdische Familien versteckt hielten. Wir blieben dort eine Woche lang. Die Verantwortlichen des HKP versteckten uns und gaben uns zu essen, und eine Woche später kehrte ich mit meiner Schwester und den Jakubowiczs ins Ghetto zurück. Sechs Wochen später erfuhr ich, dass mein Mann in das Lager auf dem Flughafen von Rakowice gebracht worden war. Kurzbach fuhr dorthin und brachte meinen Mann zurück ins Ghetto, wo wir bis zum 1. August 1943 blieben, als die Liquidierung des Ghettos begann."

Stefan Kornhauser kam von Krakau aus ins Ghetto Bochnia. 1959 berichtete er gegenüber Yad Vashem: „Das Verhalten eines der Deutschen während der ersten Razzia war lobenswert. Sein Nachname war Kurzbach. Dieser Deutsche holte ‚im Auftrag der Wehrmacht' Juden aus dem Ghetto zur Arbeit in den Werkstätten und brachte sie abends wieder ins Ghetto zurück. Einen Tag vor der Razzia behielt er die Arbeiter in der Werkstatt, um sie vor dem Transport zu schützen, und brachte sogar ihre Familien aus dem Ghetto in die Werkstätten und behielt sie dort für die Dauer der Razzia." Romek Marber, geboren 1924, sagte ebenfalls über Kurzbach aus. Er konnte Angaben über sein weiteres Schicksal machen: „Im März 1943 wurde Kurzbach in eine andere Stellung in der Armee versetzt. Einige der jüdischen Überlebenden sagten, er sei degradiert worden."

Es gibt noch eine Nachricht von Kurzbach an seine Familie aus dem August 1944 aus Rumänien. Anschließend wurde er als vermisst gemeldet. Sein Schicksal ist bis zum heutigen Tag unbekannt.

Yad Vashem erkannte Gerhard Kurzbach am 19. Dezember 2011 als Gerechten unter den Völkern an. Mit der Hilfe des deutschen kirchlichen Suchdienstes konnte die israelische Organisation Verwandte von Gerhard Kurzbuch ausfindig machen. Diese wussten bereits, dass Kurzbach in Bochnia Gutes getan hatte, ohne jedoch das genaue Ausmaß seiner Rettertaten zu kennen. Seine Frau hatte einen Brief erhalten, der von einigen Juden verfasst und versandt worden war, kurz nachdem Kurzbach Bochnia verlassen hatte. Zu bedenken ist dabei, dass Juden aufgrund der Zensur durch die deutschen Behörden – Briefe wurden gelesen – ihre Worte sehr vorsichtig wählten, um Kurzbach nicht zu verraten. In dem Brief von 1943 stand:

„Zweihundert Menschen trauern um seinen Weggang .... Wir trennten uns nicht nur von unserem Vorgesetzten, den wir liebten und respektierten, sondern auch von einem Mann, der uns wie ein Vater und Freund war." Am 27. November 2012 überreichte der israelische Botschafter in der Bundesrepublik die Medaille und die Ehrenurkunde an die Familie von Gerhard Kurzbach. Die Zeremonie fand in einer Berliner Schule im Beisein von Bundespräsident Joachim Gauck statt. Auch Romek Marber war gekommen. Seit dem Holocaust hatte er keinen Fuß mehr nach Deutschland gesetzt. Das änderte er, um in Berlin seinen Retter zu ehren. Im Anschluss an seine Ausführungen standen die Schüler und das gesamte Publikum auf und spendeten mehrere Minuten lang stehend Ovationen.

Karl Laabs

Karl Laabs wurde 1896 geboren und war Architekt. Er arbeitete in städtischen Bauämtern in Hannoversch Münden und in Kassel. 1935 wurde er entlassen. Grund: seine Arbeit als Gewerkschafter und SPD-Mitglied vor der nationalsozialistischen Machtübernahme. Laabs wusste sich zu helfen und eröffnete ein Büro als selbständiger Architekt. 1939 brach der Zweite Weltkrieg aus und Laabs wurde eingezogen. Er musste zur Luftwaffe, was daran lag, dass er in seiner Freizeit begeisterter Segelflieger war. 1941 wurde er als Kreisbaurat nach Chrzanow dienstverpflichtet, wohin ihn seine Familie begleitete. Die Stadt ist nur rund 16 Kilometer von Auschwitz entfernt. Vor Ort beobachtete Laabs die unmenschliche Behandlung der einheimischen jüdischen Bevölkerung und war empört. Er entschied, etwas dagegen zu tun und so viele Juden wie möglich zu retten. Um das zu tun, kaufte er ein großes Grundstück für einen landwirtschaftlichen Betrieb, forderte jüdische Arbeitskräfte an und stattete sie mit Arbeitsausweisen aus, wodurch diese zumindest vor der unmittelbaren Vernichtung geschützt waren. Weiteren Juden bot er Schutz, wenn Transporte in Vernichtungslager anstanden, und versteckte sie auf dem Grundstück. Zwischen den Gebäuden ließ er Bohlen verlegen, damit keine Fußspuren zu sehen waren, die Aufschluss über die Zahl der Menschen auf dem Grundstück gaben. Daneben wurden Fluchtwege und geheime Zugänge angelegt. Wollten Juden weiterflüchten, stattete er sie mit Lebensmitteln, Geld und Kleidung aus. Das Geschehen auf dem Hof blieb der Gestapo nicht verborgen. Deren Mitarbeiter wurden auf Laabs aufmerksam. 1943 stand er kurz vor der Verhaftung und zog sich aus der Affäre, in der er es schaffte, über gute Kontakte wieder von der Luftwaffe eingezogen zu werden. Aufgrund seines Alters, er war jetzt 47, kam er nicht an die Front. Die Beinahe-Verhaftung hielt ihn nicht davon ab, weiterhin Juden zu retten. Ganz im Gegenteil. 1943 führte er eine besonders waghalsige Rettungstat durch. Gekleidet in seiner Uniform als Feldwebel versammelte er rund 100 Juden um sich, um sie vorgeblich in das nahe Konzentrationslager Auschwitz zu bringen. Solche Transporte waren in der Region durchaus üblich und bekannt. Trotzdem interessierte sich ein örtlicher Polizist für das Treiben und fragte Laabs nach seinem Auftrag. Dieser reagierte geistesgegenwärtig und blaffte den Polizisten mit militärisch schroffem Ton an: „Ich habe keine Zeit, mit Ihnen hier rumzuquatschen. Heil Hitler!" Dann machte er sich mit den Gefangenen auf den Weg zu seinem Grundstück, wobei er die Juden – um glaubwürdig zu erscheinen – in rauem Ton kommandierte und zum Beispiel aufforderten „die Schnauze" zu halten. Natürlich war nicht das Vernichtungslager das Ziel der Reise. Laabs organisierte zwei Lkw und ließ die Gefangenen nach Mislowitz bringen. Dadurch konnte er das Leben der Juden retten. Ein anderer Offizier war eingeweiht, die Fahrer bestochen. Zu den Juden, die Laabs half, gehörte unter vielen anderen: Marcus Buchbinder, Frieda Weichman, Ruth Weichman, Abraham und Helen Merlinger. Kurz bevor 1945 die russischen Streitkräfte eintrafen, wurde Karl Laabs aus Polen nach Hessen versetzt. Nach einem langwierigen Entnazifizierungsverfahren wurde er 1949 als entlastet eingestuft. Danach arbeitete er bis 1951 als Prokurist bei einem Wohnungsbauunternehmen in Kassel und anschließend bis zur Pensionierung 1960 als Stadtbaurat in Frankfurt am Main. Er starb 1979. Am 30. November 1980 erkannte Yad Vashem Karl Laabs als Gerechten unter den Völkern an.

Vera Lagrange

siehe bei Wanda Feuerherm

Ellen Latte

Der erste Teil der Geschichte von Konrad Latte wurde bereits im Portait von Ursula Calogerás-Meissner erzählt. Sie endete dort mit der Verhaftung durch die Gestapo im September 1943, in deren Folge sich die Wege von Konrad und seinen Eltern trennten. Wie dort schon erwähnt, kam Konrad nach Goslar, wo er Kapellmeister des Musikensembles an einem Volkstheater wurde. Das gelang ihm, ohne dass seine jüdische Identität bekannt wurde und ohne richtige Ausweispapiere zu besitzen. Er hatte aber einen neuen Namen angenommen. Der lautete Konrad Bauer. Im Theater lernte er Ellen Brockmann kennen, eine junge Sängerin des Theaters, die zu diesem Zeitpunkt 23 Jahre alt war. Die junge Frau ahnte von Anfang an, dass ihr neuer Kapellmeister ein Geheimnis hatte – und versorgte ihn mit Lebensmitteln. Regte sich unter den anderen Theater-Mitarbeitern Verdacht in Richtung Bauer, setzte sich die Sängerin für ihn ein. Der Kapellmeister war bis Spätsommer 1944 in relativer Sicherheit. Im September dieses Jahres dann wurde das Theater aufgrund der Kriegslage geschlossen und Bauers Situation wurde schwierig. Ellen Brockmann bot ihm Unterkunft in ihrer Wohnung im hessischen Homburg an. Gegenüber Nachbarn und Bekannten stellte sie Latte alias Bauer als ihren Verlobten vor. Das wurde im Umfeld der Frau akzeptiert. Ellen Brockmann und Konrad Latte heirateten am 28. April 1945 und Konrad überlebte den Krieg. Seine Frau wurde – mittlerweile unter dem Namen Ellen Latte – am 29. Juni 1978 von Yad Vashem als Gerechte unter den Völkern anerkannt.

Maria Letnar

siehe bei Rosa und Paul Mayer

Bernhard Lichtenberg

Die Rolle der beiden großen deutschen Kirchen im Nationalsozialismus ist in der Vergangenheit schon häufig in der Öffentlichkeit und in der Wissenschaft diskutiert worden. Die unterschiedlichen Positionen und Einschätzungen können und sollen nicht Thema dieses Buches sein. Auch wenn es verschiedene Sichtweisen gibt, ist es doch weitgehend Konsens, dass die Haltung der Kirchen – vorsichtig ausgedrückt – nicht gerade ein Ruhmesblatt christlichen Handelns war. Dazu passt, dass es nur wenige Priester im Deutschen Reich gab, der ihre Stimme gegen die Verfolgung der Juden erhoben hat. Und das laut, öffentlich und vernehmbar. Einer davon war Bernhard Lichtenberg. Bei einem späteren Verhör begründete er seine Haltung folgendermaßen: „Das ergibt sich daraus, dass ich die Evakuierungen der Juden mit all ihren Begleiterscheinungen innerlich ablehne, weil sie gegen das Hauptgebot des Christentums gerichtet sind: ‚Du sollst deinen Nächsten lieben wie dich selbst.' Und ich erkenne auch im Juden meinen Nächsten, der eine unsterbliche, nach dem Bild und Gleichnis Gottes geschaffene Seele besitzt." Konsequenter kann man seine Auffassung, wenn sie denn christlich motiviert ist, nicht zum Ausdruck bringen. Und die Klarheit dieser Aussage wirft tatsächlich die Frage auf, warum nicht auch andere Priester ähnlich entschieden gegen die Deportationen ihrer jüdischen Mitmenschen eingeschritten sind, da sie sich doch alle demselben Hauptgebot verpflichtet gefühlt haben müssen.

Der 1875 geborene Bernhard Lichtenberg hatte sich nach seinem Theologiestudium und der Priesterweihe 1899 neben seiner geistlichen Arbeit zunehmend auch politisch und gesellschaftlich engagiert. Als Priester war er im 1. Weltkrieg Militärkaplan. Anschließend betreute er Gläubige in Berlin. Nachdem er zehn Jahre Pfarrer in Charlottenburg war, wechselte er 1932 als Dompfarrer an die St.-Hedwig-Kirche. Von 1913 bis 1920 war er Vertreter der Zentrumspartei im Bezirk Charlottenburg, dann bis 1930 Mitglied des Bezirksparlaments im Wedding. Er war Mitglied des Friedensbundes Deutscher Katholiken und wurde 1929 in den Vorstand der Arbeitsgemeinschaft der Konfessionen für den Frieden berufen. 1931 unterzeichnete er einen Aufruf, der Katholiken dazu aufrief, sich im Kino den Film „Im Westen nichts Neues" anzusehen, der auf Basis des Antikriegsromans von Erich Maria Remarque entstanden war und von völkischen Kreisen heftig kritisiert wurde. Kein Geringerer als Joseph Goebbels nahm den Aufruf zur Kenntnis und machte Lichtenberg zur Zielscheibe eines Artikels in der Parteizeitung „Der Angriff". In den folgenden Jahren engagierte sich Lichtenberg immer wieder gegen die Verfolgung seiner jüdischen Mitmenschen.

1933, kurz nach der Machtübernahme, plante die NSDAP einen großangelegten Boykott jüdischer Geschäfte. Er sollte am 1. April stattfinden. Der katholische Geistliche arrangierte ein Treffen des jüdischen Bankiers Oskar Wassermann mit Kardinal Adolf Bertram, dem Vorsitzenden der Deutschen Bischofskonferenz und Erzbischof von Breslau. Ziel des Treffens: Der Kardinal sollte gegen den geplanten Boykott einschreiten. Wenn sich ein so hochrangiger Kirchenvertreter dagegen stark gemacht hätte, wäre das für die deutschen Katholiken eine sehr deutliche Botschaft gewesen, die den Boykott in großen Teilen – durch mangelnde Teilnahme der Bevölkerung – hätte aushebeln können. Das Treffen brachte nicht den gewünschten Erfolg. Bertram war nicht bereit, sich gegen den Boykott zu engagieren. Wir kennen nicht alle Aktivitäten von Lichtenberg. Für das Jahr 1936 aber taucht sein Name im Lagebericht der Staatspolizeistelle Potsdam auf. Er hatte an einem Religionsgespräch mit zwei Pfarrern der Bekennenden Kirche, zwei Rabbinern und weiteren „nichtarischen" Personen teilgenommen. Als Ergebnis hätten die Gesprächsteilnehmer festgehalten, dass das deutsche Volk an den Juden viel gutzumachen habe. 1937 wurde Lichtenberg zum Domprobst gewählt. Im August 1938 erhielt er die Leitung des Hilfswerkes beim Bischöflichen Ordinariat Berlin übertragen. Diese Organisation half vielen Katholiken jüdischer Abstammung bei der Ausreise aus Deutschland. Drei Monate später gingen überall in Deutschland Menschen während der sogenannten Reichskristallnacht gegen Juden vor. Synagogen brannten, Geschäfte wurden geplündert, Juden verprügelt, inhaftiert und ermordet. Die deutschen Kirchen schwiegen. Das gilt auch für die Bekennende Kirche. Diese war eine Oppositionsbewegung evangelischer Christen gegen die Gleichschaltung der Deutschen Evangelischen Kirche mit dem Nationalsozialismus. Vom Schweigen der Kirchenvertreter gab er nur wenige Ausnahmen: Bernhard Lichtenberg. Der Geistliche betete von seiner Kanzel für die Juden: „Was gestern war, wissen wir. Was morgen ist, wissen wir nicht. Aber was heute geschehen ist, haben wir erlebt: Draußen brennt ein Tempel. Das ist auch ein Gotteshaus." Von diesem Abend an betete er täglich öffentlich in der St.-Hedwig-Kirche für seine jüdischen Mitbürger. Damit ließ es der Gottesmann nicht bewenden. Als die Berliner Luftschutzleitung am 14. Dezember 1939 per Dekret die Rassentrennung in Luftschutzbunkern anordnete, protestierte Lichtenberg mit einem Protestschreiben dagegen. Die Staatsmacht ließ ihn überraschend lange gewähren. Erst am 23. Oktober 1941 griff die Gestapo zu und verhaftete Lichtenberg. Wie es dazu kam, wirft ebenfalls ein sehr aufschlussreiches Bild auf die damalige Zeit. Lichtenberg wurde nicht in der Folge eigener Ermittlungen und Beobachtung der Gestapo-Beamten verhaftet. Dieses geschah, weil ihn zwei Studentinnen denunziert hatten. Sie hatten gehört, wie er öffentlich für die Juden und die Insassen der Konzentrationslager betete. Was heute als unglücklicher Zufall oder Einzelfall erscheint, ist alles andere als das. Es entspricht dem, was Historiker über die Zusammenarbeit der deutschen Bürger mit den Behörden herausgefunden haben. Die Auswertung zahlreicher noch vorhandener Gestapoakten hat immer wieder gezeigt, dass ein Großteil der Vorgänge, die die Gestapo bearbeitete, durch Denunziation angestoßen wurde. Die Gestapo wurde in den meisten Fällen nicht tätig, weil ihre Mitarbeiter so akribisch recherchierten, sondern weil ganz normale Bürger ihre Mitmenschen denunzierten. Im Zuge der Verhaftung führte die Gestapo auch eine Hausdurchsuchung bei dem engagierten Priester durch. Dabei fand sie einen Text, den Lichtenberg beim Gottesdienst am kommenden Sonntag vorlesen wollte. Der Inhalt war eine Antwort auf einen Text, in dem Propagandaminister Goebbels alle Deutschen davor warnte, Juden zu helfen oder sie auch nur zu grüßen. Der Inhalt von Lichtenbergs Antwort: „In Berliner Häusern wird ein anonymes Hetzblatt gegen die Juden verbreitet. Darin wird behauptet, dass jeder Deutsche, der aus angeblicher falscher Sentimentalität die Juden irgendwie unterstützt, und sei es auch nur durch ein freundliches Entgegenkommen, Verrat an seinem Volk übt. Lasst euch durch diese unchristliche Gesinnung nicht beirren, sondern handelt nach dem strengen Gebote Jesu Christi: Du sollst deinen nächsten lieben wie dich selbst." Im Verhör nach seiner Verhaftung weigerte sich Lichtenberg, seine Worte zurückzunehmen. Stattdessen bekräftigte er sie und äußerte den Wunsch, deportierte Juden und Christen mit jüdischer Herkunft in die Verbannung zu begleiten und ihnen seelischen Beistand zu leisten. Er schloss mit den Worten: „Ich benutze diese Gelegenheit, um die Geheime Staatspolizei zu bitten, mir diese Gelegenheit zu geben."

Im Mai 1942 verurteilte das Berliner Landgericht Lichtenberg wegen „Kanzelmissbrauchs" und „Heimtücke" zu zwei Jahren Haft. Laut Protokoll der Verhandlung nutzte der Geistliche die Möglichkeit, selbst etwas zu seiner Verteidigung zu sagen: „Ich gebe der Überzeugung Ausdruck, dass der Staat durch einen für die Juden betenden Bürger keinen Schaden erleide."

Nach zwei Jahren hätte Lichtenberg eigentlich freigelassen werden müssen. Stattdessen bekam er gegen Ende der zweijährigen Haft Besuch vom Berliner Bischof Konrad von Preysing, der ihm ein Angebot der Gestapo übermittelte: Er werde freigelassen, wenn er im Gegenzug zusage, bis Kriegsende keine Predigt mehr zu halten. Lichtenberg antwortete mit einem Gegenangebot. Er wolle Juden und Christen jüdischer Abstammung bei Deportationen nach Lodz, dem damaligen Litzmannstadt, begleiten und ihnen seelsorgerisch beistehen.

Der für die Entscheidung zuständige Sicherheitsdienst des Reichsführers SS (SD) kümmerte sich nicht darum und entschied anders: Lichtenberg sollte ins KZ Dachau überstellt werden. Der SD diente im Dritten Reich zur gezielten Bekämpfung und Vernichtung politischer Gegner. Es wurde bis 1942 von Reinhard Heydrich geleitet, anschließend kommissarisch von Heinrich Himmler und von 1943 bis 1945 von Ernst Kaltenbrunner. Doch dazu kam es nicht mehr. Beim Warten auf den Transport erkrankte Lichtenberg schwer und starb im Alter von 67 Jahren. Yad Vashem erkannte ihn am 7. Juli 2004 als Gerechten unter den Völkern an.

Max Liedke

siehe bei Albert Battel

Frieda Lissack

siehe bei Margarete und Arno Bach

Maria und Heinrich List

Als im Herbst 1941 immer mehr Juden aus Deutschland nach Osteuropa deportiert wurden, war vielen nicht klar, welches Schicksal sie erwartete. Meist war das Ziel zunächst eines der großen Ghettos zum Beispiel in Riga oder Minsk – aus denen die Menschen dann in die Vernichtungslager deportiert wurden. Das ahnte in dieser Zeit kaum jemand. Es gab aber auch Juden, bei denen das anders war. Dazu gehörte Ferdinand Strauss. Als auf ihn die Deportation zukam, wandte er sich hilfesuchend an ein Landwirtsehepaar im hessischen Ernsbach, zu dem seine Familie in der Vorkriegszeit gute geschäftliche Kontakte unterhalten hatte: Heinrich und Maria List. Der Sohn der beiden war als Soldat bei der Wehrmacht an der Front. Ferdinand Strauss bat um Zuflucht. Als er vor der Tür stand, traf er nur auf Maria List. Ihr Mann arbeitete gerade auf dem Feld. Spontan nahm die Frau den jungen Mann auf. Als ihr Mann wieder das Haus betrat, war er damit einverstanden. In der Folge lebte Ferdinand Strauss bei ihnen, versteckt vor den anderen Dorfbewohnern und natürlich der Polizei – bis zum März 1942. In diesem Monat geriet Heinrich List mit einem polnischen Arbeiter in Streit, der ihn beim Bürgermeister des Ortes – einem strammen Nationalsozialisten – denunzierte. Die Polizei nahm Ermittlungen auf. Ferdinand Strauss konnte gerade noch flüchten. Es war der 16. März 1942. Das Ehepaar wurde verhört, stritt die Vorwürfe zunächst ab, bis Maria List schließlich dem Druck nicht mehr gewachsen war und ein Geständnis ablegte. Darauf wurde Heinrich List verhaftet und in das Konzentrationslager Dachau eingeliefert. Befragt nach seinen Beweggründen sagte er: „Ich hatte lediglich Mitleid mit ihm und ließ ihn bleiben, weil wir ihn in der Vergangenheit sehr gut kannten und gute Geschäftsbeziehungen zu ihm hatten.“ Seine Geschichte hatte kein gutes Ende. Am 10. Oktober 1942 erhielt Maria einen Brief aus Dachau. Der Kommandant teilte ihr mit, dass ihr Mann am 5. Oktober im Lagerkrankenhaus gestorben sei. Die Leiche wurde eingeäschert, was üblich war, um keinen Aufschluss über die Todesursache möglich zu machen. Im August 1944 erhielt Maria List die Nachricht, dass Jakob, ihr einziger Sohn, an der Ostfront vermisst werde. Sie selbst überlebte den Krieg und starb 1965. Glück hatte Ferdinand Strauss. Nach seiner Flucht gelang es ihm, über die Grenze in die Schweiz zu kommen. Nach dem Krieg emigrierte er aus Europa. 1983 starb er in New York.

Yad Vashem erfuhr von der Geschichte der beiden Retter durch die Arbeit von Schülern und Lehrern des Gymnasiums Michelstadt. Im Rahmen eines Bildungsprojekts zur Aufarbeitung der NS-Vergangenheit recherchierten und dokumentierten sie die Geschichte des Ehepaares. Am 23. Dezember 1992 wurden Heinrich und Maria List von Yad Vashem als Gerechte unter den Völkern anerkannt.

Hans Luma

siehe bei Elisabeth Bornstein

Josef Maciejok

Josef Maciejok war ein Postbeamter, der mit seiner Familie in der Nähe von Buchenwald lebte. Er nahm zusammen mit seiner Familie Oskar-Yehezkel Eisland auf, der bei einem Todesmarsch im April 1945 fliehen konnte. Maciejoks versteckten und versorgten ihn drei Wochen lang bis zur Befreiung. Auch nach Kriegsende kümmerten sie sich um Eisland, der an Tuberkulose erkrankt war. Sie besuchten ihn regelmäßig im Krankenhaus und versorgten ihn unter anderem mit Lebensmitteln. Eisland wanderte 1950 nach Israel aus. Er blieb mit Maciejoks in Kontakt, die mittlerweile in der damaligen DDR lebten. Nach der Wiedervereinigung Deutschlands besuchte die Witwe von Oskar-Yehezkel Eisland die Familie Maciejok in ihrem Haus. Am 4. Oktober 1995 wurde Josef Maciejok von Yad Vashem als Gerechter unter den Völkern anerkannt.

Frieda Mager

„Mischehen" zwischen „Ariern" und Juden boten letzteren in vielen Fällen einen gewissen Schutz vor der Verfolgung durch die nationalsozialistischen Behörden. Im Deutschen Reich gab es ein kompliziertes Regelwerk für die Behandlung der Menschen in solchen Ehen, das auch noch regional unterschiedlich gehandhabt wurde. In Richtung Kriegsende nahm der Schutz, der immer sehr zerbrechlich gewesen war, zunehmend ab. Auch jüdische Partner in Mischehen wurden in Konzentrationslager deportiert. In einer solchen Mischehe lebte Emma Schubert, die 1904 geboren wurde. Sie heiratete 1933. Ihr Ehemann Martin war christlich und das Paar bezog eine gemeinsame Wohnung. Über ihnen wohnte die Putzfrau Frieda Mager. Sie lebte weitgehend allein, da ihr Mann in Norwegen eingesetzt wurde.

Vermieter von Frieda Mager – und gleichzeitig ihr Arbeitgeber – war niemand geringeres als der Chef der Künstlergewerkschaft, bei dem es sich um einen überzeugten Nationalsozialisten handelte. „Kein Kontakt zu Juden, auch nicht zu den Nachbarn" war die strikte Maxime, die er an seine Putzfrau und Mieterin ausgegeben hatte. Frieda Mager kümmerte sich nicht darum. Sie unterhielt sich gern mit Emma Schubert und versorgte sie mit zusätzlichen Lebensmitteln, da Juden über ihre Lebensmittelkarten weniger Lebensmittel bekamen als Reichsdeutsche. Frieda Mager hatte einen kleinen Trumpf bei der Beschaffung von Essbarem: Ihr Mann schickte ihr regelmäßig aus Norwegen geräucherten Fisch. Den konnte Frieda Mager bei Bauern in der Region gegen andere Lebensmittel tauschen und so ihren Vorrat aufstocken. Im September 1944 wurde die Lage für Emma Schubert dramatisch. Jetzt sollten auch Juden aus gemischten Ehen und deren Kinder „evakuiert" werden. Frau Schubert wurde zunächst in Köln inhaftiert und dann in ein Zwangsarbeitslager nach Kassel gebracht. Frieda Mager hielt weiter Kontakt zu ihr. Am 16. Oktober 1944 gelang Emma Schubert die Flucht aus dem Arbeitslager. Sie schlug sich zu ihrem Mann durch und tauchte mit ihm gemeinsam unter. Mager half ihnen. Sie selbst war ausgebombt worden und lebte im Haus ihrer Mutter, wo sie zeitweise auch die Schuberts einquartierte. Das Ehepaar überlebte den Krieg, blieb in Bonn und war auch nach dem Krieg eng mit Frieda Mager befreundet. Diese starb 1994. Am 5. Mai 2009 wurde sie von Yad Vashem als Gerechte unter den Völkern anerkannt.

Maria Gräfin von Maltzan

Die Geschichte von Maria Gräfin von Maltzan beeindruckt unter den Retterportraits in besonderer Weise. Zum einen einfach nur, weil Maria von Maltzan für eine Frau in ihrer Zeit sehr unkonventionell agierte. Sie muss kurz gesagt eine ausgesprochen ungewöhnliche und wohl auch beeindruckende Persönlichkeit gewesen sein. Zum anderen, weil ihre Rettertaten sehr abenteuerlich waren. Geboren wurde die Frau, um die es geht, am 25. März 1909. Sie hatte sechs Geschwister, war das jüngste der Kinder und wuchs in einer preußischen Adelsfamilie auf Schloss Militsch in Schlesien auf. Heute heißt der Ort Milicz und liegt in Polen. Maria von Maltzan war schon als Kind rebellisch und sehr unabhängig – und besuchte ab dem zwölften Lebensjahr ein Internat für Mädchen in Berlin. Jüdische Mädchen wurden ihre Freundinnen. Das Internat galt als gute Adresse bei alteingesessenen Adelsfamilien aus Brandenburg und bei Berliner Juden. Die junge Frau machte Abitur und studierte wenig später in München, wo sie 1933 über ein fischereibiologisches Thema promovierte. Neben dem Studium engagierte sie sich mittlerweile in einer anti-nationalsozialistischen Gruppe, die von dem Jesuitenpater Friedrich Muckermann organisiert worden war. Das blieb der Gestapo nicht verborgen. Maria von Maltzan wurde mehrfach verhört. Ihr zunehmendes politisches Wirken hatte auch familiäre Auswirkungen. Ihr Bruder Carlos sympathisierte mit den neuen nationalsozialistischen Machthabern in Deutschland. Beide Geschwister gerieten derart in Streit, dass Carlos ihr das Betreten des Familienanwesens in Schlesien verbot. Der Vater war schon lange verstorben. Die beide versöhnten sich kurz vor Carlos Tod 1940 beim deutschen Angriff auf Frankreich. Die Erwähnung seines Namens war später immer wieder hilfreich, wenn sie sich neugierigen Beamten des staatlichen Machtapparates erwehren musste. Das gilt auch für Generalfeldmarschall Walter von

Reichenau, der ihr Schwager war. 1933 wanderte Maria von Maltzan nach Afrika aus, kehrte aber 1935 nach Deutschland zurück. Sie heiratete den Kabarettisten Walter Hillbring. Die Ehe wurde schon kurz darauf wieder geschieden. In dieser Zeit hatte Maria von Maltzan immer noch Kontakte zu den Widerstandskreisen in München. 1937 nahm sie zum ersten Mal einen Mann auf, der aus einem KZ entlassen worden war – und sah die Spuren der zahlreichen Schläge, die er dort erhalten hatte, wie sie in ihren Memoiren berichtet. Beruflich suchte sie neue Herausforderungen und ging noch einmal zur Universität, dieses Mal, um Tiermedizin zu studieren. Während dieser Zeit lernte sie Hans Hirschel kennen. Hirschel war Jude, hatte eine angesehene Literaturzeitschrift herausgegeben, und war seit der Machtergreifung der NSDAP arbeitslos. Die beiden verliebten sich. Nach nationalsozialistischem Recht war das als Rassenschande strafbar – was weder Maria von Maltzan noch Hans Hirschel sonderlich beeindruckte. Beide blieben zusammen, obwohl das mit härtesten Maßnahmen geahndet werden konnte. 1942 drohte Hirschel und seiner Mutter die Deportation. Maria von Maltzan wusste mittlerweile, dass sie schwanger war. So zog Hirschel zu der Frau, die er liebte. Zur Tarnung schrieb er seiner Mutter einen fingierten Selbstmordbrief, indem er ankündigte, sich im Wannsee das Leben zu nehmen. Die Mutter – die wusste, dass ihr Sohn noch lebte und der Brief fingiert war – übergab das Schreiben an die Polizei. Wenig überraschend hatte diese kein Interesse, nach dem jüdischen Literaten im See zu suchen, und vermerkte ihn in den Akten einfach als „tot". Einige Wochen später wurde die alte Frau nach Theresienstadt deportiert, von wo sie nicht mehr zurückkehrte. Zeitweise kamen auch weitere Juden in der Wohnung unter. In ihren Memoiren erwähnt Maria von Maltzahn einen Mann namens Holländer, ohne den Vornamen zu nennen, und einen Günter Hirschel, der nicht mit Hans verwandt war. Als Maria von Maltzan das Kind im September 1942 zur Welt brachte, war es allerdings noch deutlich vor der Zeit. Der Säugling starb im Krankenhaus im Inkubator, als der Strom aufgrund eines Bombenangriffs ausfiel. Als Vater konnte sie natürlich den offiziell durch Selbstmord verstorbenen jüdischen Hirschel nicht angeben. Also nannte sie den schwedischen Freund Eric Svensson, der sowohl verheiratet als auch homosexuell war. Irgendwann in dieser Zeit wurde sie vermutlich denunziert, sodass die Gestapo Ende 1943 zu einer Hausdurchsuchung vor der Wohnungstür stand. Als zwei Beamte die Räume durchsuchten, konnte Hans Hirschel gerade noch in ein vorbereitetes Notversteck fliehen: einen Bettkasten, der sich an einer großen Bettcouch befand. Dieser ließ sich nicht öffnen, weil Hirschel ihn von innen verriegelt hatte, was von außen aber nicht ersichtlich war. Der Gestapo-Beamte wollte den Bettkasten aufbrechen, was ihm aber nicht auf Anhieb gelang. Darauf wagte Maria von Maltzan ein Vabanquespiel. Sie forderte den Mann auf, den Kasten mit der Pistole zu durchschießen, bestand jedoch darauf, dass er ihr in dem Fall zuvor schriftlich bescheinigen müsse, die dann nötige Reparatur zu bezahlen. Der Beamte winkte ab – und verließ wenig später die Wohnung. Hirschel blieb unentdeckt. Die Wohnung aber wurde bis Kriegsende von der Gestapo überwacht. Ihr Partner und die Gäste, die zeitweise in der Wohnung unterkamen, waren nicht die einzigen Juden, die Maria von Maltzan rettete. Sie arbeitete auch mit der schwedischen Kirche in der Berliner Landhausstraße zusammen, die in dieser Zeit vielen Juden half, Deutschland zu verlassen. Von Maltzan half dabei. Schwedische Bürger hatten das Recht, ihre Möbel nach Schweden zu verfrachten. Für diese Transporte stellte die Reichsbahn an bestimmten Tagen Waggons zur Verfügung. Nach einer geheimen Absprache mit dem deutschen Bahnpersonal, wobei die Lieferung von Zigaretten oder Kaffee die Bereitschaft der beteiligten Eisenbahner erhöhte, fuhr ein solcher Güterzug nicht vom Beladeort nach Schweden durch, sondern hielt kurz nach der Abfahrt noch einmal an einem vereinbarten Ort am Stadtrand von Berlin. Dort öffneten Helfer die Waggons, entpackten die Kisten und warfen die Möbel aus dem Zug, worauf die jüdischen Flüchtlinge in diese kletterten – und damit nach Schweden fuhren. Die Zeit bis zum Transport überbrückten die Juden in der Krypta der schwedischen Kirche. Maria von Maltzan übernahm unter anderem die Aufgabe, Juden in der Nacht zum Zug zu führen.

Im Oktober 1944 geriet sie auf dem Rückweg beinahe in die Hände von SS-Männern, die ihr mit Hunden in den nahegelegenen Wald folgten. Um die Hunde abzuschütteln, schmierte sie sich mit Pferdemist ein, watete knietief in Bächen und verbrachte einen Tag und zwei Nächte versteckt in einem Baum. Als sie wieder in Berlin ankam, war sie am Rande des körperlichen Zusammenbruchs. Nach Angaben von Yad Vashem war Maria von Maltzan auf die eine oder andere Weise an der Rettung von etwa sechzig Opfern rassistischer und politischer Verfolgung beteiligt, zusätzlich zu ihrem eigenen Lebenspartner und späteren Ehemann Hans Hirschel. Sie überlebte den Krieg, arbeitete später als Tierärztin in Berlin und veröffentlichte ihre Erinnerungen in einem Buch. Sie starb 1997. Am 19. Februar 1987 erkannte Yad Vashem Gräfin Maria von Maltzan als Gerechte unter den Völkern an.

Max Maurer

Max Maurer gehört zu den Gerechten, die vermutlich noch kurz vor ihrer Rettungstat nicht geahnt hatten, dass sie einmal Juden retten würden. In Fall von Max Maurer kommt hinzu, dass er als Wachtmeister eine kleine Polizeistation in Ergoldsbach bei Landshut in Bayern kommandierte und damit eigentlich mit der Umsetzung staatlicher Anweisungen betraut war. In dieser Funktion wurden ihm kurz vor Kriegsende, am 27. April 1945, von der SS 13 jüdische Gefangene übergeben, die er ins Gefängnis nach Landshut bringen sollte. Die Häftlinge waren zuvor aus einem Todesmarsch geflohen, der vom Konzentrationslager Buchenwald nach Niederbayern geführt hatte, wobei die SS sie wieder eingefangen hatte. Es war klar, dass ihnen in Landshut die Erschießung drohte. Einer der Gefangenen war Joshua Lusztig, ein Rechtsanwalt aus der Slowakei. Er sprach Maurer an und bat, sie zu verschonen. Der Wachtmeister entschied, den ausgehungerten Gestalten zu helfen – und brachte sie auf den Hof der befreundeten Familie Gandl. Hier versteckten sich die Häftlinge bis zum Einmarsch der US-Amerikaner. Unter den von Maurer Geretteten befanden sich neben Josua Lusztig zwei Jugendliche, Jancsi-John Weiner und Bandi-Andrew Rauchwerk. Von einigen weiteren Geretteten sind die Namen bekannt. Dabei handelt es sich um Majer Lieberman, Moses Kohn und Angel-Moses Ancselovics. Yad Vashem erkannte Max Maurer am 13. Dezember 1995 als Gerechten unter den Völkern an.

Rosa und Paul Mayer sowie Maria Letnar

Ein Versteck, das Juden während des Dritten Reiches rettete, war besonders frech. Es befand sich im Gebäude der örtlichen Polizeistation im bayerischen Lenggries. Retter war der örtliche Polizeichef. Der Mann hieß Paul Mayer. Zusammen mit seiner Frau Rosa schützte er dort die jüdische Ärztin Sophie Mayer. Diese lebte 1940 in München und besaß einen Hund, mit dem sie häufig im Englischen Garten spazieren ging. Dabei lernte sie Maria Letnar kennen, mit der sie ins Gespräch kam und sich anfreundete. Letnar erwähnte, kein Freund der nationalsozialistischen Machthaber zu sein und Juden geholfen zu haben. 1942 war die Lage für die jüdische Frau immer schwieriger geworden. Als sie deportiert werden sollte, bat sie Maria Letnar um Hilfe. Diese stellte den Kontakt zu ihrer Schwester Rosa her, die mit dem Polizeichef Paul Mayer verheiratet war und in Lenggries lebte. Beide nahmen die Jüdin auf, die darauf für rund drei Jahre in ihrer Dienstwohnung lebte, die sich über dem Polizeirevier befand. Beeindruckt davon zeigte sich auch der amerikanische Kommandeur der Truppen, die Lenggries befreit hatten. Er stellte seinen Offizieren Sophie Mayer mit den Worten vor, sie habe sich „direkt vor der Nase der Gestapo" versteckt. Yad Vashem erkannte Maria Letnar, Paul und Rosa Mayer am 18. Februar 1969 als Gerechte unter den Völkern an.

Gertrud und Otto Mörike

siehe bei Luise und Alfred Dilger

Karin Morgenstern

siehe bei Maria und Fritz Briel

Karl Muttje

siehe bei Walter Rosenkrantz

Max Nagler

Max Nagler ist ein weiteres Beispiel für einen Menschen aus einfachen Verhältnissen, der bei der Vernichtung der Juden durch Deutschland pragmatisch aus eigenem Antrieb und Empfinden half, ohne dass er eine besondere politische oder religiöse Motivation für sein Handeln gehabt hätte. Nagler arbeitete für die Deutsche Post, genauer für den so genannten Postschutz, der mit Kriegsausbruch eingerichtet wurde. Dessen Aufgabe war die Sicherung des Postverkehrs. In Ausübung seines Dienstes wurde er in Krakau stationiert. Ihm wurde eine Wohnung zugeteilt, die ehemals der jüdischen Familie Arzewski gehörte. Im Mai 1940 wurden 40.000 Juden aus Krakau vertrieben. 11.000 verblieben in der Stadt und wurden in ein Ghetto gesperrt. Arzewskis gehören zu den Juden, die zunächst in eine andere Stadt zogen. Bereits jetzt half Nagler und versorgte die Familie mit Lebensmitteln, die er persönlich brachte. Wenig später bekam er eine neue Wohnung zugeteilt. 1942 wurden die Ghettos in der Region aufgelöst. Arzewskis gelang es, sich dem Zugriff von SS und Gestapo zu entziehen und nach Krakau zurückzukommen, wo die Familie von September 1942 bis Januar 1945 bei Max Nagler unterkam. Dadurch rettete er sechs Menschen das Leben: Stanislaw und Bronislawa Arzewski, ihren Sohn Mieczyslaw, Bronislawas Mutter, Stela Stabryla sowie ihre Schwester und ihren Schwager, Lola und Jakub Feuer.

Beim Einmarsch der Roten Armee war Nagler noch in Krakau. Er hatte sich nicht den abrückenden deutschen Truppen angeschlossen, sondern war in der Stadt geblieben. Arzewskis setzten sich gegenüber den sowjetischen Soldaten für ihren Retter ein, der trotzdem verhaftet wurde und in Kriegsgefangenschaft kam. Erst 1949 konnte er nach Deutschland zurückkehren. Arzewskis wanderten in die USA aus. Mieczyslaw Arzewski, der seinen Vornamen in Michael umbenannte, wurde Musiker in New York. Max Nagler starb 1996. Lola Feuer bezeichnete ihn später als „einzigen anständigen Deutschen im Generalgouvernement“. Er wurde am 29. Juni 2015 von Yad Vashem als Gerechter unter den Völkern anerkannt.

Josephine und Heinz Odenthal, Sibylla Cronenberg und Katharina Bayerwaltes

In Köln war in der Vorkriegszeit vielen Menschen das Kaufhaus Jacoby ein Begriff, in dem sie oft und gern einkauften. Die Inhaber waren Salomon und Henriette Jacoby, die zusammen mit ihrer verwitweten Tochter Hildegard auch in der Stadt lebten. 1939 wurde das Kaufhaus Jacoby von den Behörden beschlagnahmt und damit seine rechtmäßigen Besitzer enteignet. Das war ein übliches Verfahren im Zuge der „Arisierung" dieser Zeit. Das bekannteste Beispiel aus dem Bereich des Einzelhandels waren die Kaufhäuser des Hertie-Konzerns, der allerdings schon sehr viel früher den Besitzer wechselte. Der Name Hertie ist eine Kurzform des ursprünglichen Firmennamens Herman Tietz, unter dem das Kaufhaus bis zur „Arisierung" allen Deutschen bekannt war. Auch Edith Meyer, die im Kapitel über Heinrich Heinen eine zentrale Rolle spielt, wuchs in einem Kaufhaus in Langenfeld bei Köln auf, das der Familie gehörte, die Ende 1938 enteignet wurde. Im vielen Fällen waren die ehemaligen Inhaber anschließend von allen Einnahmen abgeschnitten. So auch im Fall von Salomon und Henriette Jacoby, die immerhin schon 77 und 72 Jahre alt waren. Um die Jahreswende von 1941 zu 1942 spitzte sich die Lage für die Familie Jacoby weiter zu. In Köln wurden alle Juden, die in der Stadt und Umgebung lebten, in das so genannte Lager Müngersdorf gebracht. Es befand sich im Fort V, einem ehemaligen Gefängnis. Von dort folgte die Deportation nach Osten. Jacobys wohnten in einem Haus zusammen mit Heinz und Josephine Odenthal, zu denen sie ein gutes Verhältnis hatten. Heinz Odenthal war Lehrer. Als die beiden von der anstehenden „Evakuierung" ihrer Nachbarn erfuhren, beschlossen sie spontan zu handeln. Eine Unterbringung im Haus, in dem Odenthals und Jacobys wohnten, war nicht möglich. Dazu waren Jacobys den Nachbarn zu gut bekannt. Aus diesem Grund brachte Heinz Odenthal seine Nachbarn zu Sibylla Cronenberg. Die Dame war 72 und eine Verwandte von ihm. Sie lebte in Bonn und erklärte sich bereit, die drei Hilfesuchenden aufzunehmen. Den Nachbarn dort erklärte sie, es handele sich um Verwandte, die in Köln ausgebombt worden seien. Odenthals besuchten Jacobys weiterhin und versorgen sie mit Lebensmitteln und Lebensmittelkarten. Im Mai 1943 kam es zu unerwarteten Schwierigkeiten, als Sibylla Cronenberg in ein Krankenhaus eingeliefert werden musste. Eine junge Bekannte aus Bonn, die 29-jährige Katharina Bayerwaltes, nahm die drei Menschen auf. Ihr Mann war als Soldat in Russland, sie selbst arbeitete in einem Industriebetrieb in der Stadt. Über den jüdischen Glauben der drei Jacobys wurde nie gesprochen, sodass die junge Frau davon ausgehen musste, drei zuvor ausgebombte Reichsbürger bei sich aufzunehmen. Auch Bayerwaltes Mann wurde auf Heimaturlaub nichts anderes gesagt. Die Situation änderte sich im Dezember 1943, als Henriette Jacoby auf der Treppe stürzte und sich verletzte. Katharina Bayerwaltes wollte sofort einen Arzt holen – was natürlich in der Situation, in der sich die ältere Dame als Jüdin befand, sehr gefährlich geworden wäre. Also legte Henriette Jacoby ihre Identität offen. Katharina Bayerwaltes umarmte sie, sagte ihr, dass sie weiterhin nichts zu befürchten habe, und pflegte sie anschließend. Parallel hatte sie noch ihr Kleinkind zu versorgen. Ende 1944 war Bonn Ziel schwerer alliierter Bombenangriffe. Katharina Bayerwaltes Ehemann war auf Heimaturlaub und wollte seine Familie in Sicherheit wissen. Er brachte sie in sein Elternhaus nach Schlegeshaid. Jacobys blieben in Bonn und wurden von Odenthals versorgt. Katharina Bayerwaltes kehrte im Februar 1945 in ihre Wohnung zurück. Ein Grund waren ihre Sorgen, dass die drei Jacobys bei einem Bombenangriff entdeckt werden könnten. Aber dazu kam es nicht. Im März 1945 befreiten US-Streitkräfte Bonn. Henriette, Salomon und Hildegard Jacoby hatten die Shoah überlebt. Sie kehrten anschließend nicht nach Köln zurück, sondern ließen sich in Bad Godesberg nieder, wo Salomon und Henriette 1945 und 1946 starben. Tochter Hildegard starb 1980. Bis dahin hielt sie Kontakt zu ihren Rettern. Yad Vashem erkannte Heinz und Josephine Odenthal, Sibylla Cronenberg und Katharina Bayerwaltes am 25. Mai 2005 als Gerechte unter den Völkern an.

Hubert Pentrop, Heinrich Silkenbömer, Bernhard Südfeld, Heinrich Aschoff und Bernhard Sickmann

1943 waren in Dortmund die meisten Juden deportiert. Zu den wenigen, die noch in der Stadt lebten, gehörten Sigmund und Marga Spiegel sowie ihre dreijährige Tochter. Auch hier wurden Deportationen mit einem „Evakuierungsbefehl" eingeleitet. Einer der Menschen, die die umlaufenden Gerüchte über die Ermordung von Juden im Osten kannte und sehr ernst nahm, war Hubert Pentrop. Pentrop war ein alter Bekannter von Siegmund Spiegel. Als Spiegel ihn auf seinem Bauernhof in Nordkirchen bei Münster besuchte, warnte er den Freund, dem Befehl zu folgen, erzählte ihm von den Gerüchten, die er gehört hatte, und bot an, ihn zusammen mit Frau und Kind zu verstecken. Das Gehörte blieb bei Siegmund Spiegel nicht ohne Wirkung. Als die Familie am 27. Februar 1943 den Befehl erhielt, sich bei der Gestapo zu melden, beschloss das Paar, unterzutauchen. Sie wandten sich zunächst nicht an Hubert Pentrop, sondern an einen anderen Freund, Heinrich Aschoff. Bei ihm konnten sich Marga und die Tochter verstecken. Es gab zwei weitere befreundete Familien in dem Umfeld, die ebenfalls zur Hilfe bereit waren und so wechselte Marga Spiegel zusammen mit ihrer Tochter immer wieder von Aschoff zu den Familien Sickmann in Werne und Südfeld in Südkirchen, um das Risiko einer Entdeckung möglichst gering zu halten. Ehemann Siegmund Spiegel hatte es schwerer, ein Versteck zu finden. Zunächst sollte er bei einem Gutsbesitzer in Hessen unterkommen. Aber der Versuch scheiterte, weil die Töchter mit der Unterbringung nicht einverstanden waren und zu große Angst vor einer Entdeckung hatten. Eine neue Unterkunft musste gefunden werden – und Siegmund Spiegel erinnerte sich an das Angebot von Hubert Pentrop. Der Bauer stand zu seinem Wort. In der Folge konnte sich Spiegel acht Monate lang auf dem Bauernhof verstecken. Er wohnte wechselnd auf dem Heuboden, im Keller und auf dem Dachboden. Tagsüber waren Spaziergänge unmöglich, nachts aber hatte Siegmund Spiegel die Möglichkeit zu kurzen Spaziergängen. Nach acht Monaten entdeckte ihn durch einen unglücklichen Zufall ein Hitlerjunge. Spiegel musste das Haus verlassen und kam bis zum Kriegsende bei der Familie Silkenbömer unter. Auch deren drei Söhne, die als Soldaten im Krieg waren, deckten das Geheimnis. Nur einer von ihnen überlebte den Krieg. Dank ihrer Helfer überlebten Spiegels die Shoah. Am 20. Juli 1969 erkannte Yad Vashem Hubert Pentrop, Heinrich Silkenbömer, Bernhard Südfeld, Heinrich Aschoff und Bernhard Sickmann als Gerechte unter den Völkern an.

Stephan Hubertus Pfurtner

Hubertus Pfurtner war Soldat der Wehrmacht, als er während eines Heimaturlaubs in Danzig zum Retter von drei jüdischen Frauen wurde. Bereits mit 17 Jahren zum Dienst mit der Waffe eingezogen – er war an der Ostfront im Einsatz –, erfuhr Pfurtner wie viele andere Soldaten im Laufe des Krieges auch vom Massenmord an Juden. Im Fall des jungen Soldaten war es zunächst ein ukrainischer Student, der ihm davon erzählte, nachdem zuvor dessen jüdischer Freund getötet worden war. Pfurtner wurde auch selbst Zeuge der Erschießung von Juden und russischer Kriegsgefangener. Für 1942 ist eine Verhaftung durch die Gestapo mit sechsmonatiger Inhaftierung dokumentiert. Er kam glimpflich davon und wurde zur „Frontbewährung" nach Russland geschickt. Eine der Frauen, die er rettete, war die 1919 geborene Gerda Gottschalk. Sie kam aus Leipzig, war die Tochter eines jüdischen Vaters und einer nicht-jüdischen Mutter. 1937 getauft, wurde sie trotzdem im Januar 1942 deportiert – zunächst nach Riga, im Sommer 1944 dann ins KZ Stutthof. Hubertus Pfurtner hatte die junge Frau noch nie gesehen, als sich ein katholischer Priester, mit dem er befreundet war, an ihn wandte. Der Geistliche erzählte dem jungen Soldaten auf Urlaub von Gerda Gottschalk und bat ihn darum, ihr zu helfen. Pfurtner willigte ein und machte sich auf die Suche nach der Frau, die er tatsächlich wenig später auf einem Bauernhof bei Stutthoff entdeckte. Sie leistete dort Zwangsarbeit. Hubertus Pfurtner sprach sie an, und Gerda Gottschalk nahm dankbar die Möglichkeit zur Flucht an. Allerdings bat sie darum, auch ihren beiden Freundinnen, Ellen Laumann und Ida Levithan zur Flucht zu verhelfen. Pfurtner war einverstanden, beschaffte Perücken, Kleidung und falsche Papiere für die drei Frauen, die damit fliehen konnten. Anschließend trennten sich ihre Wege. Levithan kehrte in ihre Heimat nach Polen zurück. Laumann und Gottschalk blieben noch kurz zusammen und trafen Pfurtner und dessen Schwester auf dem Bahnhof von Danzig. Der junge Soldat gab Ellen Laumann eine Bahnfahrkarte und eine sichere Adresse, an die sie sich wenden konnte, während Gerda Gottschalk mit zu Pfurtners ging, wo sie wohnen konnte. Alle drei Frauen überlebten, genau wie Hubertus Pfurtner, den Krieg. Am 17. Dezember 2006 erkannte Yad Vashem Hubertus Pfurtner als Gerechten unter den Völkern an.

Karl Plagge

Ein Wehrmachtsoffizier, der schon 1931 in die NSDAP eintrat und sich ehrenamtlich in der Deutschen Arbeitsfront engagierte: Beim Blick auf die Eckdaten des Lebenslaufs von Karl Plagge lässt sich nicht vermuten, dass sich dahinter das Portrait eines Mannes verbirgt, der das Leben sehr vieler Juden rettete. Doch genau das war der Fall. Ruft man das Portrait von Plagge in der Datenbank von Yad Vashem auf, ist die Liste der dort aufgeführten von ihm geretteten Menschen besonders lang. Sein humanes und anständiges Verhalten wird immer wieder in den Erinnerungen der Überlebenden erwähnt. Geboren wurde der Mann, der so viele Leben retten sollte, 1897 in Darmstadt. Er war der Sohn eines Arztes, verlor früh seinen Vater, wollte zunächst ebenfalls Arzt werden, musste diesen Plan aus finanziellen Gründen später aber aufgeben. 1916 wurde er zum ersten Mal Soldat, diente in den grauenvollen Schlachten an der Westfront unter anderem in Verdun und an der Somme, überlebte und studierte nach seiner Entlassung Maschinenbau und Chemie in Darmstadt. Plagge schloss das Studium als Diplom-Ingenieur ab, hatte aber zunächst aufgrund der Wirtschaftskrise Schwierigkeiten, einen Arbeitsplatz zu finden. Dazu kam, dass er mittlerweile eine Erkrankung an Kinderlähmung hinter sich hatte, von der eine leichtes Hinken zurückgeblieben war. Der Außenwirkung, der immer stärker in der Öffentlichkeit auftretenden NSDAP konnte sich auch Karl Plagge nicht verschließen. Am 1. Dezember 1931 trat er der Partei bei. Ein Jahr später lernte er Kurt Hesse kennen. Dieser leitete die Hessenwerke, eine Fabrik für elektrische Maschinen. 1934 begann Plagge für die Hessenwerke zu arbeiten, zunächst als Berater, später als Projektleiter und Entwicklungsingenieur. Beide Männer freundeten sich an. Die Frau von Kurt Hesse war jüdischer Herkunft, was für den Unternehmensleiter zunehmend zu einem Problem wurde. Plagge, der sich innerlich schon zu diesem Zeitpunkt von der nationalsozialistischen Ideologie entfernt haben muss, stand zu Hesse und seiner Frau und unterstützte sie moralisch, wie Hesse später bezeugte. Als Parteimitglied bot die Anwesenheit von Plagge als leitender Ingenieur für Hesse einen gewissen Schutz gegenüber Staat und Partei. 1935 übernahm Plagge auf Drängen des NS-Gauleiters das Amt des „Blockwarts", ein Jahr später wurde er in der örtlichen Parteigliederung ehrenamtlicher Leiter der Erwachsenenbildung der Deutschen Arbeitsfront. So ganz glatt lief die Zusammenarbeit mit den NSDAP-Organen aber nicht. Als sich Plagge weigerte, an vorgeschriebenen ideologischen Kursen teilzunehmen, kam es zu einer Auseinandersetzung mit dem Bezirkskursleiter. Dieser warf Plagge vor, „die Idee zu verwässern". Doch Plagge ließ sich nicht einschüchtern. Er hielt nicht nur weiterhin zu Kurt Hesse und seiner jüdischen Frau, sondern baute die Freundschaft sogar noch weiter aus und machte das öffentlich: Kurz nach der Reichspogromnacht vom 9. auf den 10. November 1938 übernahm er die Patenschaft für Hesses Sohn, der als „Mischling ersten Grades" galt. Mehr hätte er die Parteigenossen nicht vor den Kopf stoßen können. Wohl nicht so ganz zufällig wurde Plagge trotz seiner Behinderung und seines Alters sofort bei Kriegsausbruch im September 1939 zur Wehrmacht eingezogen – und war zum zweiten Mal in seinem Leben Soldat. Als Offizier der Reserve stieg er vom Leutnant zum Major auf und diente letztlich als Kommandeur eines Heeres-Kraftfahr-Parks (HKP). Der HKP war mit der Instandhaltung von Militärfahrzeugen betraut. Seine Einheit, HKP 562, erreichte Wilno, das heutige Vilnius in Litauen Ende Juni.

Die jüdische Bevölkerung der Region wurde ab dem 6. September 1941 in einem Ghetto eingepfercht und musste zu einem Großteil Zwangsarbeit für die deutschen Besatzer leisten. Für das Kraftfahrzeugdepot 562, einem kriegswichtigen Betrieb, arbeiteten zu dieser Zeit rund 1.000 jüdische Arbeiter. Für die Arbeit wurden Arbeitsbescheinigungen ausgestellt, die die Arbeiter und ihre nächsten Verwandten zumindest für eine Zeitlang vor weiteren Deportationen und damit dem sicheren Tod schützten. Bei der Ausstellung der Arbeitsbescheinigungen war Karl Plagge sehr großzügig. Vom 16. Juni bis 2. Oktober 1942 war Oberleutnant Alfred Stumpf im HKP 562 eingesetzt. Er sagte später aus, dass viele der Zivilarbeiter kaum für die eigentlichen Aufgaben einer Kraftfahrzeug-Werkstatt eingesetzt werden konnten. Es handelte sich um Friseure, Schumacher, Küchenpersonal, Schneider und Frauen, die Aufräum- und Gartenarbeiten leisteten. Ein gutes Beispiel dafür sind ein jüdischer Arzt und dessen 75-jähriger Vater, von denen nur der Nachname Wolfsohn bekannt ist.

Plagge stellte beiden Männern Arbeitsbescheinigungen aus, die sie als Kfz-Mechaniker deklarierten, womit sie der Deportation entgingen. Ein anderer Soldat der Einheit war Christian Bartholomae. Er sagte aus, dass Plagge ihm im September 1941 befahl, zwei Juden aus dem Lukisczki-Gefängnis zu befreien, und führte weiter aus:

„Wenige Tage später waren es die Eltern zweier jüdischer Friseurinnen, die ich auf Anweisung von Plagge aus dem Gewahrsam des Sicherheitsdienstes (SD) befreite." Der SD war der Geheimdienst der SS. Die Arbeiter von Plagge lebten weiterhin im Ghetto. Es ist überliefert, dass Plagge sich für eine anständige Behandlung dieser Menschen einsetzte. Dazu gehörte auch sein Einsatz für eine Ergänzung der unzureichenden Verpflegung. Die medizinische Versorgung verbesserte Plagge dadurch, dass er kurzerhand ein eigenes Krankenhaus mit 40 Betten einrichtete, in dem das Personal des HKP und deren Angehörigen mit Armeemedikamenten versorgt wurden. Das alles verlief nicht reibungslos. Bezeugt ist, dass Plagge ständig in Auseinandersetzungen mit dem SD, der SS und Gestapo geriet, um seine Belegschaft und deren Versorgung zu erhalten. Im Sommer 1943 ordnete Heinrich Himmler die Liquidierung der Ghettos im Reichskommissariat für die Ostgebiete an. Das betraf auch Wilna. Aber auch das nahm Plagge nicht hin und gab nicht auf. Als ihm das bekannt wurde, trat er sofort mit der zuständigen SD-Führung in Riga in Kontakt, um zumindest „seine" Arbeiter und deren Familien vor der Deportation zu schützen. Und er hatte Erfolg. Jüdische Arbeiter wurden von der Deportation ausgenommen. Bedingung war, dass sie nicht mehr im Ghetto, das ja geschlossen werden sollte, sondern in einem geschlossenen Konzentrationslager leben mussten. Nach Liquidierung des Ghettos lebten nur noch 3.000 Juden in Wilno, die sich auf vier geschlossene Arbeitslager verteilten, davon mehr als ein Drittel im HKP-Lager. Im Februar 1944 lebten noch 1243 Menschen im Lager von Plagge. Darunter waren 499 Männer, 554 Frauen und 190 Kinder. Im Juni 1944 stand die Rote Armee vor den Toren der Stadt. Damit war das Ende der deutschen Besatzung nur noch eine Frage der Zeit. Auch Plagges Einheit sollte mit Ziel Ostpreußen abrücken. Plagge wusste, dass damit seinen Arbeitern unmittelbare Gefahr durch die SS drohte – und versuchte, dieses Wissen an die Frauen und Männer weiterzugeben. Das tat er am 30. Juni in einer Rede vor den versammelten Arbeitern. Da auch

SS-Offiziere zuhörten, musste er sich so ausdrücken, dass die Arbeiter seinen Hinweis verstanden, ihm dieser aber nicht nachteilig ausgelegt werden konnte. Plagge löste das Problem, indem er die Arbeiter, die ja wussten, dass er sich immer für sie eingesetzt hatte, auf die Begleitung durch die SS hinwies, und zynisch betonte: „wie Sie zweifellos wissen, eine Organisation, die Flüchtlinge schützt". Etwa 500 der tausend Lagerinsassen nutzten den Hinweis, um noch am selben Abend aus dem Lager auszubrechen oder sich zu verstecken. Viele starben trotzdem. Aber rund 200 der Menschen schafften es, bis zum Eintreffen der Roten Armee einige Tage später, durchzuhalten und damit zu überleben. Sie verdanken ihr Leben dem Wehrmachtsmajor Karl Plagge. Sein Portrait ist auch ein gutes Beispiel für den Rahmen und die Möglichkeiten, die ein Wehrmachtsoffizier in seiner Position hatte. Plagge konnte keinen offenen Widerstand gegen SS oder SD riskieren. Das wäre ihm selbst zum Verhängnis geworden und hätte damit auch jedwede weitere Rettungstat unterbunden. Plagge konnte nur retten und Schlimmeres verhindern, indem er sich innerhalb eines engen Rahmens bewegte und an grundlegende Regeln hielt. Er musste seine Bemühungen zur Rettung von Juden immer als Handlungen tarnen und deklarieren, die dem Wohle der Wehrmacht, des Deutschen Reichs und den Kriegszielen dienten. Plagges Portrait ist ein gutes Beispiel für einen Wehrmachtsoffizier, der in seiner Haltung über Jahre allein und auf sich gestellt handelte. Er hatte weder einen kommunistischen Hintergrund noch einen christlichen und agierte unbeirrt aufgrund seiner eigenen individuellen ethischen Einstellung. Auf die Fragen nach seiner Motivation gibt es keine völlig zufriedenstellende Antwort, es lassen sich nur Vermutungen darüber anstellen. Karl Plagge überlebte den Krieg und starb 1957 in seiner Heimatstadt Darmstadt. Yad Vashem erkannte ihn am 22. Juli 2004 als Gerechten unter den Völkern an.

Dorothea und Harald Poelchau

Harald Poelchau erlebte das Grauen der nationalsozialistischen Justiz aus nächster Nähe, gehörte gleichzeitig dem Widerstand an und half seinen jüdischen Mitbürgern, so gut er nur konnte. Die Nähe zur Justiz lang an seinem Beruf: Poelchau war Gefängnisseelsorger. Sein Einsatzort war Berlin-Tegel. Im Rahmen seines Amtes musste Poelchau Menschen, die zum Tode verurteilt worden waren, zu ihrer Hinrichtung begleiten. Bis zum Ende des Krieges nahm er im Rahmen dieser Aufgabe an über 1.000 Hinrichtungen teil. Darunter befanden sich viele politische Gefangene. Zu den Verurteilten gehörten auch die Verschwörer des Attentats vom 20. Juli auf Hitler. Harald Poelchau wurde 1903 in Potsdam geboren und wuchs in einem christlichen Haushalt auf, sein Vater war Pfarrer. Auch er selbst studierte unter anderem in Bethel Theologie, promovierte 1932 und wurde stark von Paul Tillich, dem Gründervater des religiösen Sozialismus beeinflusst. Schon im Herbst 1932 bewarb er sich für die Stelle des Gefängnisseelsorgers in Berlin-Tegel. Seit 1941 gehörte er dem Kreisauer Kreis an, das war eine Gruppe von Widerstandskämpfern, die sich um Helmuth James Graf von Moltke gesammelt hatte. Mit dem Beginn der Deportationen half Poelchau immer wieder Juden, die sich bei ihm verstecken konnten. Kurz vor Ende des Krieges kam es zu einem besonders dramatischen Fall. Es war Mitternacht, und der Pfarrer war zusammen mit seiner Frau aus dem Luftschutzkeller zurückgekommen, als plötzlich zwei junge Menschen vor seiner Tür standen: Rita und Ralph Neumann. Beide waren Juden und hatten eine stundenlange Flucht durch Berlin hinter sich. Bei einem Luftangriff war das behelfsmäßige Konzentrationslager in der Schulstraße, in dem sich die beide jungen Menschen befanden, schwer beschädigt worden. Beide hatten die Chance zur Flucht genutzt. Davor hatten die Geschwister illegal bei zwei anderen Berlinern, Ruth und Agnes Wendland, gelebt, bis der 17-jährige Ralph im Februar 1945 von einer Militärstreife auf offener Straße verhaftet und an die Gestapo übergeben wurde. Die Gestapo-Beamten folterten ihn, worauf er seine Schwester und Wendlands verriet. Im Behelfs-KZ wartete er mit seiner Schwester auf die Deportation. Der Bombenangriff, der die Mauern zerstörte, kam dazwischen. Auf der Flucht erinnerte sich Ralph Neumann an Harald Poelchau. Er hatte in seiner Zeit bei Wendlands immer wieder Botengänge für den Geistlichen erledigt. Poelchaus nahmen die beiden jungen Menschen auf, verpflegten sie und organisierten einen Arzt, der sich die Verletzungen ansah, die sich Ralph Neumann bei der Flucht zugezogen hatte. Außerdem beherbergten sie die beiden bis zum Ende des Krieges, wobei auch Ruth Andreas-Friedrich, eine andere Berlinerin, half. Am 30. November 1971 wurden Harald und Dorothea Poelchau von Yad Vashem als Gerechte unter den Völkern anerkannt.

Eberhard Rebling

Abenteuerlich: Mit diesem Wort lässt sich treffend das Leben von Eberhard Rebling beschreiben, der 1911 geboren wurde. Beruflich war Rebling Pianist, hinsichtlich seiner Gesinnung Kommunist, womit er früh in Konflikt mit den nationalsozialistischen Machthabern in Deutschland kam. Als ihm die Lage im Reich zu gefährlich wurde, zog er kurz entschlossen in die Niederlande um, wo er Lien Brilleslijper besuchte, die er schon in den dreißiger Jahren kennengelernt hatte. Die junge Frau war Jüdin, Sängerin und Tänzerin. Die beiden verliebten sich ineinander und wurden ein Paar. Eine Heirat war allerdings zu diesem Zeitpunkt ausgeschlossen, da der junge Deutsche keine Papiere hatte und sich nicht offiziell in den Niederlanden aufhielt. Nach der deutschen Besetzung Hollands verschärfte sich seine Situation. Er war jetzt nicht nur Gegner des Dritten Reichs sondern auch Deserteur. Rebling beschaffte sich einen gefälschten Ausweis und überstand diese Zeit. 1941 bekam das Paar ein Kind. Wenig später begann auch in den Niederlanden die Deportation der jüdischen Bürger. Eberhard Rebling und seine Frau mieteten ein großes Haus im niederländischen Naarten, in das sie Anfang 1943 einzogen. Sie wohnten dort nicht allein. Auch Joseph und Fietje Brilleslijper, die Eltern von Lien, ihre Schwester Brandos, deren nicht jüdischer Ehemann und ihr Bruder Jacob zogen unter falscher Identität ein. Und als wäre das noch nicht genug, diente das Haus in den kommenden Monaten immer wieder als Unterschlupf für andere Juden, insbesondere Kinder, die zeitweise irgendwo unterkommen mussten oder für Kämpfer des niederländischen Widerstands. Einige Male brachte Eberhard Rebling die Kinder auch selbst an einen anderen sicheren Ort, wenn das nötig war. Im Laufe der Zeit wurde die Polizei auf das Haus und seine Bewohner aufmerksam. Im Juli 1944 kam es zu einer Razzia. Reblings Tochter und die beiden Kinder der Schwester seiner Partnerin entkamen mit der Hilfe eines Polizisten zu einem Arzt in Naarden, der versprach, sich ihrer anzunehmen. Rebling wurde zusammen mit den anderen Bewohnern des Hauses verhaftet, sprang während der Fahrt zum Verhör aber aus dem fahrenden Auto, konnte erneut untertauchen und sich bis Kriegsende verstecken. Sechzehn Juden hatten sich in dem Haus versteckt. Davon überlebten acht den Krieg. Auch Lien Brilleslijper und ihre Tochter schafften es. Sie ließen sich später in der DDR nieder. Interessant ist Reblings Reaktion, als er davon erfuhr, als Gerechter unter den Völkern ausgezeichnet zu werden. Er lehnte mit der Begründung ab, dass er keine besondere Auszeichnung verdiene. Er habe zusammen mit den anderen Bewohnern des Hauses gehandelt und wolle nicht der Einzige sein, der sie erhalte. 2007 änderte er seine Meinung. Er war 96, mittlerweile der einzige Überlebende des Haushalts und teilte mit, als solcher könne er jetzt die Auszeichnung annehmen. Am 11. März 2007 erkannte Yad Vashem Eberhard Rebling als Gerechten unter den Völkern an.

Walter Rosenkrantz und Karl Muttje

Partisanen waren in der Wehrmacht von vielen Soldaten gefürchtet und verhasst. Sie wurden häufig als „Banditen" und von Partisanen beherrschte Gebiete als „bandenverseucht" bezeichnet. Es gab jüdische Partisaneneinheiten und regional unterschiedlich immer wieder auch jüdische Kämpfer in den Einheiten, zu denen auch Frauen gehörten. Eine davon war Hannah Hochberg, die im ostgalizischen Bezirk Przemyślany gegen die Wehrmacht kämpfte. 1944 befand sich diese kontinuierlich im Rückzug, ging aber immer wieder in „Säuberungsaktionen" offensiv gegen die Partisanenverbände vor, die insbesondere Nachschubwege und damit die Versorgung der Wehrmachtseinheiten empfindlich beeinträchtigten. Als die Wehrmacht im Mai 1944 einen Wald umstellte, wurde die Lage von Hannah Hochberg beinahe aussichtslos. In dem Wald befand sich das Hauptquartier der Partisanen. Zusammen mit anderen Kämpfern versuchte Hochberg auszubrechen, wurde schwer verwundet und geriet so in deutsche Gefangenschaft. Zunächst lag sie in einem Feldlazarett im Dorf Biala. Behandelnder Militärarzt war Karl Muttje. Hannah Hochberg bat ihn um Gift, damit sie sich das Leben nehmen konnte. Zu ihrer Überraschung antwortete Muttje: „Ich bin ein Militärarzt und meine Aufgabe ist es, Ihnen zu helfen, nicht, Ihnen Gift zu geben." Wenig später sollte die Partisanin zum Verhör abgeholt werden. Muttje verweigerte die Übergabe mit der Begründung, seine Patientin sei bewusstlos und nicht transportfähig. Drei Tage später kam es zu einer erneuten Überraschung für die Frau. Der sie für das Verhör besuchende Offizier, Walter Rosenkrantz, versorgte sie mit Kleidung, forderte sie auf, die andere Partisanen zu warnen und zu einem Ortswechsel aufzufordern. Die verblüffte Gefangene fragte ihn, ob er kein Jude sei. Rosenkrantz Antwort: „Warum glauben Sie nicht, dass Deutsche auch Menschen sein können?"

Mit Kleidung und Worten ließ es Rosenkrantz nicht bewenden. Er verschaffte der Partisanin Papiere für eine neue Identität, die sie als Anna Stavinska auswiesen, die in der Küche der 1. Panzerdivision arbeitete. Dann schickte er sie in einem gepanzerten Fahrzeug hinter die unmittelbare Gefahrenzone, wo sie freikam.

Nach dem Krieg machte die ehemalige Partisanin, die nun Hannah Hochberg-Peretz hieß, Walter Rosenkrantz in Ostdeutschland ausfindig. Sie lud ihn zu einem Besuch in Israel ein. Trotz intensiver Nachforschungen konnten weder sie noch Yad Vashem den Militärarzt Karl Muttje ausfindig machen. Möglich ist, dass sein Name leicht anders geschrieben und ausgesprochen wird und zum Beispiel Mütte oder anders lautet. Am 9. September 1975 erkannte Yad Vashem Karl Muttje und Walter Rosenkrantz als Gerechte unter den Völkern an.

Johanna Schallschmidt

siehe bei Elisabeth Bornstein

Bartholomäus Schink

siehe bei Michael Jovy

Emilie und Oskar Schindler

Wenn heute in der Öffentlichkeit das Thema auf die Gerechten unter den Völkern kommt, ist dieses meist mit dem Namen Oskar Schindler verknüpft. Er ist sicher der bekannteste Retter und vielen Menschen weltweit bekannt. Der Grund dafür liegt natürlich in dem von Stephen Spielberg produzierten Film „Schindlers Liste", der die Geschichte des Retters erzählt, am 15. Dezember 1993 in die US-Kinos kam und damit einem breiten Publikum vorstellte. Oskar Schindler selbst erlebte die damit verbundene Bekanntheit nicht. Er starb 1974 in Hildesheim. Geboren wurde dieser Mann, dem sehr viele Juden ihr Leben verdanken, am 28. April 1908 in Zwittau/Mähren. Er wuchs in einem bürgerlich-katholischen Elternhaus auf. Seine Familie gehörte der Gemeinschaft der Sudetendeutschen an. Oskar Schindler machte auf einem deutschsprachigen Gymnasium das Abitur und studierte anschließend Maschinenbau. Nichts wies zu diesem Zeitpunkt darauf hin, dass sein Lebensweg später einen so ungewöhnlichen Verlauf nehmen sollte. 1938 annektierte Deutschland das Sudetenland – und Schindler trat der NSDAP bei. Als die Wehrmacht 1939 Polen überfiel und besetzte bot das für Deutsche, die auf gute Geschäfte aus waren, viele Möglichkeiten. Daran war auch Oskar Schindler interessiert. Er sah sich im besetzten Krakau eine heruntergekommene Emaillewarenfabrik an, die zuvor einem jüdischen Unternehmer gehört hatte, und übernahm diese. In Krakau lebten in dieser Zeit rund 60.000 jüdischgläubige Menschen. Die Stadt war nicht nur wirtschaftlich bedeutsam, sondern auch verwaltungstechnisch. Sie war Sitz der deutschen Besatzungsverwaltung, des Generalgouvernements. Oskar Schindler agierte wirtschaftlich sehr geschickt und baute sich in kurzer Zeit ein Vermögen auf. Der Betrieb, der sich in Zablocie bei Krakau befand, wuchs. Die Produktion begann mit Küchengeräten für die deutschen Streitkräfte. Innerhalb kurzer Zeit arbeiteten für Schindler bereits 250 Polen, darunter befanden sich sieben Juden. Bis Ende 1942 konnte Schindler die Firma zu einer Emaille- und Munitionsfabrik auf einer Fläche von 45.000 Quadratmetern ausbauen. Zu diesem Zeitpunkt arbeiteten dort 800 Menschen, davon 370 Juden aus dem mittlerweile eingerichteten Krakauer Ghetto. Schindler war in Krakau in dieser Zeit beliebt und bekannt. Er galt als Mensch, der das Leben zu genießen wusste, verbrachte ganze Nächte in den einschlägigen Lokalen des Nachtlebens und amüsierte sich dabei nicht selten mit hochrangigen SS-Offizieren. Die auf diese Weise geknüpften Kontakte dürften sicherlich dazu beigetragen haben, dass er mit seinen späteren Rettertaten so erfolgreich sein konnte. Irgendwann in dieser Zeit muss sich Schindler dann zunehmend innerlich vom nationalsozialistischen Machtapparat und den offiziellen Strukturen abgewandt haben. Es ging ihm nicht mehr darum, gute Geschäfte zu machen, sein Vermögen zu mehren und ein genussreiches Leben zu führen, sondern darum, seinen jüdischen Mitarbeitern ihr Leben zu erleichtern und ihre Leben zu retten – wobei er sogar das eigene Leben riskierte. Überliefert ist, dass Schindler sehr früh einen sehr humanen Umgang mit seinen Arbeitern pflegte. Dabei hatte Oskar Schindler einen bedeutsamen Hebel: die Einstufung seines Unternehmens als „kriegswichtigen Betrieb“. Das verschaffte ihm lukrative Aufträge für die Wehrmacht. Dadurch konnte er aber auch auf jüdische Zwangsarbeiter zugreifen und – auf Basis dieses Status – Ausnahmeregeln beantragen, wenn seine Mitarbeiter von einer Deportation in die Vernichtungslager bedroht waren. Sollten seine Mitarbeiter deportiert werden – so die Argumentation in einem solchen Fall – sei die Aufrechterhaltung der kriegswichtigen Produktion nicht mehr möglich. Um seine jüdischen Arbeiter zu schützen, fälschte er Papiere, wobei er Anwälte, Hausfrauen oder sogar Kinder als ausgebildete Klempner oder Facharbeiter anderer Sparten deklarierte. Die Gestapo hatte zeitweise dem Verdacht, dass in seinem Werk nicht alles in ihrem Sinne lief, konnte dafür aber keinen Beweis erbringen. Schindler wurde mehrfach von der Gestapo verhört und verhaftet.

Im März 1943 löste die SS das Krakauer Ghetto auf. Die Juden, die in der Region verblieben, wurden in einem Zwangsarbeitslager in Plaszow untergebracht. Für Schindler war das eine unbefriedigende Lösung. Er traf sich mit SS-Hauptsturmführer Amon Goeth und erreichte eine Sonderlösung für seinen Betrieb. Nach dieser konnte er auf dem Fabrikgelände in Zablocie ein Nebenlager für seine eigenen jüdischen Arbeiter einrichten. Das war unter den gegebenen Umständen ideal. Dort konnten seine jüdischen Mitarbeiter unter vergleichsweise erträglichen Bedingungen leben. Das Lager durfte von SS-Wachen nicht betreten werden. Die immer noch schlechte Ernährung besserte Schindler dadurch auf, dass er mit Geld aus seinem Vermögen Lebensmittel auf dem Schwarzmarkt einkaufte und den Arbeitern zukommen ließ. Bei der Hilfe für die jüdischen Mitarbeiter wirkte auch Emilie Schindler mit, die Ehefrau des Unternehmers. In dieser Zeit plante Schindler den Umzug an einen anderen Standort. Er ließ eine Fabrik in seiner Heimat im Sudetenland, in Brünnlitz, errichten und erhielt 1944 die offizielle Genehmigung, die Produktion dorthin zu verlegen. Die Mitarbeiter sollten mit an den neuen Standort kommen. Dafür setzte Schindler die gesamte Belegschaft von Zablocie auf eine Liste und fügte noch viele neue Namen aus dem Lager Plaszow hinzu. Am Ende waren es 800 Männer, darunter 700 Juden, und 300 Frauen. Als der Umzug durchgeführt wurde, geschah das für Schindler Unfassbare: Der Zug mit seinen Schützlingen fuhr nicht nach Brünnlitz, sondern wurde zum Konzentrationslager Groß-Rosen beziehungsweise Auschwitz umgeleitet. Als die Nachricht Schindler erreichte, schritt er sofort ein – und erreichte tatsächlich die Freilassung der Männer aus Groß-Rosen. Bei den Frauen war es schwieriger, diese befanden sich in Auschwitz. Hierhin entsandte Schindler seinen Sekretär, um über eine Freilassung der Frauen zu verhandeln. Dieser war erfolgreich. Die Gestapo war gegen Bezahlung damit einverstanden. Es ist kein anderer Fall dokumentiert, bei dem eine so große Gruppe von Menschen Auschwitz lebend verlassen konnte, während die Gaskammern noch in Betrieb waren. In Brünnlitz nutzten Schindlers im Januar 1945 eine weitere Möglichkeit, jüdische Häftlinge zu retten. Im eiskalten Winter waren dort auf dem Bahnhof zwei versiegelte Viehwaggons mit Häftlingen aus Goleszow, einem Außenlager von Auschwitz, gestrandet. In den Waggons befanden sich 120 Männer, die in Goleszow in einem Steinbruch Zwangsarbeit verrichtet hatten. Als die Rote Armee näherkam, steckte die SS sie in die Viehwaggons, verriegelte diese und ließ sie ohne Wasser und Nahrung nach Westen fahren. Nach sieben Tagen bei eisigen Temperaturen – der Winter 1944/45 war besonders hart – standen die beiden Waggons schließlich in Brünnlitz. Hier war es Emilie Schindler, die sofort reagierte, als sie von den abgestellten Wagen erfuhr. Während die SS die Waggons zurückschicken wollte, intervenierte sie und machte geltend, dass die Menschen aus den Waggons ganz dringend die Produktion in der Fabrik verstärken könnten. Die SS willigte ein. Als die Waggons geöffnet wurden, befanden sich darin aber bereits 13 Leichen. Die Männer waren erfroren. Die SS wollte die Leichen in Öfen der Fabrik verbrennen lassen. Das konnte Oskar Schindler verhindern. Er setzte durch, dass die Leichen nach jüdischem Ritus auf einem Grundstück in der Nähe des katholischen Friedhofs bestattet wurden. Das Grundstück kaufte er zu diesem Zweck. Damit gab es noch 107 Überlebende, die sich in einem katastrophalen Zustand befanden. Schindler ließ sie medizinisch versorgen, ernährte sie und setzte die Männer nicht zur Arbeit ein. Wenig später kam die Front immer näher. Schindler und seine Frau setzten sich nach Westen ab. Das Ehepaar war jetzt mittellos. Über viele Jahre unterstützten jüdische Hilfsorganisationen und Überlebende ihre ehemaligen Retter. Als Schindler 1961 Israel besuchte, wurde er von 220 begeisterten Überlebenden überwältigend empfangen. Anschließend lebte er teilweise in Israel und in Deutschland. Nach seinem Tod in Deutschland brachten die trauernden Überlebenden seine sterblichen Überreste nach Israel, wo er auf dem Lateinischen Friedhof auf dem Berg Zion in Jerusalem beerdigt wurde. Emilie Schindler starb 2001. Yad Vashem erkannte Emilie und Oskar Schindler am 24. Juni 1993 als Gerechte unter den Völkern an.

Anne Schmitz

siehe bei Maria und Fritz Briel

Ella und Emil Schock

Die Geschichte von Ella und Emil Schock und der beiden Juden, die sie schützten, ist eine sehr typische Rettertat. Schocks versteckten ihre verfolgten Mitbürger in einer Unterkunft. Gleichzeitig zeigt sie sehr gut, wie sich die Ereignisse für Juden im Zweiten Weltkrieg zuspitzten und was für Optionen sich ihnen boten. Bei den Juden, die gerettet wurden, handelt es sich um Adolph Cohn und Edith Rödelsheiner. Beide lebten wie ihre Retter in Berlin, wo auch die meisten Rettungen durch Verstecken stattfanden. Wie alle anderen Juden in Deutschland erlebten auch Adolph Cohn und Edith Rödelsheiner die zunehmende Einschränkung und Bedrohung ihres Lebens durch das Verhalten der reichsdeutschen Bürger und durch die immer schärferen antijüdischen Gesetze und Verordnungen. Wie die meisten anderen Juden ahnten sie lange nicht, was letztlich mit den Juden in der Shoah geschah. Noch im April 1941 heirateten beide, kurz bevor im Oktober 1941 die Deportationen von Juden aus Deutschland in den Osten begannen. Noch ahnten nur den wenigsten, was das bedeutete. Auch als Ediths Eltern abgeholt wurden, kannte niemand das Ziel der Reise, die vor ihnen lag und die häufig über den Aufenthalt in einem Ghetto in ein Vernichtungslager führte. Im Laufe der Monate nahmen Gerüchte über ein schlimmes Schicksal im Osten zu. Ein Bekannter von Adolph Cohn hörte ausländische Radiosendungen ab, in denen jetzt mitgeteilt wurde, dass Juden im Osten mit Gas ermordet würden. Cohn war noch relativ gut vor einer Deportation geschützt, denn er arbeitete für die Jüdische Gemeinde. Dieser Schutz war nur vorübergehend. Im Februar und März 1943 sollten auch die verbliebenen Juden Berlins deportiert werden. Als Edith davon erfuhr, wollte sie sich umbringen – eine Option, die immer wieder Juden wählten. Aber Adolph überredete sie, nicht aufzugeben. Er wollte versuchen, mit ihr zusammen unterzutauchen, und besprach das mögliche Vorgehen mit einem jüdischen Freund, der mit einer nichtjüdischen Frau verheiratet war, was zu diesem Zeitpunkt Schutz vor einer Deportation bot. Der Freund wiederum kannte Ella und Emil Schock. Die Tochter der Schocks hatte einen Juden geheiratet und war mit diesem zusammen nach Schweden ausgewandert. Der Sohn diente bei der Wehrmacht und kämpfte in Stalingrad. Ella Schock war zudem Sozialdemokratin, die „etwas tun wollte, um ihre Opposition gegen das Naziregime zum Ausdruck zu bringen“, wie Edith Cohn es später formulierte. „Sie war eine Persönlichkeit.“ Das Ehepaar war bereit zur Hilfe, sodass Cohns ein paar Sachen zusammenpacken konnten, die Judensterne von ihrer Kleidung entfernten und zu Schocks fuhren, wo sie aufgenommen wurden. Zunächst brachten Ella und Emil Schock die beiden Schutzbedürftigen in der Wohnung eines Nachbarn unter, der gerade in Urlaub war. Als das nicht mehr möglich war, brachten sie Adolph und Edith Cohn in eine Hütte, die ihnen in Birkenwald in der Nähe von Berlin gehörte. Hütte und Grundstück standen in einer Schrebergartenkolonie. Hier verbrachten Menschen aus der Stadt ihre Wochenenden oder Ferien, pflanzten Gemüse an und genossen die Natur. Wie in der Zeit üblich, war die Hütte extrem einfach ausgestattet. Es gab keinen Strom und kein fließendes Wasser. Schocks brachten ihnen einmal in der Woche Lebensmittel, deren Beschaffung für das Ehepaar nicht einfach war. Unter diesen Bedingungen lebten Cohns für 16 Monate, bis die Rote Armee Berlin befreite. Meist waren sie allein in der Schrebergartenkolonie, manchmal wagten sie Spaziergänge. An den Wochenenden füllte sich das Wochendhäusergebiet. Kam es zu einer Begegnung mit anderen Menschen und entsprechenden Nachfragen, erzählten sie, ihr Haus sei bei einem Bombenangriff zerstört worden. Ein Restaurantbesuch wäre beinahe schlecht ausgegangen, weil plötzlich die Polizei das Restaurant betrat und begann, die Papiere der Gäste zu kontrollieren. Sie konnten knapp entkommen. Nach dem Krieg wanderten Adolph und Edith Cohn in die Vereinigten Staaten aus. Sie änderten ihren Nachnamen in Carr. Yad Vashem erkannte Ella und Emil Schock am 12. November 2013 als Gerechte unter den Völkern an.

Maria Schönebeck

siehe bei Ida Jauch

Sonja Schreiber

siehe bei Maria und Fritz Briel

Gustav Schröder

Gustav Schröder war Seemann und Kapitän. Beschäftigt man sich mit seiner Person, fällt zunächst vor allem seine Liebe zum Meer und zur Seefahrt auf. Er segelte und begann seine berufliche Seefahrer-Laufbahn von der Pike auf, in dem er noch vor dem 1. Weltkrieg auf dem Segelschulschiff Großherzogin Elisabeth fuhr und dort sein Patent als Leichtmatrose machte. Er arbeitete als Decksmatrose, arbeitete sich zum Offizier hoch und wurde im 1. Weltkrieg von der britischen Kolonialmacht im indischen Kalkutta interniert. 1921 heuerte er bei der Hamburger Reederei Hapag an. Neben der Norddeutschen Lloyd war die Hapag die führende Reederei in Deutschland. Jahrelang fuhr Schröder als Offizier auf Hapag-Schiffen, bevor er 1935 im Alter von 50 Jahren das Kapitänspatent erwarb. Politisch gab es an ihm aus Sicht der Machthaber nichts zu beanstanden. Schröder war sogar 1933 in die NSDAP eingetreten. Als die Organisation Kraft durch Freude (KDF) Seereisen für deutsche Arbeitnehmer anbot, war Schröder einer der Kapitäne, die auf KDF-Schiffen bei Fahrten ins Mittelmeer und nach Skandinavien auf der Brücke standen. Nichts deutete zu diesem Zeitpunkt darauf hin, dass Schröder in Widerstand zu den nationalsozialistischen Machthabern geraten und nach dem Krieg als Gerechter unter den Völkern geehrt werden sollte. Schröder stammte aus einer gutbürgerlichen Familie, wurde in Hadersleben im heutigen Dänemark geboren und lebte in Hamburg. Im Mai 1939 übernahm er das Kommando über das Passagierschiff St. Louis, das zu einer Reise von Hamburg nach Havanna in Kuba aufbrach. Seemännisch sah für den Kapitän alles nach Routine aus. Die Passagierliste allerdings war ungewöhnlich. An Bord der St. Louis befanden sich mehr als 900 jüdische Passagiere, die US-Visa beantragt hatten und warten mussten, bis ihre Kontingentnummern gültig wurden, bevor sie in die Vereinigten Staaten einreisen konnten. Sie hofften, bis dahin in Kuba bleiben zu können. Viele der Passagiere waren in der Folge der Reichspogromnacht im November 1938 verhaftet worden und mussten Nazi-Deutschland verlassen, um nicht erneut verhaftet zu werden. Die Gäste an Bord waren voller Hoffnung. Niemand ahnte, dass es in Kuba Schwierigkeiten geben würde. Die Passagiere hatten von einem kubanischen Beamten kubanische Landeerlaubnisse und Transitvisa gekauft. Sie wussten nicht, dass diese Dokumente einige Tage vor dem Auslaufen des Schiffes vom kubanischen Präsidenten für ungültig erklärt worden waren. Am 27. Mai 1939 traf die St. Louis in Havanna ein. Aber nur 22 Passagiere durften das Schiff verlassen. Sie hatten ein gültiges US-Visum. Allen anderen Passagieren wurde die Einreise verweigert. Ein Passagier, der einen Selbstmordversuch unternommen hatte, verließ ebenfalls das Schiff, damit er in einem Krankenhaus behandelt werden konnte. Die Medien griffen das Thema auf, jüdische Organisationen schalteten sich ein und versuchten, eine Einreise der Passagiere zu erreichen. Vergeblich. Die St. Louis wurde aufgefordert, nach Europa zurückzukehren. Kapitän Schröder war klar, dass viele Passagiere beim Erreichen von Deutschland verhaftet werden würden. Er entschied sich gegen eine sofortige Rückfahrt. Die St. Louis verließ Havanna und steuerte Richtung USA, wo sie in Sichtweite der Küste von Florida fuhr. Seine Hoffnung war, dass die USA sich zur Aufnahme der Flüchtlinge bereit erklären würden. Parallel entwickelte er den Plan, das Passagierschiff in Europa vor der englischen Küste auf Grund zu setzen, was dann zur Rettung von Passagieren und Besatzung durch die britischen Behörden geführt hätte. Schließlich wurde in intensiven Verhandlungen eine andere Lösung gefunden: Das American Jewish Joint Distribution Commitee konnte mit Belgien, Frankreich und Großbritannien aushandeln, dass diese Länder Passagiere der St. Louis aufnehmen würden. So geschah es.

Viele der Menschen überlebten den Krieg. In Großbritannien waren sie ohnehin vor dem Zugriff der deutschen Behörden geschützt. Belgien und Frankreich gerieten zwar 1940 unter deutsche Besatzung. Die meisten der hier von Bord Gegangenen konnten aber in die USA entkommen, da sie ja bereits US-Visa beantragt hatten. Gustav Schröder hatte durch sein Handeln maßgeblich dazu beigetragen, das Leben dieser Menschen zu retten. Nach seiner Rückkehr wurde er von der Hapag freigestellt und arbeitete fortan für die Deutsche Seewarte, die sich mit maritimer Meteorologie beschäftigte. Er starb 1959 in Hamburg. Yad Vashem erkannte Gustav Schröder am 11. März 1993 als Gerechten unter den Völkern an.

Bernhard Sickmann

siehe bei Hubert Pentrop

Heinrich Silkenbömer

siehe bei Hubert Pentrop

Meta Steinmann

siehe bei Maria und Fritz Briel

Grete Ströter

siehe bei Maria und Fritz Briel

Bernhard Südfeld

siehe bei Hubert Pentrop

Albrecht Tietze

Albrecht Tietze war Internist und arbeitete in Berlin im Städtischen Krankenhaus Westend. Als die nationalsozialistischen Machthaber zum Boykott jüdischer Geschäfte, Banken, Kanzleien und Arztpraxen am 1. April 1933 in Deutschland aufriefen, wirkte daran auch sein Arbeitgeber mit. Der Direktor des Krankenhauses ließ alle Mitarbeiter versammeln und forderte die jüdischen Ärzte auf, das Krankenhausgelände sofort zu verlassen. Das geschah. Gemeinsam mit den jüdischen Kollegen verließ auch Albrecht Tietze demonstrativ das Krankenhaus. Die Folge war seine sofortige Entlassung. Nach Angaben von Yad Vashem engagierte er sich auch während des Krieges in einer deutschen Widerstandsgruppe in Berlin. Yad Vashem erkannte Albrecht Tietze am 3. November 1970 als Gerechten unter den Völkern an.

Gerhard Wander

siehe bei Hans Georg Calmeyer

Armin T. Wegner

In der Zeit zwischen den Weltkriegen war Armin T. Wegner einer der populärsten deutschen Schriftsteller. Von seinem Reisebericht „Am Scheideweg der Welt" wurden 200.000 Exemplare verkauft. Ein anderer Erfolgstitel war „Fünf Finger über dir", in dem er seine Reise in die bolschewistische Sowjetunion verarbeitete. Das Schaffen von Wegner war vielfältig. Er schrieb auch Gedichte – und hatte damit großen Erfolg, so mit seinem Gedichtzyklus „Antlitz der Städte". Eine prägende Erfahrung war sein Dienst im Ersten Weltkrieg. Wegner war als Sanitäter des deutschen Heeres im Osmanischen Reich stationiert, das in dieser Zeit mit Deutschland verbündet war. Dort wurde er Zeuge des Völkermords an den Armeniern, den er auch mit Fotos dokumentierte. Das Geschehen empörte ihn so, dass er die deutsche Reichsregierung darauf hinwies und einen Brief an den US-amerikanischen Präsidenten schrieb, um darauf aufmerksam zu machen. Nach dem Krieg hielt er Vorträge zu dem Thema, auf denen er auch die von ihm gemachten Dias zeigte. Bei einer Reise in den Nahen Osten besuchte er unter anderem Beth Sera, einen von deutschen Juden gegründeten Kibbuz im Jordantal, den er literarisch in seinem Buch „Am Kreuzweg der Welten" verarbeitete. Als er am 1. April 1933 den staatlich organisierten Boykott gegen die Juden, eine der ersten großen judenfeindlichen Aktionen nach der Machtergreifung Hitlers in Deutschland, erlebte, war er fassungslos. Er schrieb einen offenen Brief an zahlreiche deutsche Zeitungen, in dem er gegen die Diskriminierung der Juden protestierte. Keine Zeitung druckte den Brief zu diesem Zeitpunkt. Wegner sandte ihn darauf direkt an das „Braune Haus“, wie die Zentrale der NSDAP in München damals hieß, mit der Bitte, ihn an Hitler weiter zu leiten. Der Brief umfasste sechs Seiten und war eine Lobrede auf die historische Größe des jüdischen Volkes und seinen Beitrag zur menschlichen Zivilisation im Allgemeinen und zu Deutschland im Besonderen. Er warnte außerdem davor, dass eine Fortsetzung der antisemitischen Kampagne Schande über das deutsche Volk bringen würde. Büroleiter Martin Bormann bestätigte ihm schriftlich den Eingang des Schreibens. Die Antwort bestand kurz darauf in einer Verhaftung Wegners. Eine mehrmonatige Leidenszeit begann. Er wurde gefoltert, misshandelt und in verschiedenen Konzentrationslagern und Gefängnissen der Nazis inhaftiert, bevor er Ende 1933 freigelassen wurde. Er wanderte nach Italien aus, wo er 1978 starb. Yad Vashem erkannte ihn am 23. Mai 1967 als Gerechten unter den Völkern an.

Otto Weidt

Ein besonders verwegener Retter war Otto Weidt, ein Mann, der als einfacher Arbeiter in Berlin großgeworden war und lebte. Nicht nur, dass er eine ganze Reihe seiner jüdischen Mitbürger rettete und versteckte. Er versuchte unter anderem auch, ein jüdisches Mädchen aus dem Konzentrationslager zu befreien und war zudem fast blind. Gelernt hatte der 1883 geborene Mann den Beruf des Tapezierers. Schon im Kaiserreich war er als Mitglied einer anarchistischen Arbeiterorganisation politisch aufgefallen und registriert worden. Da er aufgrund einer Augenkrankheit immer schlechter sehen konnte, musste er seinen Beruf schließlich aufgeben. Er orientierte sich neu und eröffnete in Berlin-Mitte, in der Rosenthaler Straße 39, eine Werkstatt, in der zumeist blinde Menschen, aber auch taube und stumme, Bürsten und Besen für die Wehrmacht herstellten. Die meisten seiner Arbeiter waren Juden und wurden ihm vom jüdischen Blindenheim in Berlin-Steglitz vermittelt. 1941 begannen die Deportationen, wovon auch die Mitarbeiter Weidts betroffen waren. Der selbst fast vollständig blinde Mann kämpfte um jeden seiner Angestellten – und das mit einem Nachdruck und einem Engagement, wie es nur sehr selten zu erleben ist. Sein Hauptargument gegenüber der Gestapo war die Kriegswichtigkeit der Arbeit, die in seiner Werkstatt geleistet werde. Jeder Arbeiter sei unverzichtbar, um die Aufträge für die Wehrmacht auszuführen. Dabei muss er eine Persönlichkeit gehabt haben, die ihm sehr dabei half, im persönlichen Gespräch zu überzeugen. Wenn das Argument der Kriegswichtigkeit nicht mehr half, griff Weidt auch schon einmal zum Mittel der Bestechung. Wozu er fähig war, zeigt ein Beispiel: Als die Gestapo einmal trotz all seiner Überzeugungsarbeit mehrere seiner Angestellten verhaftete, machte er sich persönlich auf den Weg zum Sammellager, das zu der Zeit in der Großen Hamburger Straße lag, wandte sich an die Verantwortlichen der Gestapo vor Ort und erreichte tatsächlich die Freilassung der Menschen, die bei ihm arbeiteten. Im Büro arbeiteten auch acht gesunde Menschen ohne Sehbehinderung oder sonstige Beeinträchtigung. Das Besondere in der Firma von Otto Weidt: Auch das waren Juden. Deren Anstellung, so wie Weidt sie vorgenommen hatte, war aber streng verboten. Jüdische Mitarbeiter vermittelte ausschließlich das Arbeitsamt und sie wurden zur Zwangsarbeit eingesetzt. Weidt schaffte es, den Leiter des Arbeitsamtes – unter anderem durch Bestechung – davon zu überzeugen, in seinem Fall ein Auge zuzudrücken. Eine der Mitarbeiterinnen im Büro war Inge Deutschkron, die ihre Erinnerungen nach dem Krieg in Buchform festgehalten hat. Während sie bei Otto Weidt arbeitete und damit den Deportationen entkam, wohnte sie bei verschiedenen Bekannten und Freunden in Berlin, die ihr ebenfalls halfen. Viele der Menschen, die bei Otto Weidt arbeiteten, wurden im Laufe der Zeit trotz der Beschäftigung, die sie dort hatten, deportiert. Das geschah zum Beispiel im Rahmen der so genannten Fabrikaktion, bei der Gestapo und SS im Februar 1943 in vielen Städten des Deutschen Reichs die letzten verbliebenen Juden aus zuvor abgeriegelten Fabriken abholten oder auch auf offener Straße verhafteten. Allein in Berlin wurden dabei rund 11.000 Juden in Gewahrsam genommen und anschließend deportiert. Einigen Juden gelang es trotzdem, den Verhaftungen zu entgehen. Inge Deutschkron zum Beispiel war am Vortag gewarnt und aufgefordert worden, nicht das Haus zu verlassen, in dem sie untergekommen war. Anderen Juden half Otto Weidt, indem er ihnen Unterkünfte in Berlin vermittelte oder sie auch selbst in seiner Werkstatt beherbergte. Beispiele dafür waren Erich und Elsbeth Frey, die sich eine Zeitlang im Keller der Blindenwerkstatt versteckten. Später wurden sie festgenommen, deportiert und in Auschwitz-Birkenau ermordet. Der vierköpfigen Familie Horn stellte Weidt 1943 einen fensterlosen Raum seiner Werkstatt als Versteck zur Verfügung. Die Tür dazu war durch einen Kleiderschrank verstellt. 1943 erzählte Familienvater Chaim Horn einem jüdischen Freund, Rolf Isaaksohn, den er auf der Straße traf, von dem Versteck. Was er nicht wusste: Der Freund arbeitete als Spitzel für die Gestapo. Er war ein so genannter Greifer. Es kam zu einer Razzia, bei der die Menschen, die zu diesem Zeitpunkt illegal bei Otto Weidt lebten, verhaftet wurden. Aber selbst in dieser Situation gab Weidt nicht auf – sondern setzte sich weiter für seine Schützlinge ein. Er erreichte tatsächlich, dass zumindest einige nach Theresienstadt und nicht nach Auschwitz deportiert wurden, wie Inge Deutschkron in ihren Erinnerungen berichtet. Bei der Familie Horn ist das unklar. Hier ergibt die Recherche nur, dass alle vier in Auschwitz gestorben sind. Einmal davon abgesehen, dass Otto Weidt ganz offensichtlich sehr geschickt mit Worten umgehen konnte, bestach er die Gestapo-Beamten vermutlich, um den Transport seiner Schützlinge nach Theresienstadt zu erreichen, wie auch Inge Deutschkron vermutet. Zwischen der Deportation nach Theresienstadt und der nach Auschwitz gab es einen großen Unterschied. Theresienstadt war kein Vernichtungslager und die Überlebenschancen dort deutlich höher als zum Beispiel in Auschwitz. Theresienstadt diente den nationalsozialistischen Machthabern als Vorzeigelager und wurde zum Beispiel einer Kommission des Roten Kreuzes vorgeführt. Nach dem Abtransport seiner Schützlinge schickte er ihnen per Post Verpflegungspakete zu und half ihnen so beim Kampf ums Überleben.

Wie weit Otto Weidt bei seiner Hilfe ging, zeigt sein Einsatz für Alice Licht, einer jungen jüdischen Frau. Sie lebte zusammen mit ihren Eltern in einem Laden, den Weidt angemietet und als Ausweichlager für seine Werkstatt deklariert hatte. Straßenbesen hinter dem Schaufenster versperrten den Blick ins Innere. Nachdem ein jüdischer Informant die Gestapo darüber informiert hatte, wurde das Mädchen zunächst nach Theresienstadt deportiert. Eine Zeit später traf eine Postkarte mit ihrem Absender in der Blindenwerkstatt ein. Alice Licht hatte sie unfrankiert aus dem Zug geworfen und eine unbekannte Person sie per Post weiter versandt. Darin teilte das Mädchen mit, dass sie nun auf dem Weg „ins Arbeitslager Birkenau" sei. Birkenau war nichts anderes als ein großer Teilbereich des KZ Auschwitz, der unter diesem Zusatznamen bezeichnet wurde. Das Mädchen schrieb weiter, man solle sich aber keine Sorgen machen. Die machte sich Otto Weidt aber. Der fast blinde Mann begab sich auf den Weg nach Auschwitz und versuchte, dort das Mädchen ausfindig zu machen. Ohne Erfolg. Aber er erfuhr, dass sie nach Christianstadt, einem Nebenlager des KZ Groß-Rosen gebracht worden sei. Er fuhr nach Christianstadt weiter und konnte über einen polnischen Zivilarbeiter, der im Lager ein- und ausging, Kontakt zu Alice Licht herstellen. Er mietete ein Zimmer im nahen Ort, deponierte dort Geld und Bekleidung, teilte das der jungen Frau mit und reiste nach Berlin zurück. Mehr konnte er zu dem Zeitpunkt nicht tun. Als die Häftlinge aus Christianstadt auf einen Todesmarsch geschickt wurden, gelang Alice Licht die Flucht. Ende Januar 1945 stand sie wieder vor der Tür der Blindenwerkstatt von Otto Weidt in Berlin. Es nahm sie bis Kriegsende auf. Das genaue Schicksal der Eltern von Alice Licht ist nicht bekannt. Nach Angaben von Yad Vashem kehrten sie nicht aus der Deportation zurück. Yad Vashem erkannte Otto Weidt am 7. September 1971 als Gerechten unter den Völkern an. Am Ort der Blindenwerkstatt in der Rosenthaler Straße 39 in Berlin befindet sich heute ein Museum, das an die Ereignisse in dieser Zeit und die Rettungsaktionen von Otto Weidt erinnert.

Ruth und Agnes Wendland

Ruth und Agnes Wendland gehörten zu den vielen Deutschen, die im Dritten Reich ihren jüdischen Mitbürgern dadurch halfen, dass sie ihnen ein Dach über dem Kopf boten und sie verpflegten. Agnes Wendland wurde 1891 geboren. Sie war mit dem evangelischen Pfarrer Walter Wendland verheiratet. Ihre Tochter Ruth wurde 1913 geboren.

Ruth Wendland trat bereits 1934 der Bekennenden Kirche bei, die sich gegen die Kollaboration der deutschen evangelischen Kirche mit den nationalsozialistischen Machthabern wandte. Wie ihr Vater studierte sie Theologie, wobei sie in Basel mit dem aus Deutschland vertriebenen Theologen Karl Barth zusammentraf. Wieder in Deutschland, half sie zusammen mit ihrer Mutter Juden. Als der 17-jährige Ralph Neumann, der zusammen mit seiner Schwester Rita im Berliner Untergrund lebte, Hilfe brauchte, waren die beiden Frauen für ihn da und boten Unterkunft und Verpflegung. Walter Wendland wusste nicht, dass es sich bei Neumanns um Juden handelte. Im Februar 1945 verhaftete eine Militärstreife Ralph Neumann auf offener Straße und übergab ihn der Gestapo. Unter der Folter gab der Jugendliche die Namen und den Aufenthaltsort seiner Schwester und der Retter preis. Die Schwester und Agnes Wendland wurden verhaftet, die ältere Frau erkrankte. Tochter Ruth bot der Gestapo an, im Austausch mit ihrer Mutter in das Gefängnis zu gehen, was akzeptiert wurde. Beide Frauen überstanden den Krieg. Agnes Wendland verstarb 1946 am Typhus. Ruth Wendland wurde Pfarrerin in Mülheim an der Ruhr. Sie starb 1977. Rita und Ralph Neumann überlebten die Shoah. Am 12. August 1975 erkannte Yad Vashem Ruth Wendland und ihre Mutter Agnes Wendland als Gerechte unter den Völkern an.

Frida und Hans Winkler

siehe bei Elisabeth Bornstein

Alfred Wohlgemuth

Alfred Wohlgemuth ist ein Beispiel eines „ganz normalen" einfachen Deutschen, der Leben und Gesundheit aufs Spiel setzte, um einen jüdischen Mitbürger zu retten. Über die Beweggründe seiner Tat ist wenig bekannt, genauso wie über die Umstände, die zum Kontakt zu den Personen führten, die er zu retten versuchte.

Alfred Wohlgemuth war einfacher Buchhalter in einer Berliner Bank. Er war sogar Mitglied der NSDAP, muss aber im Laufe der Jahre immer mehr dazu gekommen sein, Partei und politische Führung in Deutschland abzulehnen. Anfang 1943 traf er den 1913 geborenen Bernhard Tawrigowski, der ihm davon erzählte, dass er Berlin verlassen und in die Schweiz fliehen wolle. Wohlgemuth gab ihm seine Papiere. Damit ausgestattet machte sich Tawrigowski zusammen mit seiner 1920 geborenen Frau auf den Weg nach Süden. Das Paar wurde in Lörrach, nahe der Grenze, gefasst. Im Anschluss daran rekonstruierte die Gestapo, wer den beiden geholfen hatte. Wohlgemuth wurde verhaftet und so brutal verhört, dass er ein Auge verlor. Laut Anklageschrift legte er ein Geständnis ab und gab als Grund an, aus Mitleid gehandelt zu haben. Bernhard und Erika Tawrigowski wurden nach Auschwitz gebracht, wo beide starben. Am 14. September 1944, stand Wohlgemuth vor Gericht. Das Urteil: sechs Monaten Gefängnis. Er wurde nie wieder richtig gesund und starb sechs Jahre später im Alter von 31 Jahren. Am 30. April 2013 wurde Alfred Wohlgemuth von Yad Vashem als Gerechter unter den Völkern anerkannt.

Anna Zeitler

Anna Zeitler gehört zu den Deutschen, die spontan zu Rettern wurden. Als es dazu kam, stand der Krieg bereits kurz vor dem Ende. Es war die Zeit der Todesmärsche. Überall im Rest des Deutschen Reiches wurden Juden von der SS aus den Vernichtungslagern auf lange Fußmärsche gezwungen, bei denen sie sterben oder bestenfalls ein anderes Lager erreichen sollten. Auf einem solchen Todesmarsch befanden sich im März 1945 Szlomo und Josef Szlamkiewicz aus Polen. Sie hatten bereits lange Todesmärsche hinter sich, die am 21. Januar 1945 in Blechhammer, einem Außenlager von Auschwitz, begonnen hatten. Viele Juden um sie herum waren bereits gestorben, als sie sich im März in der Oberpfalz in Bayern befanden.

Szlomo, Josef und weitere Häftlinge flohen. Sie schlichen sich aus der Marschkolonne, wobei sie in verschiedene Richtungen liefen. Szlomo, Josef und zwei weitere Häftlinge erreichten ein Dorf, sprachen in ihrer Not Bewohner an und baten um Essen. Die Reaktion: Einige der Dorfbewohner alarmierten die Behörden, dass sich in den nahe gelegenen Wäldern Juden aufhielten. Sofort begann die Jagd auf die Juden. Zwei Häftlinge wurden von Soldaten gefangen genommen, aber Szlomo und Josef konnten entkommen. Bei der Verfolgung überwältigte Josef einen der Soldaten, die ihn verfolgten, nahm seine Uniform und sein Gewehr an sich und ging, um seinen Bruder zu suchen. Beide Männer fanden wieder zusammen – und gingen weiter. Josef trug jetzt Uniform und Waffe und mimte den Soldaten, während Szlomo als sein Gefangener auftrat. Hilfreich war dabei, dass Josef sehr gut Deutsch sprach. Sie erreichten das kleine Dorf Wiesau, klopften an eine Tür, um nach Essen und einem Platz zum Übernachten zu fragen. Im Hauseingang stand ein Mann, der so misstrauisch wirkte, dass beide sofort beschlossen, weiter zu gehen. Wenig später betraten sie den Hof eines kleinen Bauernhofes und beschlossen, gleich die Scheune aufzusuchen. Ein bellender Hund kam dazwischen. Aus dem Haus trat die Besitzerin des Hofs, Anna Zeitler. Sie lud beide Männer ein, hereinzukommen. Josef und Szlomo aßen, immer noch Soldat und Gefangener spielend, mit der Familie und legten sich dann schlafen. Josef hatte sich unter dem Nachnamen Müller vorgestellt. Als Anna Zeitler am nächsten Morgen die Kühe melkte, suchte Josef das Gespräch zu ihr, erläuterte, dass sein Gefangener sehr krank sei und sie noch einen Tag bleiben müssten. Die Frau vermutete mittlerweile aber, dass es sich bei den Männern nicht um einen Soldaten mit seinem Gefangenen handelte. Darauf angesprochen gab Josef zu, genau wie sein Bruder Jude zu sein, und erzählte vom Todesmarsch. Anna Zeitler versprach zu helfen, bat beide Männer aber, zunächst zu gehen, um bei den neugierigen Nachbarn keinen Verdacht zu wecken, und dann später heimlich zurückzukehren. Als Josef und Szlomo in der Nacht wieder den Hof betraten, versteckte sie Anna Zeitler in der Scheune und versorgte beide Männer mit Lebensmitteln, bis US-amerikanische Truppen den Ort erreichten. Der Mann und die Kinder der Frau wussten davon nichts. Nach der Befreiung suchten die beiden Brüder das mittlerweile eingerichtete Camp für Displaced Persons im benachbarten Tirschenreuth auf. Solche Camps waren für heimatlose Menschen eingerichtet worden. Hier trafen Josef und Szlomo ihren Bruder David und ihren Cousin Moris wieder, mit denen sie ursprünglich nach der Trennung von der Familie in Lager deportiert worden waren. Josef lernte hier eine Frau, Miriam, kennen. Sie heirateten und lebten eine Zeitlang in Tirschenreuth, wo auch ihr erster Sohn geboren wurde. In dieser Zeit besuchten sie häufig Anna Zeitler. 1949 wanderte Josef Szlamkiewicz nach Israel aus, 1955 ließ er sich in Detroit, USA, nieder, wobei er seinen Namen auf Slaim änderte. Josef und Szlomo hielten den Kontakt zu Anna Zeitler. 1977 verstarb ihre Retterin. Josef lebte bis 1990. Wo Szlomo lebte, wird nicht bei Yad Vashem notiert. Dafür ist aufgeführt, dass er 1995 zusammen mit seiner Tochter und Josefs Sohn sowie deren Familien den Zeitler-Hof in Wiesau besuchte, auf dem mittlerweile Anna Zeitlers ältester Sohn lebte. Die beiden Familien blieben in Kontakt. Yad Vashem erkannte Anna Zeitler am 1. November 2016 als Gerechte unter den Völkern an.

Mathilde und Gustav Zenker

siehe bei Maria und Fritz Briel

Konrat Ziegler

In vielen Fällen handelten Gerechte bei ihrer Rettungstat spontan. Über ihre Beweggründe lassen sich heute nur Vermutungen anstellen. In anderen Fällen ist die Motivation zur Hilfe sehr viel leichter zu ergründen. Da sind die Retter, die einen christlichen oder politischen Hintergrund zum Beispiel als Kommunisten und Sozialdemokraten hatten, der schon vor der Rettertat zutage getreten ist. Bei Konrat Ziegler ist das nicht ganz so einfach. Trotzdem lässt sich vermuten, warum er so handelte, wie er es tat. Und das ist unter den Rettern einzigartig. Ziegler war Altertumswissenschaftler und hatte sich seit jungen Jahren intensiv mit der antiken Kultur insbesondere Griechenlands beschäftigt. Diese hatte Ziegler so geprägt, dass er vermutlich gar nicht anders konnte, als sich für Demokratie, Freiheit und gegen Antisemitismus einzusetzen. Aber der Reihe nach. Geboren wurde Konrat Ziegler 1884 als drittes von sieben Kindern. Er wuchs in einer Kaufmannsfamilie in Breslau auf. 1902 begann er das zu studieren, was sein ganzes Leben prägen sollte: die klassische Philologie, die ihn zu einem Kenner der antiken Sprachen und Literatur werden ließ. 1905 promovierte er. Nach nur fünf Jahren wurde er im Alter von 26 Jahren zum wissenschaftlichen Mitarbeiter ernannt. Er musste aber aufgrund des Ausbruchs des Ersten Weltkriegs zunächst in der Armee dienen. Das tat er für dreieinhalb Jahre. Dabei war er zunächst Dolmetscher in Bulgarien, dann für ein halbes Jahr Presseattaché der deutschen Gesandtschaft in Sofia. Nach Kriegsende konnte er an die Universität zurückkehren, wo er 1920 zum außerordentlichen Professor ernannt wurde. 1923 wechselte er als ordentlicher Professor an die Universität Greifswald, wo er bis zu seiner Zwangspensionierung im Jahr 1933 bleiben sollte. In Greifswald machte er zunächst weiter Karriere. 1926 wurde er Dekan der Philosophischen Fakultät und 1928 Rektor der Universität. Dabei fiel Ziegler früh durch sein leidenschaftliches Bekenntnis zu den Werten des Liberalismus und der Toleranz sowie sein unerschütterliches Eintreten für die demokratische Verfassung der Weimarer Republik auf. Dadurch hob er sich scharf von den zunehmend nationalistisch gesinnten Deutschen in dieser Zeit ab, die natürlich auch in seinem Kollegenkreis zunahmen. Er engagierte sich politisch, trat schon früh der Deutschen Demokratischen Partei (DDP) bei, wurde Mitglied des Selbstverteidigungsbundes Reichsbanner Schwarz-Rot-Gold und der Deutschen Friedensgesellschaft und gehörte dem Vorstand des Vereins zur Abwehr des Antisemitismus an. Als 1924 die schwarzrotgoldene Fahne der Republik vom Dach des Hauptgebäudes der Universität entfernt werden sollte, beteiligte sich Ziegler am Protest dagegen.

Seine politische Arbeit war der NSDAP natürlich bekannt und so kam es nicht überraschend, dass Ziegler einer der ersten „arischen" Dozenten war, die im Mai 1933 von Bernhard Rust, dem Reichsminister für Wissenschaft, Erziehung und Volksbildung vom Dienst suspendiert wurden. Es folgte am 21. September 1933 die Versetzung in den Ruhestand. Basis war § 4 des „Gesetzes zur Wiederherstellung des Berufsbeamtentums". Der Grund: „politische Unzuverlässigkeit". Die Versetzung in den Ruhestand hatte auch finanzielle Auswirkungen. Sein Einkommen wurde um 50 Prozent gekürzt. Da er eine Familie zu ernähren hatte, zog er im Herbst 1933 nach Berlin, wo es ihm möglich erschien, sein Einkommen durch Privatunterricht aufzustocken. Parallel arbeitete Ziegler weiter an wissenschaftlichen Büchern. Die neu entstandene Routine des Alltags wurde jäh am 5. Januar 1939 unterbrochen, als die Gestapo Konrat Ziegler verhaftete. Er hatte einer jüdischen Bankiersfamilie geholfen, ihr Vermögen ins Ausland zu transferieren. Der Sohn der Familie, Wolfgang Schwabe, war Schüler von ihm. Für Ziegler hatte das bittere Konsequenzen. Er saß für acht Monate im Gefängnis Berlin-Moabit ein und wurde immer wieder verhört. Im sich anschließenden Prozess wurde er zu eineinhalb Jahren Haft verurteilt. Das war überraschend milde. Der Richter führte in der Begründung aus, Ziegler sei nicht durch einen positiven Willen zur Unterwanderung des Staates motiviert gewesen, sondern vielmehr durch seine „übermäßige Naivität gepaart mit einer außerordentlichen Hilfsbereitschaft". Konrat Ziegler musste nur noch vier Monate der Strafe absitzen. Einen großen Teil hatte er bereits durch die Untersuchungshaft verbüßt, ein weiterer Teil wurde in eine Bewährungsstrafe umgewandelt. Die vier Monate verbüßte er in der Haftanstalt in Berlin-Tegel. Ende 1943 wurde das Haus der Familie in Berlin bei einem Bombenangriff zerstört. Dabei gingen auch seine Bibliothek und seine seit langem gesammelten Forschungsunterlagen verloren. Ziegler zog nach Osterode im Harz, wo auch seine Schwestern lebten. Der inzwischen 60-jährige Mann hatte jetzt einige Schicksalsschläge erlitten und erfahren, wie der nationalsozialistische Machtapparat funktionierte. Das hielt ihn nicht davon ab, weitere Risiken einzugehen. Als er mitbekam, dass ein jüdischer Freund und Kollege, Kurt Latte, Hilfe brauchte, bot er diese an. Latte war ebenfalls Professor für klassische Philologie. In den zwanziger Jahren hatten beide Männer zusammen in Greifswald gearbeitet. Latte hatte sich bis zu diesem Zeitpunkt dem Zugriff der nationalsozialistischen Machthaber entziehen können und in Hamburg und Düsseldorf gelebt. Wie genau er dem Zugriff der Gestapo entkam, konnte nicht mehr nachvollzogen werden. Klar ist nur, dass ihm in Hamburg Bruno Snell, ein weiterer Kollege, half. Konrat Ziegler bot dem alten Freund und Kollegen wiederholt an, nach Osterode zu kommen. Latte zögerte lange, machte sich dann aber Ende Februar 1945 auf die Reise. Ziegler nahm ihn zwar nicht in seinem eigenen Haus auf, vermittelte ihm aber eine sichere Unterkunft im nahe gelegenen Dorf Freiheit, wo Latte bis zur Befreiung im April 1945 lebte. Yad Vashem erkannte Konrat Ziegler am 12. Dezember 2.000 als Gerechten unter den Völkern an.

ÜBERSICHT
ÜBER DIE DEUTSCHEN GERECHTEN UNTER DEN VÖLKERN

Abegg, Elisabeth

Elisabeth Abegg versteckte Juden in ihrer Wohnung, versorgte sie und beschaffte ihnen gefälschte Papiere. Dabei arbeitete sie mit anderen Helfern zusammen.

Abel, Richard

Abel war Soldat und verhalf in Nordafrika fünf gefangenen Juden zur Flucht.

Adam, Frieda

Frieda Adam versteckte ihre ehemalige jüdische Arbeitskollegin Erna Puterman ab 1942 zweieinhalb Jahre in der Wohnung. Als ihr Mann 1944 von ihr verlangte, dass Putermann die Wohnung verlassen müsse, konnte sie ihren Schützling mit Hilfe ihrer Schwester in einer anderen Wohnung unterbringen.

Ahrem, Willi

Willi Ahrem war Kommandant eines Zwangsarbeitslagers der Organisation Todt. In dieser Position warnte er wiederholt internierte Juden vor bevorstehenden Aktionen der SS. Er versteckte Juden während dieser Aktionen in seinem Haus. Schließlich schmuggelte er eine Familie und eine weitere Jüdin aus dem Lager in ein Ghetto in rumänisch besetztem Gebiet, versorgte sie und andere mit Nahrung und Kleidung und bestach rumänische Polizisten.

Althoff, Adolf und Maria
Als Direktor des Zirkus Althoff nahm Adolf Althoff Juden bei sich auf und rettete so mehrere Menschen vor der Deportation. Seine Frau unterstützte ihn maßgeblich.

Andreas-Friedrich, Ruth
Sie gründete die Widerstandsgruppe Onkel Emil, versteckte Juden und versorgte sie mit Lebensmitteln und gefälschten Papieren.

Arkenau, Josef
Half bei der Rettung von Juden, indem er Unterkünfte, aber auch Lebensmittel, Geld und Papiere beschaffte.

Armann, Hugo
Armann war Hauptfeldwebel der Wehrmacht und rettete Sarah Czazkes-Manishevitz das Leben, indem er sie im September 1942 versteckte und anschließend ihr Untertauchen zu den Partisanen ermöglichte.

Arnold, Hildegard
Hildegard Arnold beherbergte zeitweise Evelyn Goldstein und ihre Mutter Herta, bevor Goldsteins weiterzogen und von Elisabeth Abegg, Lydia Forsström und Adolf und Frieda Bunke aufgenommen wurden.

Aschoff, Heinrich
Der Landwirt versteckte auf dem Hof seiner Familie Marga Spiegel und deren Tochter Karin. Diese verbargen sich wechselnd auch bei den Familien von Bernhard Sickmann und Bernhard Südfeld.

Aub, Fritz und Hedwig
Aub war Arzt in Berlin. Er versorgte untergetauchte Juden mit ärztlicher Hilfe, Lebensmitteln und Lebensmittelkarten und beschaffte Unterkünfte für sie. Bei seinen Rettungstaten unterstützte ihn seine Ehefrau Hedwig.

Bach, Arno und Margarete
Arno Bach versteckte und rettete zusammen mit seiner Ehefrau Margarete zwei Juden, die im April 1945 einem Todesmarsch entkommen konnten. Dabei halfen ihnen Alfred und Luise Griesmann und Frieda Lissack.

Bartlakowski, Leonard
Leonard Bartlakowski versteckte jüdische Bürger aus Rawa Ruska.

Barwitzky, Claire
Die Seelsorgehelferin betreute in einem Heim bei Chamonix 1943 etwa 30 jüdische Kinder, die so vor der Deportation bewahrt wurden.

Battel, Albert
Albert Battel rettete im Sommer 1942 als Adjutant des örtlichen Militärkommandanten Max Liedke zusammen mit diesem Juden. Beide Männer blockierten zeitweise die geplante Räumung des Ghettos von Przemyśl. Dabei kam es zu einer bewaffneten Konfrontation mit der SS. Battel ließ rund 100 Juden und ihre Familien mit Lkws in die Militärkommandantur fahren und entzog sie damit der Deportation ins Vernichtungslager Belzec.

Bauer, Gitta
Die Schwestern Maria und Gitta Dubro versteckten Ilse Baumgart ab Juli 1944 neun Monate lang in ihrer Wohnung. Nach Eheschließung hießen die beiden Frauen Maria Schwelien und Gitta Bauer.

Bayerwaltes, Katharina
Sie beherbergte das Kölner Ehepaar Salomon und Henriette Jacoby und ihre Tochter Hildegard Schott in ihrem Haus und arbeitete dabei mit Heinz und Josephine Odenthal und Sibylla Cronenberg zusammen.

Beer, Emil
Emil Beer versteckte Rudi Löwenstein und vermittelte dem jungen Juden eine weitere Unterkunft, bevor dieser dann doch deportiert wurde.

Außerdem unterstützte er die Eltern des jungen Mannes, die sich ebenfalls versteckt hatten, mit Lebensmittelkarten bis zum Kriegsende.

Beitz, Berthold und Else
Er stufte mehrere Hundert jüdische Zwangsarbeiter – darunter auch arbeitsunfähige – als unentbehrlich für die Erdölindustrie ein und beschäftigte sie in den von ihm verwalteten Fabriken, wodurch diese der Deportation entgingen. Zusammen mit seiner Frau Else Beitz versteckte er zudem Juden in seinem Haus.

Bellgardt, Otto
Rettete als Polizeibeamter Hans und Sigmund Hirschberg.

Berger, Otto
Er versteckte unter anderem seinen Kollegen Fedor Bruck ab Juli 1943 in seinen Privaträumen vor der drohenden Deportation und besorgte ihm gefälschte Papiere.

Bernhardt, Herbert und Ella
Das Ehepaar rettete Hugo Kähler und seine jüdische Mutter Rosa, denen sie eine kleine Wohnung in Berlin vermittelten. Darüber hinaus stellten sie mehrmals jüdischen Frauen das eigene Haus als Notunterkunft zur Verfügung.

Bertram, Rudolf
Er rettete als Arzt im Krankenhaus eingelieferten Juden das Leben, indem er ihnen verbotenerweise Penicillin verabreichte. Hermina Festinger rettete er das Leben, indem er sie in einem Lagerraum des Krankenhauses vor dem Zugriff durch die Gestapo versteckte.

Biel, Werner von
Werner von Biel rettete Manfred Alexander, dem es gelungen war, aus dem Minsker Ghetto nach Berlin zurückzukehren. Von Biel versteckte Manfred Alexander in seiner zweiten Berliner Wohnung.

Bingel-Erlenmeyer, Ekkehard
Ekkehard Bingel-Erlenmeyer und Bronislava Adamchuk retteten das Leben von Yakov Stein in der Ukraine.

Bläser, Cläre und Helene
Cläre und Leni Bläser versteckten Grischa Hermann Barfuss in ihrer Wohnung in Wuppertal.

Bleicher, Willy
Er rettete als Häftling im KZ Buchenwald den jüdischen Jungen Jerzy Zweig vor dem Abtransport nach Auschwitz und damit vor dem sicheren Tod.

Blochwitz, Elsa
Else Blochwitz war Luftschutzbeauftragte eines Wohnblocks in Berlin. Das verschaffte ihr Zugang zu frei gewordenen Wohnungen. Das nutzte sie, um Juden zu verstecken. Außerdem versandte sie Pakete mit Lebensmitteln und Spielzeug an Kinder im Ghetto Minsk.

Block, Irena
Irene Block stellte für ihre jüdischen Kunden ärztliche Atteste aus, die sie immer wieder vor der Abschiebung bewahrten. Die Jüdin Maria Johanna Fulda bewahrte sie vor der Deportation, nahm sie in ihrer Wohnung auf und beschaffte ihr später einen „Ariernachweis“.

Böckelmann, Mathilde
Sie versteckte und versorgte Miriam Brudermann.

Böhm, Marie und Adolph
Marie Böhm und ihr Sohn besorgten Juden Verstecke und unterstützten sie. Adolph fälschte Ausweise, um Juden vor Verfolgung zu schützen.

Bollen, Helena
Helena Bollen war Leiterin eines katholischen Waisenhauses und rettete das Leben des jüdischen Jugendlichen Heinz Günther Katz.

Bongers, Gottfried, Ludwig, Käthe und Paul

Gottfried Bongers und sein Sohn Ludwig versteckten Herta und Kaetedore Olbertz. Im Dezember 1944 wurde ein Wechsel des Verstecks nötig und Mutter und Tochter Olbertz wechselten zu Paul Bongers, dem Bruder von Gottfried. Dieser verbarg beide Frauen in seinem großen Haus. Dabei halfen seine Frau Käthe und die Tochter Anni, die zusammen mit ihrem Ehemann Bertram Schallenberg und vier Töchtern ebenfalls im Haus lebten. Im Februar wurde ein weiterer Umzug der Schützlinge nötig. Da jetzt die Situation bei Gottfried und Ludwig Bongers wieder günstiger war, zogen Olbertz dorthin. Sie überlebten die Shoah.

Bornstein, Elisabeth

Sie versteckte gemeinsam mit ihrem Mann Ludwig das jüdische Ehepaar Gerhard und Ilse Grün für etwa eineinhalb Jahre in ihrer Einzimmerwohnung und arbeitete dabei mit anderen Rettern zusammen.

Böttcher, Johannes und Käthe

Böttcher war Pfarrer in Essen. Er versorgte zusammen mit seiner Frau sieben Juden, die sich im Keller der Kirche und zeitweise im Heizungskeller des Pfarrhauses versteckt hielten. Unmittelbar daneben befanden sich die Gebäude der Polizei, der Gestapo und der NSDAP-Kreisleitung. Aus letzterem leitete Böttchers Sohn Walter ein Stromkabel zugunsten der Versteckten ab. Böttcher überzeugte andere Gemeindemitglieder davon, den Untergetauchten mit Lebensmitteln zu helfen. Als Böttcher versetzt wurde, führte Heinrich Held die Arbeit weiter.

Brandt, Günther

Brandt war als Gräber-Offizier eingesetzt. Dieser Position berechtige ihn, deutschen Flüchtlingen neue Dokumente auszustellen. Brandt nutzte die Möglichkeit, um jüdische Mitbürger mit neuen Dokumenten zu versorgen. Daneben versteckte er Juden.

Braun, Elisabeth

Pfarrer Kurt Müller versteckte in Zusammenarbeit mit den Vikarinnen

Margarete Hoffer und Elisabeth Braun mehrere jüdische Personen vor dem Zugriff der Gestapo.

Bredig, Elisabeth

Nach der Ermordung ihres jüdischstämmigen Mannes durch die Gestapo wohnte Bredig wieder bei ihren Eltern. Sie überredete diese, Ilse Grün und ein weiteres Ehepaar bei sich aufzunehmen, verschwieg dabei aber, dass es sich um Juden handelte.

Briel, Maria und Fritz

Fritz Biel und seine Ehefrau gehörten zur Organisation Bund, die Widerstand leistete und Juden rettete. Das Ehepaar versteckte Marianne Ellenbogen und arbeitete dabei mit anderen Helfern zusammen.

Brockschmidt, Heinrich und Herta

Heinrich und Herta Brockschmidt lebten in Warschau, wo sie eine Jüdin mit dem Namen Gruenfeld, der Vorname ist leider unbekannt, als Haushaltshilfe beschäftigten und zusammen mit ihren beiden Kindern beherbergten. Frau Gruenfeld war mit einem Arierausweis ausgestattet. Beim Umzug nach Deutschland 1944 überließen Brockschmidts ihre Wohnung der kleinen Familie Gruenfeld.

Bross, Ernst

Ernst Bross nahm die Jüdin Ilse Meyer und ihre drei halbjüdischen Kinder von Herbst 1943 bis zur Befreiung bei sich auf und rettete sie damit vor der Deportation.

Brück, Bernhard

Bernhard Brück versteckte in Hilden Hermann Barfuss.

Brunken, Henny

Henny Brunken steckte KZ-Häftlingen in Bremen Brot und Lebensmittel zu, wenn die Gefangenen nach Bombenangriffen auf die Stadt den Schutt von den Straßen räumen mussten.

Buchholz, Valeska

Valeska Buchholz versteckte ab März 1943 das jüdische Ehepaar Brieger, das in der Vergangenheit im selben Wohnblock gelebt hatte, und teilte mit ihm die mageren Essensrationen. Dies erfolgte bis zum 23. November 1943, als das Gebäude bombardiert und in Brand gesteckt wurde. Das Ehepaar Brieger fand eine weitere Zuflucht und überlebte den Krieg.

Büngener, Erich und Erika

Das Ehepaar versteckte von 1943 bis 1945 zunächst vier, dann drei jüdische Mitbürger und rettete sie damit vor Deportation und Ermordung.

Bürger, Wilhelm

Wilhelm Bürger unterstützte die Familie Herzberg bis zum Ende des Krieges. Die Frau von Karl Herzberg war „arisch", was der Familie lange Schutz bot. Im Februar 1945 sollten Karl Herzberg und die beiden Töchter deportiert werden. Wilhelm Bürger beschaffte ihnen eine Unterkunft bei Gertrud Hammer und ihrem Vater Georg in Mannheim. Als die Situation dort zu riskant wurde, sprangen Frieda und Mathias Müller in Ziegelhausen bei Heidelberg ein und beherbergten die Familie.

Bunke, Adolf und Frieda

Adolf Bunke und seine Ehefrau Frieda, beide Mitglieder der Bekennenden Kirche, beherbergten im ostpreußischen Blöstau Evelyn Goldstein und später auch ihre Mutter Herta Goldstein. Beide kamen aus Berlin und lebten seit Anfang 1943 in der Illegalität, zunächst bei Hildegard Arnold, Elisabeth Abegg und Lydia Forsström.

Burde, Marie

Marie Burde war Zeitungsverkäuferin und Lumpensammlerin. Ab 1942 versteckte sie drei junge jüdische Männer und rettete ihnen das Leben. Die Vier lebten erst in einer kleinen Kellerwohnung, dann in einer provisorischen Hütte und zuletzt in einer kleinen Wohnung.

Busch, Emilie
Sie versteckte Marianne Ellenbogen in ihrer Wohnung. Sie war als Haushälterin bei deren Tante beschäftigt gewesen.

Busse, Otto
Busse beschäftigte jüdische Mitbürger in seinem Malerbetrieb in Bialystok und verhinderte so ihre Deportation. Darüber hinaus verschaffte er der Partisanengruppe in Bialystok Waffen, Medikamente und Kleidung.

Calmeyer, Hans Georg
Hans Georg Calmeyer arbeitete in leitender Position in der Verwaltung der besetzten Niederlande. Seine Aufgabe war unter anderem die Klärung „rassischer Zweifelsfälle“. Er akzeptierte zum Beispiel wissentlich gefälschte Papiere, die Eltern oder Großeltern von Juden als „Arier“ oder „Halbjuden“ deklarierten, was den Status von Juden lebensrettend verbesserte. Calmeyer ließ auch selbst entsprechende Fälschungen in Form von Taufscheinen anfertigen. Auf diese Weise rettete er sehr vielen Juden das Leben.

Calogerás-Meissner, Ursula
Ursula Meissner, die als junge Schauspielerin am Berliner Staatstheater arbeitete, brachte die jüdische Familie Latte – Mutter, Vater und ein erwachsener Sohn – mehrere Wochen in ihrem Haus in Berlin unter. Als die Eltern bei einer Razzia erwischt wurden, konnte nur Sohn Konrad Latte entkommen. Er ging später nach Goslar, wo ihm Ellen Brockmann half, die ihn später heiratete und Ellen Latte hieß.

Cammerer, Joseph
Joseph Sebastian Cammerer, ein deutscher Ingenieur für Wärme- und Kälteschutz, beschäftigte seine jüdische Jugendfreundin Gertrud Lustig und ihren Mann Walter Lustig in seinem Forschungslabor in Tutzing und schützte sie damit. Als der erkrankte Walter Lustig gestorben war und die Deportation von Gertrud drohte, versteckte Cammerer die Frau in seinem Privathaus. Ebenfalls erkrankt starb sie dort. In Ermangelung anderer Möglichkeiten begrub er sie in seinem Wintergarten, ließ sie aber einein-

halb Jahre später mit Hilfe des Friedhofverwalters und Totengräbers Karl Schörghofer und dessen Sohn auf den jüdischen Friedhof umbetten.

Coehn, Herbert

Herbert Coehn war Soldat in einer Telefonvermittlung in Bialystok. Er versteckte von 1943 Paulina Stein, ihren Ehemann und ihren Sohn in seiner Wohnung.

Conrad, Elise

Elise Conrad versteckte den ungarischen Juden André Revai, der einem Todesmarsch vom KZ Buchenwald Richtung Flossenbürg entkommen war.

Cronenberg, Sibylla

Sie beherbergte die jüdische Familie Salomon und Henriette Jacoby sowie deren Tochter Hildegard Schott. Der Kontakt kam über Heinz und Josephine Odenthal zustanden. Als Sibylla Cronenberg erkrankte, nahm Katharina Bayerwaltes die Jacobys auf.

Culiniac, Mihai und Gabor

Mihai Culiniac und sein Sohn Gabor versteckten mehrere Juden und versorgte sie mit notwendigen Lebensmitteln.

Daene, Wilhelm und Margarete

Das Ehepaar schützte und rettete Juden auf den unterschiedlichsten Wegen. Margarete arbeitete in leitender Funktion in den Teves-Werken in Berlin und beschäftige Zwangsarbeiter. Er verbesserte ihre Arbeitsbedingungen, holte eine junge Frau aus einem Sammellager und verhinderte damit ihre Deportation, vergab gefälschte Papiere und versteckte einen Juden in der Fabrik vor der Deportation. In ihrer Wohnung versteckten sie drei Juden. Als Wilhelm verhaftet wurde, lag die Hauptlast der Fürsorge auf den Schultern seiner Frau.

David, Konrad

David leitete eine Baueinheit in Polen. Dort beschützte er eine Frau und ihre Tochter, indem er sie in einer Wohnung versteckte und, nach ihrer Verhaftung, seine Sondervollmachten einsetzte, um sie von der Gestapo wieder zurückzuholen.

David, Paul, Regina und Margit
Familie David lebte zur Zeit des Krieges im polnischen Bielsko. Paul David betrieb eine Reparaturwerkstatt für Armeelastwagen und hatte Kontakt zu polnischen Partisanen, die ihm Juden vermittelten, die auf der Flucht waren. Von 1943 bis Kriegsende versteckte die Familie zwölf Juden in ihrem Haus und auf dem Grundstück.

Debes, Charlotte
Charlotte Debes versteckte Hermann Barfuß, der dadurch überlebte.

Deibel, Karl
Karl Deibel war Mitglied des Netzwerkes der Blindenwerkstatt von Otto Weidt und versteckte unter anderem Rudi Rosenow, dessen Frau und Tochter in seiner Wohnung.

Dietrich, Paul und Hilde
Hilde Dietrich rettete zusammen mit ihrem Schwiegervater Paul den jüdischen Schneidermeister Alfred Lichtenstein in ihrem Wohnhaus in Oetersdorf, indem sie ihn vom Juni 1944 bis April 1945 vor der Deportation versteckten.

Dilger, Alfred und Luise
Alfred Dilger war Mitglied des „Bruderrats" der Bekennenden Kirche in Württemberg, der im Dritten Reich Verfolgten Hilfe leistete. Alfred und Luise Dilger versteckten das jüdische Ehepaar Krakauer in ihrem Haus.

Dinzinger, Josef und Maria
Josef Dinzinger und seine Ehefrau Maria versteckten Yerucham Apfel und einen Freund, die aus einem der Todesmärsche geflohen waren auf ihrem Bauernhof und gaben ihnen falsche Papiere.

Dipper, Theodor und Hildegard
Theodor Dipper war Pastor und gehörte dem Bruderrat der Bekennenden Kirche in Württemberg an. Im Frühjahr 1944 und im Dezember 1944 und Januar 1945 versteckte das Ehepaar Dipper Max und Ines Karoline Krakauer in ihrem Haus und vermittelten ihnen weitere Unterkünfte.

Disselnkötter, Walther und Anna
Anna und Walther Disselnkötter versteckten von Januar 1945 bis zur Befreiung die Jüdin Rahel Ida Plüer in ihrem Haus und versorgten sie mit einem neuen Ausweis.

Dobbeck, Margarethe
Margarethe Dobbeck versteckte Emil und Gertrud Stargardter und Flora Wolff in ihrem Haus. Das Ehepaar Stargardter hatte vorher bei Hermann und Clara Hinz gelebt.

Dohnanyi, Hans von
Er ermöglichte 1942 den jüdischen Berliner Rechtsanwälten Fritz Arnold und Julius Fliess mit ihren Familienangehörigen und weiteren Personen die Flucht in die Schweiz, indem er sie als Agenten ausgab. Bei der Aktion wurde Wilhelm Canaris einbezogen. Heinrich Himmler genehmigte sie – natürlich nicht wissend, was wirklich geplant war.

Dombrowski, Wanda
Wanda Dombrowski beherbergte von Mai bis Juni 1943 Herbert Strauss und verschaffte ihm neue Papiere. Strauss hatte zuvor bei August Sapandowski, Friedrich und Utje Strindberg sowie Felicia Pauselius gewohnt.

Döring, Werner
Werner Döring versteckte und versorgte Kurt Lindenberg.

Driessen, Martha-Maria
Antonie Schmid war Schauspielerin und in Wien unter dem Namen

Dorothea Neff bekannt. Sie versteckte Lili Wolff in ihrer Wohnung. Dabei wurde sie von Martha-Maria Driessen und Meta Schmitt unterstützt. Die vier Frauen waren gute Freundinnen und kannten sich schon lange davor.

Droßel, Paul, Elfriede und Heinz
Heinz Droßel war Offizier der Wehrmacht. Auf Heimaturlaub half er 1942 einer jüdischen Frau. 1945 versteckte er zusammen mit seinen Eltern die Familie Hass und Ernst Fontheim in Berlin.

Duckwitz, Georg Ferdinand
Duckwitz arbeitete für das Auswärtige Amt in Dänemark. In dieser Position gab er 1943 Wissen über geplante Deportationen von Juden an die dänische Sozialdemokratie weiter, die die jüdische Gemeinde des Landes darüber informierte. Darauf konnten über 7.000 Juden mit zahlreichen Booten und Schiffen nach Schweden fliehen.

Dudacy, Anne und Sylvia
Anne Dudacy und ihre Tochter Sylvia versteckten Lothar Orbach und seine Mutter Nelly von Januar 1943 bis zum Ende des Krieges. Von Sommer 1943 bis Herbst 1944 lebte Nelly Orbach auch bei Sylvias verwitweter Tante Hedwig Pauli.

Ebert, Günther-Georg und Therese
Bis September 1944 waren Juden in Mischehen und ihre Kinder vor der Deportation geschützt. Als sich das im September 1944 änderte, tauchten Henriette Jordan und ihre Tochter Hanna unter. Henriette fand Zuflucht bei Auguste und Fritz Fuchs. Hanna versteckte sich erst bei Annemarie Möller, dann bei Ernst und Elfriede Lusenbrink und schließlich bei Günther und Therese Ebert.

Eck, Johanna
Johanna Eck versteckte von 1942 bis zum Ende des Krieges zwei Juden und zwei politisch Verfolgte.

Eckert, Gotthilf und Frida

Das Ehepaar versteckte Hans Gumpel und seine Ehefrau von August bis Dezember 1943 in ihrem Haus. Nach einem Verhör durch die Gestapo brachten Eckerts ihre Schützlinge in ein Bootshaus, wo sie sich weiter verstecken konnten.

Eiden, Hans

Hans Eiden verhinderte als Lagerältester im KZ Buchwald die Trennung der jüdischen von den anderen Häftlingen und damit deren Aufbruch zu einem Todesmarsch. Als ein Großteil der Häftlinge abtransportiert wurde, blieben 3.000 Juden im KZ und wurden durch US-Truppen wenig später befreit.

Einem, Gottfried von

Gottfried von Einem war ein bekannter Komponist. Er engagierte den jüdischen Berliner Musiker Konrad Latte ab 1943 und unterstützte ihn mit Geld, Lebensmittelkarten und einem Reichsmusikkammer-Ausweis.

Elsner, Alois und Maria

Alois Elsner war Schornsteinfeger und arbeitete unter anderem in Außenlagern des KZ Dachau. Zusammen mit seiner Frau organisierte er Lebensmittel und Medikamente und versorgte damit die Häftlinge.

Elsner, Henri und Else

Im Oktober 1938 wurden polnische Juden verhaftet und nach Polen abgeschoben. Else und Henri Elsner versteckten in Hamburg mehrfach Salomea Schulz und ihre Kinder Robert und Harriet, bis diese in die USA auswandern konnten.

Emonds, Joseph

Der katholische Priester versteckte in seinem Haus den Maler Mathias Barz und dessen jüdische Ehefrau Hilde Barz, geborene Stein.

Erxleben, Charlotte

Charlotte Erxleben versteckte Fritz Walter in ihrer Wohnung und beschaffte für Steffi Ronau und ihre Tochter ein Versteck, indem sie beide unterstütze. Nach dem Krieg heirateten Steffi Ronau und Fritz Walter und unterstützen ihrerseits Charlotte Erxleben.

Falkenberg, Bernhard

Falkenberg war Aufseher im Arbeitslager in Włodawa, in der Nähe des KZ Sobibor. Falkenberg forderte weit mehr als die genehmigten 500 Personen aus dem KZ Sobibor an und rettete ihnen so das Leben. Er warnte Juden vor Razzien der Gestapo und ermöglichte vielen die Flucht, indem er die ukrainischen Wachen mit Alkohol bestach. Später wurde er denunziert und saß selbst bis zu Befreiung im KZ Mauthausen.

Feilen, Jean Baptist

Jean Baptist Feilen und der Ukrainer Nikita Voyevoda versteckten den sowjetischen Kriegsgefangenen Emil Alperin im KZ Buchenwald von Juni 1944 bis zum Eintreffen der US-Armee am 11. April 1945, nachdem sie herausgefunden hatten, dass er Jude war.

Feuerherm, Wanda

Wanda Feuerherm versteckte von 1942 bis 1944 in ihrem Haus die Jüdin Gerda Segal.

Feyerabend, Hans

Hans Feyerabend, Kommandant des Volkssturms in Palmnicken an der ostpreußischen Küste, stellte sich im Januar 1945 der SS entgegen, als diese 3.000 Juden in eine Bernsteinmine einmauern lassen wollte. Feyerabend wurde darauf mit 100 Mann mit einem fingierten Auftrag fortgeschickt, um vermeintlich eine andere Einheit zu unterstützen. Er beging Selbstmord, als ihm das klarwurde. Während seiner Abwesenheit erschoss die SS unter Hilfe von Hitlerjungen die 3.000 Juden am Strand – 15 von ihnen überlebten das Massaker.

Fiedler, Fritz

Fritz Fiedler war Ortskommandant von Horodenka. Dort warnte er jüdische Einwohner vor einer bevorstehenden Aktion der SS, bei der die Juden der Stadt umgebracht werden sollten. Etwa fünfzig Juden versteckte er unter dem Vorwand, sie arbeiteten für die Wehrmacht, im Gebäude der Ortskommandantur. Den ihm unterstellten Soldaten gab er den Befehl, das Eindringen der SS notfalls mit Waffengewalt zu verhindern.

Fischer, Martha Frieda
Martha Frieda Fischer versteckte in Ober Prauske die Jüdin Maria Wiesel.

Fittko, Hans
Zusammen mit seiner Frau Lisa Fittko führte er von September 1940 bis April 1941 zahlreiche Verfolgte auf einem Schmugglerpfad über die Pyrenäen von Frankreich nach Spanien.

Fleischer, Emil und Gabriele
Emil Fleischer und seine Tochter Gabriele retteten Ende Februar 1945 das Leben der beiden Jüdinnen Ljubica Levi und Lili Goldenberger. Fleischers versteckten die beiden in einer Scheune und versorgten sie mit falschen Arbeitspapieren. Als Soldaten der Roten Armee nach deren Einmarsch Fleischers als vermeintliche „Junker" erschießen wollten, retten ihnen die beiden Jüdinnen das Leben, in dem sie von ihrer Rettung berichteten.

Flemming, Liselotte
Lieselotte Flemming und ihr Ehemann versorgten Bertha Seifersfeld und deren Mann in Riga mit Lebensmitteln.

Flügge, Elisabeth
Die Lehrerin aus Hamburg ermöglichte ihren jüdischen Schülern Ferienaufenthalte und nahm ab Juli 1943 eine jüdische Familie bei sich zu Hause auf.

Forsström, Lydia
Lydia Forsström versteckte in ihrer Studentenwohnung für einein-

halb Jahre Liselotte Pereles. Darüber hinaus versorgte sie andere untergetauchte Juden.

Freytag von Loringhoven, Evert Baron
Evert Baron Freytag von Loringhoven hatte ein Familiengut im damaligen Westpreußen. Im November 1944 erreichte ein Transport von etwa 2800 jüdischen Frauen die Region. Die Frauen sollten Panzerabwehrgräben errichten. 135 Frauen wurden in einem Zeltlager auf dem Gut untergebracht. Baron Freytag von Loringhoven rettete Tereze Aufrecht und Klara Schwartz, in dem er sie in seinem Haushalt arbeiten ließ. Zehn Frauen beschäftigte er im Kuhstall.

Friedrich, Karin
Sie war gemeinsam mit ihrer Mutter Ruth Andreas-Friedrich Mitglied der Widerstandsgruppe Onkel Emil. Sie versteckte Verfolgte, versorgte sie mit Lebensmitteln und gefälschten Papieren.

Friedrich, Peter
Peter Friedrich, seine Frau und ihre zwei unverheirateten Töchter versteckten Ismar Reich und seine Mutter von August 1943 bis zur Befreiung in ihrem Häuschen am Stadtrand von Berlin.

Fritsch, Ernst Otto
Ernst Otto Fritsch war Luftwaffenunteroffizier. In Tirol versuchte er, Juden aus Mischehen das Leben zu retten, als diese zur Deportation festgenommen wurden. Er wurde später selbst inhaftiert und gefoltert.

Fröhlich, Gertrud
Gertrud Fröhlich versteckte ab März 1945 in Dörnhaus den Juden Abraham Kaiser. Kaiser hatte bereits mehrere Konzentrationslager durchlaufen und war auf der Flucht.

Frommel, Wolfgang
Wolfgang Frommel lebte seit 1939 in den Niederlanden. Er versteckte in seinem Haus Juden und organisierte für andere Verstecke.

Fuchs, Fritz und Auguste

Bis September 1944 waren Juden in Mischehen und ihre Kinder vor der Deportation geschützt. Als sich das im September 1944 änderte, tauchten Henriette Jordan und ihre Tochter Hanna unter. Henriette fand Zuflucht bei Auguste und Fritz Fuchs. Hanna versteckte sich erst bei Annemarie Möller, dann bei Ernst und Elfriede Lusenbrink und schließlich bei Günther und Therese Ebert.

Fuchs, Kurt und Herta

Herta Fuchs und ihr Mann Kurt nahmen im April 1945 in Oberpoyritz drei Flüchtlinge eines Todesmarschs bei sich auf. Nach Kriegsende wurden sie dafür von der Dorfgemeinschaft angefeindet. Am 12. Mai 1945 erschoss ein überzeugter Nationalsozialist Kurt Fuchs und einen der Flüchtlinge.

Fullmann, Elli

Elli Fullmann, eine junge Kriegerwitwe und Mutter von vier Kindern aus Hamburg, nahm im April und Mai 1945 im sächsischen Zschopau die Jüdin Odette Spingarn bei sich auf, die aus einem Zug mit KZ-Häftlingen gesprungen war.

Gaebler, Gaby und Wolfgang

Gaby Gaebler hatte zwei Kinder: Eva und Wolfgang. Tochter Eva arbeitete am Theater von Lublin. Hier freundete sie sich mit der Jüdin Irena Szipiaski an. Als in Polen die Deportationen begannen, schickte der Theaterdirektor Irena zu Eva, die mittlerweile nach Warschau gezogen war. Irena beschaffte der Freundin polnische Papiere, mit denen sie in Deutschland arbeiten sollte. Hier wurde Irena aber in einem Arbeitslager inhaftiert. Von da an kümmerten sich Mutter Gaby und Bruder Wolfgang um Irena, brachten ihr Lebensmittel und besuchten sie. Daran beteiligte sich auch ein junger Mann namens Walter Stoll, der häufig Gast der Gaeblers war und später Eva heiratete. Über dieser Hilfe hinaus verbarg die Familie Gaebler für mehrere Monate den Schauspieler Martin Rosen.

Gansz, Liesel und ihre Mutter Luise

Liesel Gansz nahm ihre jüdische Freundin Charlotte Herzfeld, die im Herbst 1942 deportiert werden sollte, bei sich und ihrer Mutter Luise auf. Liesel Gansz organisierte in den folgenden Jahren bis zur Befreiung mehrere verschiedene Verstecke für ihre Freundin und versorgte sie mit Lebensmitteln.

Ganzer, Hanni

Hanni Ganzer gehörte zur Organisation Bund, die Widerstand leistete und Juden rettete. Sie versteckte Marianne Ellenbogen und arbeitete dabei mit anderen Helfern zusammen.

Garbrecht, Willi

Willi Garbrecht war Leutnant der Luftwaffe. Er arbeitete in einer Fabrik in Zawiercie und rettete zu verschiedenen Zeitpunkten Juden vor Aktionen der SS. Außerdem versteckte er Yoel Grinkraut und sechs weitere Juden, versorgte sie mit Lebensmitteln und rettete sie vor der Deportation ins Konzentrationslager.

Garzke-Israelowicz, Elise

Elise Garzke-Israelowicz, die „arische" Witwe von Richard Israelowicz, versteckte von Mai 1942 bis Mai 1943 in ihrer Wohnung in Berlin Isaac Grünberg.

Gasteiger, Sophie

Sophie Gasteiger, eine Bäuerin aus Tinnerting bei Traunstein, versteckte 1943 für zwei Wochen Valerie Wolffenstein.

Gehre, Karl und Auguste

Auguste und Karl Gehre versteckten Arthur Arndt, ihren jüdischen Hausarzt, ab 1943 in ihrer Wohnung und trugen dazu bei, Verstecke für seine Verwandten zu finden.

Gehrke, Hedwig

Hedwig Gehrke gehörte zur Organisation Bund, die Widerstand leistete und Juden rettete. Sie versteckte Marianne Ellenbogen und arbeitete dabei mit anderen Helfern zusammen.

Gerbrand, Gustav, Klara und Christl

Christl Gerbrand, ihr Vater Gustav und ihre Mutter Klara versteckten von Januar bis Mai 1945 die Jüdin Chaya Feigin, ihre Mutter und ein drittes jüdisches Mädchen auf ihrem Bauernhof im Dorf Steegen bei Danzig. Die drei Frauen waren einem Todesmarsch entkommen.

Gerhardt, Bertha

Bertha Gerhardt versteckte in Zepernick die Juden Heinz Abrahamsohn und Joachim Schwersenz.

Gerschütz, Anastasia und Severin

Severin und Anastasia Gerschütz versteckten Irene Schmalenbach und deren Tochter Eva. Nachdem beiden Frauen ein Fluchtversuch in die Schweiz misslang, wurde Irene Schmalenbach nach Auschwitz deportiert. Eva konnte aus dem Gefängnis fliehen und wurde erneut von Gerschütz versteckt.

Gessler, Elisabeth

Elisabeth Leja war seit 1938 Kindermädchen der jüdischen Familie Eduard und Dora Gessler und ihrer drei Kinder Elek, Lili und Roman in Südpolen. Bei Ausbruch des Krieges flohen die Gesslers zusammen mit Elisabeth nach Lemberg, wo Dora Gessler Selbstmord beging. Elisabeth Leja kümmerte sich weiterhin um die Kinder, betreute zwei Kinder zeitweise allein und floh 1942 mit den beiden nach Ungarn, wo Eduard und sein ältester Sohn bereits waren. 1944 floh sie mit der gesamten Familie nach Rumänien. Nach dem Krieg blieb Elisabeth Leja bei Eduard Gessler und den Kindern und sie heirateten 1965.

Gilles, Albert und Marga

Albert und Marga Gilles aus Rheinbreitbach versteckten Frieda und Waltemar Fritz sowie ihren Sohn Walter von Januar 1945 bis Kriegsende.

Waldemar war „Arier“, sodass beide in einer „privilegierte Mischehe“ lebten.

Görner, Theodor
Theodor Görner half Inge Deutschkron und versorgte sie mit Lebensmittelkarten.

Goes, Elisabeth
Elisabeth Goes versteckte im Herbst 1944 das jüdische Ehepaar Max und Ines Krakauer für fünf Wochen.

Gölz, Richard und Hildegard
Richard Gölz war ein Pfarrer aus Württemberg. Er versteckte gemeinsam mit seiner Frau Hilde Juden in seinem Haus. Dazu gehörten zum Beispiel Max Krakauer und Hermann Pineas. Gölz wurde denunziert, verhaftet, überlebte aber den Krieg.

Gräbe, Hermann
Als Ingenieur arbeitete Hermann Gräbe ab 1941 für eine Baufirma. Sein Aufgabengebiet war die Reparatur von Schienenstrecken im Bereich Lemberg. Er beschäftigte zahlreiche Juden und schützte sie. 150 Juden konnte er im letzten Moment mit der Pistole in der Hand der Deportation aus einem Zug entziehen. Später versorgte er Ghettoinsassen mit „arischen“ Papieren und verhalf ihnen zur Flucht. Er überlebte den Krieg und sagte vor dem Nürnberger Kriegsverbrecherprozess für die Anklage aus. Nach Erhalt von Morddrohungen wanderte er in die USA aus.

Grasse, Erna
Erna Grasse versteckte in Berlin das jüdische Ehepaar Auguste und Robert Meder.

Grassmann, Martha
Versteckte den Maler Fritz Ascher in Berlin.

Griesmann, Alfred und Luise

Alfred und Luise Griesmann halfen zusammen mit Arno und Margarete Bach sowie Frieda Lissack, Michael und Jurek Rozenek, die einem Todesmarsch entkommen waren.

Groos, Walter

Walter Groos war Ingenieur und arbeitete als Bauleiter für ein privates Unternehmen auf einer Baustelle des KZ Kaufering, einem Außenlager des KZ Dachau. Auf der Baustelle arbeiteten zahlreiche Juden. Groos verteilte Lebensmittel, Kleidung, beschaffte Medikamente und tat auch sonst sein Möglichstes, um das Los der Zwangsarbeiter zu verbessern. Darüber hinaus versteckte er die verwitwete Mutter seiner halbjüdischen Ehefrau.

Groscurth, Georg und Anneliese

Georg Groscurth, Robert Havemann, Herbert Richter und Paul Rentsch gründeten die Untergrundgruppe „Die Europäische Union", die zeitweise mehr als fünfzig Mitglieder hatte. Die Gruppe versteckte Juden, die der Deportation entkommen waren, versorgte sie mit Lebensmitteln und beschaffte falsche Ausweisdokumente. Anneliese Groscurth und Georg Groscurth versorgten zum Beispiel Elisabeth von Scheven, eine Jüdin aus Frankfurt, mit falschen Ausweispapieren und versteckten sie 1943 für drei Wochen in ihrem Haus. Am 4. und 5. September 1943 ging die Gestapo gegen die Gruppe vor. Anneliese Groscurth wurde später aus der Haft entlassen, ihr Mann hingerichtet.

Grossmann, Reinhold und Charlotte

Versteckten in Berlin Gertrude Sandmann.

Grossmann, Tony

Tony Grossmann versteckte die Ärztin Ilse Kassel und ihre Tochter. Sie hatte drei kleine Kinder. Ihr Mann war Soldat an der Ostfront. 1943 spürte die Gestapo die beiden auf. Ilse Kassel beging Selbstmord, ihre Tochter wurde deportiert und starb in Auschwitz. Tony Grossmann kam in ein KZ, wurde aber nach einiger Zeit wieder entlassen.

Groyen, Wilma

Wilma Groyen versteckte Martha Steg und deren Sohn Günther von Januar bis März 1945.

Grüber, Heinrich

Heinrich Grüber gründete das so genannte „Büro Grüber“ und half zahlreichen zum Christentum konvertierten Juden und ihren Familien von 1938 bis 1940 bei der Ausreise aus Deutschland. Er setzte sich darüber hinaus bei vielen Gelegenheit für Juden ein, wurde 1940 verhaftet, überlebte aber den Krieg.

Grüger, Klara

Klara Grüger versteckte zweieinhalb Jahre lang Hans Münzer in ihrer Wohnung und half anderen Juden und russischen Kriegsgefangenen. Nach dem Krieg heiratete sie Münzer.

Grünberg, Marie

Marie Grünberg versteckte und versorgte drei Juden und einen Deserteur mehr als drei Jahre lang in ihrer Wohnung und einer Laube in Berlin.

Grünhut, Karolina

Karolina Grünhut versteckte in Bratislava Chana, Robert und Zalman Grünhut.

Gützlaff, Heinz

Heinz Gützlaff versteckte in Berlin Kurt Hirschfeldt.

Gumz, Emma

Als Ella Deutschkron und ihre Tochter Inge untertauchen mussten, war Emma Gumz ihre erste Station. Sie verbrachte dort sechs Wochen.

Gutsmann, Anna

Anna Gutsmann versteckte ihren ehemaligen Arbeitgeber Hermann Hersz Kranz, seine Frau Leonore und ihren Sohn Fredy in ihrer Wohnung und versorgte sie mit Lebensmitteln. Als die Nachbarn misstrauisch wurden, stellte Anna Gutsmann Kontakt zu Ella und Kurt Neubauer her, die die jüdische Familie von August 1943 bis zum Ende des Krieges unterbrachten.

Haardt, Herbert und Maria

Herbert Haardt diente als Stabsoffizier der Wehrmacht in Kaunas. Zusammen mit seiner Frau Maria versteckte er ab Juli 1944 die Familie der jüdischen Hausangestellten Adina Segal in ihrer Wohnung und retteten so ihr Leben.

Härtel, Erna

Erna Härtel betrieb in Sorgenau an der Ostseeküste ein Gasthaus. Sie rettete das Leben von Frieda Kleinmann, die einem Todesmarsch entkommen war, und versteckte sie vom 1. Januar bis 14. April 1945.

Haffner, Otto und Hedwig

Otto und Hedwig Hafner versteckten neun Monate Klare Pereg.

Hagemann, Gerhard, Wally, Gertrud Arnold, Maria Janicke, Monika Wirsig und Ella Friedlieb

Gerhard Hagemann lebte mit seiner Frau Wally in Havelberg. Zur Familie gehörten sechs Kinder, unter anderem die Töchter Gertrud, Maria und Monika. Außerdem lebte die Schwester von Wally, Ella Friedlieb, im Haus. Freund von Gerhard Hagemann war Jacob Kahane. Als die Deportationen begannen, musste sich die Familie Kahane verstecken. Dabei wandte sich Jacob Kahane nach einiger Zeit an Gerhard Hagemann. Dieser brachte ihn zum Bürgermeister, stellte seinen Freund unter dem Namen Hahne als ausgebombten Berliner vor, worauf die Familienmitglieder „arische" Papiere erhielten. Damit wurde ihnen eine Ersatzwohnung zugewiesen und sie erhielten Lebensmittelkarten.

Hahn, Anna

Anna Hahn versteckte in Berlin den Juden Erich Kessel.

Hammann, Wilhelm

Wilhelm Hammann war Kommunist und von 1938 bis Kriegsende im KZ Buchenwald. Hier gehörte er dem gut organisierten kommunistischen Widerstand im Lager an. Der Widerstand brachte ab Sommer 1944 mehr als 70 jüdische Kinder im so genannten Block 8 des Lagers unter. Hammann versuchte diese so gut es ging zu schützen. Als die SS die Juden unter den Kindern selektieren wollte, ließ er die Kinder die gelben Sterne abnehmen und erklärte der SS, es gebe keine jüdischen Kinder mehr im Lager, nur solche aus Polen, der Ukraine oder Tschechien. Die Deportation fand nicht stand, die Kinder überlebten die zehn Tage bis zum Eintreffen der US-Amerikaner. Hammann überlebte den Krieg, wurde Landrat, dann aber von Schwarzhändlern unter dem Vorwurf, Nazi-Sympathisant zu sein, denunziert. Die Folge: Hammann wurde 14 Monate in Dachau inhaftiert, bevor er 1947 freigelassen wurde. Er starb 1953 bei einem Verkehrsunfall.

Hammer, Georg und Gertrud

Das Ehepaar war an der Rettung der Familie Herzberg beteiligt. Wilhelm Bürger unterstützte diese bis zum Ende des Krieges. Die Frau von Karl Herzberg war „arisch“, was der Familie lange Schutz bot. Im Februar 1945 sollten Karl Herzberg und die beiden Töchter deportiert werden. Wilhelm Bürger beschaffte ihnen eine Unterkunft bei Gertrud Hammer und ihrem Vater Georg in Mannheim. Als die Situation dort zu riskant wurde, sprangen Frieda und Mathias Müller in Ziegelhausen bei Heidelberg ein und beherbergten die Familie.

Hammer-Müller, Carola

Carola Hammer war mit Louis und Victoria Hagen befreundet. Das Paar wollte auswandern. Kurz davor zog die Gestapo aufgrund eines Rechtsstreits den Reisepass von Louis Hagen ein. In der folgenden Zeit hatten Hammers keine Lebensgrundlage mehr. Carola Hammer versorgte sie, bis das Verfahren abgeschlossen war und Hagens auswandern konnten. Die Gestapo erfuhr von Hammers Hilfe und inhaftierte die Frau sieben Tage lang.

Harder, Loni und Albert
Das Ehepaar versteckte in der Endphase des Krieges drei jüdische Frauen, die von einem Todesmarsch geflohen waren, und versorgte sie mit Essen und medizinischer Hilfe.

Harich, Anne-Liese
Versteckte ab Frühjahr 1943 den untergetauchten Konrad Latte in ihrem Haus und versorgte ihn mit Nahrung und Kleidung.

Hartmann, Hans
Hans Hartmann war Hauptmann der Wehrmacht. Er setzte sich persönlich dafür ein, Abraham und Wolf Goldberg aus einem Lager zu befreien, in das sie aus dem Ghetto gebracht worden waren. Er hatte Erfolg – und wurde anschließend auf Intervention der SS nach Afrika versetzt.

Hassenstein, Liselotte
Liselotte Hassenstein versteckte Liza Hecht und ihr Kind für mehrere Wochen. Nach Denunziation wurden die beiden nach Belzec deportiert und ermordet. Liselotte Hassenstein wurde inhaftiert, überlebte aber den Krieg.

Hauschild, Käthe
Unterstützte die dreiköpfige jüdische Familie Frühauf von 1938 bis 1943. Sie versteckte Felix Frühauf zweimal und versorgte die Familie mit Lebensmitteln.

Havemann, Robert
Georg Groscurth, Robert Havemann, Herbert Richter und Paul Rentsch gründeten die Untergrundgruppe „Die Europäische Union", die zeitweise mehr als fünfzig Mitglieder hatte. Gleichzeitig versteckte sie Juden, die der Deportation entkommen waren, versorgte sie mit Lebensmitteln und besorgte falsche Ausweisdokumente. Am 4. und 5. September 1943 ging die Gestapo gegen die Gruppe vor. Robert Havemann wurde zunächst zum Tode verurteilt, dann aber aufgrund seiner kriegswichtigen Arbeit in einem Geheim-

projekt zur Herstellung von Giftgas begnadigt. Ihm wurde im Gefängnis ein Labor eingerichtet, wobei das Projekt aber niemals Fertigungsreife erzielte.

Heine, Fritz
Fritz Heine organisierte in Marseille in Zusammenarbeit mit dem US-Amerikaner Varian Fry die Rettung jüdischer Flüchtlinge aus dem besetzten Frankreich. Die USA hatten zuvor 1.000 Notfallvisa zur Verfügung gestellt.

Heinen, Heinrich
Befreite 1942 seine Verlobte Edith Meyer aus dem Ghetto in Riga. Beim Versuch, in die Schweiz zu gelangen, wurden beide verhaftet. Heinrich gelang der Ausbruch. Er suchte Edith, fand sie aber nicht. Sie war am Vortag deportiert worden. Er flüchtete und wurde kurz vor der Schweizer Grenze von Polizeibeamten erschossen.

Heinen, Josef
Versteckte vier Jahre lang die jüdische Familie Sonnenfeld in seinem Wochenendhaus.

Heinzmann, Emil und Paula
Das Ehepaar versteckte von April 1944 bis Kriegsende die zwölfjährige Margarete Ehrlich. Margarete war „Mischling ersten Grades“, die „arische“ Mutter bangte um das Leben ihrer Tochter. Nach dem Krieg wanderten Mutter und Tochter in die USA aus, wohin schon der Mann 1939 ausgewandert war.

Held, Heinrich
Heinrich Held war Pfarrer in Essen-Rüttenscheid. Er versteckte ab September 1944 Hans Werner Perls. Im Dezember wechselte Perls in eine andere Zuflucht. Im Frühjahr 1945 versteckte Held Philipp Rappaport für drei Wochen. Darüber hinaus versorgte Held zusammen mit Pfarrer Johannes Böttcher eine Gruppe von Juden, die sich im Keller der Kirche von Rüttenscheid versteckte.

Helldorff, Margarethe von

Margarethe von Helldorf versteckte in Pulsnitz die Jüdin Eva Büttner.

Hellenbrandt, Werner und Liselotte

Werner Hellenbrandt war Kreisarzt im besetzten Polen. Er gab Typhus-Medikamente an Juden im Ghetto Przyglow weiter, als dort eine Epidemie ausgebrochen war. Dabei lernte er die beiden Ärzte Stefan und Miriam Chwat, kennen. Als Chwats deportiert werden sollten, sorgte Hellenbrandt dafür, dass sie von der Liste gestrichen wurden. Er arrangierte eine Arbeit in einer Glashütte. Vor jeder Deportation warnte er seine Schützlinge. Bei seinen Rettungstaten wurde er von seiner Frau unterstützt.

Helmrich, Eberhard

Eberhard Helmrich war Major der Wehrmacht und als Landwirtschaftsexperte in Drohobycz eingesetzt. Er versorgte auch das jüdische Krankenhaus mit Lebensmitteln und rettete damit vermutlich Leben. Er gründete ein landwirtschaftliches Arbeitslager, um Juden vor der Deportation zu schützen. Als dieses aufgelöst werden musste, verteilte er die jüdischen Arbeiter in andere Arbeitslager, was sie vor der sonst fälligen Deportation bewahrte. In Einzelfällen beherbergte er Juden für einige Tage in seinem Haus, um sie unmittelbarer Gefahr zu entziehen. Für jüdische Mädchen beschaffte er gefälschte Papiere, um sie als Hausmädchen nach Deutschland zu schicken.

Helmrich, Donata

Donata Helmrich war die Frau von Eberhard Helmrich. Von einem Besuch bei ihrem Mann in Drohobycz brachte sie zwei jüdische Mädchen mit gefälschten ukrainischen Arbeitspapieren nach Berlin, wo sie als Hausmädchen erst in ihrem Haus, dann bei Nachbarn arbeiteten. Später kam ein weiteres Mädchen dazu. Nach dem Krieg ließ sich das Ehepaar scheiden.

Hensel, Marie Luise

Marie Luise Hensel wollte zusammen mit ihrer Freundin Käthe Jung im August 1942 die Familie Reis in der Nähe des Bodensees in die Schweiz schmuggeln. Eine Gastwirtin, der sie sich anvertraute, verriet sie an die Gestapo. Diese verhaftete die beiden Frauen. Im Gefängnis beging Marie Luise Hensel Selbstmord. Käthe Jung wurde nach einigen Tagen aus der Haft entlassen. Die Familie Reis wurde nach Auschwitz deportiert und kam nicht zurück.

Herda, Franz und Vera Manthey

Franz Herda rettete seine jüdische Bekannte Albertine Gimpel. Er konnte die Frau im Mai 1943 zunächst bei Eduard Winkler verstecken. Später wohnte sie bis Mai 1944 in seinem Atelier. Anschließend brachte Herda sie bis September 1944 bei seiner Tochter Vera Manthey in Umrathshausen und danach bei dem Schriftsteller Friedrich Reck-Malleczewen und seiner Frau Irmgard in Poing bei Traunstein unter. Franz Herda und seine Tochter Vera Manthey halfen auch anderen verfolgten Juden, darunter Max Bachmann und Richard Marx.

Herden, Herbert

Herbert Herden arbeitete in Krakau für den Nachrichtendienst der Polizei. Er versteckte Felicia Lieber und ihre Mutter und verschaffte ihnen gefälschte Papiere. Als Felicias Bruder verhaftet wurde, erreichte er dessen Freilassung. Nach einer Denunziation wurden Felicia und ihre Mutter 1944 deportiert und ermordet. Herden kam ins KZ Dachau, konnte aber überleben.

Hermann, Carl und Eva

Eva und Carl Hermann versteckten das Ehepaar Hilde und Fritz Rosenthal aus Berlin und unterstützten deportierte Juden aus Mannheim finanziell.

Herrmann, Otto

Otto Hermann war im KZ-Außenlager Niederorschel Kapo. Das ist ein Häftling in leitender Funktion. Er setzte sich stark für die jüdischen Häftlinge ein und schützte sie auch vor den SS-Wachen. Nach Angaben von Yad Vashem konnten 97 Prozent der Häftlinge überleben.

Herrschaft, Fritz
Bei Yad Vashem sind kein Angaben verfügbar.

Heuer, Marta
Marta Heuer und ihre Mutter Melida Palme versteckten Maria Abramska, deren Ehemann und die fünf weiteren Familienangehörigen, Fela und Heniek Schwarzfuchs sowie Renia, Jacob und Alina Goldspiegel von Mitte 1943 bis August 1944 in ihrer leerstehenden Wohnung in Warschau.

Heuer, Dorle und Albert
Erika und Herbert Patzschke, Gertrud Kochanowski und ihr Vater sowie Dorle und Albert Heuer halfen und versteckten von 1942 bis 1945 der Jüdin Margot Bloch.

Hinz, Hermann und Clara
Clara und Hermann Hinz unterstützten ab 1941 ihre jüdischen Nachbarn Emil und Gertrud Stargardter. Ab 1943 versteckte sich das Ehepaar in einer Gartenlaube. Später kamen Stargardters bei Margarethe Dobbeck unter.

Hirschfeldt-Berlow, Edith
Edith Berlow versteckte den jüdischen Arzt Kurt Hirschfeldt ab 1941 bis zum Kriegsende in ihrem Haus. Für Walter Frankenstein, Cousin von Kurt Hirschfeldt, beschaffte sie eine Unterkunft bei Arthur Ketzer. Das Ehepaar Marlis und Michael Michailowitz versteckte sich ab November 1941 für sechs Monate bei Edith Berlow, bevor die Frau eine neue Unterkunft in einer Laube organisierte. Nach dem Krieg heirateten Edith Berlow und Kurt Hirschfeldt und wanderten in die USA aus.

Höfler, Josef und Elise
Luise Meier brachte Juden aus Berlin zu Elise und Josef Höfler in Gottmadingen. Höflers führten die Menschen über die nahe Grenze in die Schweiz. Insgesamt gelang so mehr als 20 Juden die Flucht.

Hörner, Otto
Otto Hörner versteckte in seiner Gartenhütte in Ettlingen über einen Zeitraum von zweieinhalb Jahren mehrere Juden.

Hoffer, Margarete
Pfarrer Kurt Müller versteckte in Zusammenarbeit mit den Vikarinnen Margarete Hoffer und Elisabeth Braun mehrere jüdische Personen vor dem Zugriff der Gestapo.

Hoffmann-Gerstenberger, Elly
Sie versteckte rund eineinhalb Jahre lang zwei Kinder, Ruth und Brigitte Löwenthal, in ihrem Gartenhaus in Weimar. Auch die Mutter Alice fand hier häufig Zuflucht. Aufgrund einer Denunziation wurden die Mädchen deportiert und in Auschwitz ermordet. Die Mutter überlebte.

Höffner, Josef und seine Schwester Helene Hesseler-Höffner
In seiner Zeit als einfacher Pfarrer versteckte der spätere Kardinal Joseph Höffner 1943 das siebenjährige Mädchen Esther Sara Meyerowitz unter dem Namen „Christa Koch" in seinem Pfarrhaus vor dem Zugriff von SS und Gestapo. Seine Schwester brachte in ihrem Elternhaus in Horhausen/Westerwald auf Bitten ihres Bruders 1943 für sechs Monate die Jüdin Edith Nowak und ihren Mann unter.

Hohmann, Fritz und Rosa
Das Ehepaar versorgte im damaligen Reval zahlreiche deutsch-jüdische Zwangsarbeiterinnen mit Lebensmitteln und half ihnen, ihre Freunde und Verwandten zu kontaktieren.

Holländer, Lisa
Lisa Holländer versteckte mehrere Monate lang Ella Deutschkron und deren Tochter Inge in ihrer Wohnung und versorgte sie nach der Ausbombung in anderen Verstecken mit Lebensmitteln.

Holschke, Alfred, Ursula und Walter
Alfred Holschke versteckte zusammen mit seinen Kindern Ursula und Walter im April 1945 sechs Überlebende des KZ Auschwitz, die einem Todesmarsch entkommen waren. Eine der Überlebenden war die aus Neuwied stammende Jüdin Hanna Levy.

Holzman, Helene
Helene Holzman lebte in Kaunas. Sie kümmerte sich während der gesamten Besatzungszeit um verfolgte Juden und ein großer Teil ihres bescheidenen Einkommens floss in den Einkauf von Lebensmitteln für die Bewohner des Ghettos in Kaunas. Außerdem nahm sie Juden auf und versteckte sie.

Hosenfeld, Wilhelm
Hosenfeld war Wehrmachtsoffizier in Warschau. Er rettete Leon Warm, indem er ihm eine Anstellung und neue Identität gab. Dank Hosenfelds Hilfe überlebte auch der Musiker Władysław Szpilman die letzten Tage in Warschau vor der Befreiung durch die Rote Armee. Die Ereignisse werden in dem Film „Der Pianist" aufgegriffen.

Hübner, Friedrich und Helene
Friedrich und Helene Hübner versteckten in Groß Schönebeck Henriette Mandelkern.

Hülle, Paula
Paula Hülle versorgte mehrere Familien mit Lebensmitteln und Geld, außerdem bestach sie einen NSDAP-Ortsgruppenleiter, damit dieser ihr Informationen über Razzien gab. Auf dieser Basis konnte sie einer Familie zum richtigen Zeitpunkt den Tipp zur Flucht aus Berlin auf das Land geben.

Hüllenhagen, Stephanie
Stefanie Hüllenhagen nahm im Januar 1943 die von Deportation bedrohte Helene Leroi bis Mai 1945 in ihrer Einzimmerwohnung auf.

Hummel, Kreszentia
Gab Charlotte Knobloch, die zu der Zeit noch Neuland hieß, als ihr eigenes uneheliches Kind aus.

Hutsch, Erika
Erika Hutsch war Journalistin im damaligen Lemberg. Sie rettete die Jüdin Golda Stavskaya und ihren Sohn Michail. Sie versteckte beide in ihrer Wohnung und versorgte sie mit Lebensmitteln.

Impekoven, Frieda
Frieda Impekoven half einer Jüdin mit Lebensmitteln und versteckte eine zweite Frau in ihrer Wohnung, bis diese eine andere Bleibe gefunden hatte.

Jacobs, Helene
Helene Jacobs gehörte der Bekennenden Kirche an. Sie gehörte der Gruppe um den Juristen Franz Kaufmann an, die Juden versteckte und mit Lebensmitteln und Papieren versorgte. Auch Helene Jacobs versteckte einige Menschen. 1943 wurde sie verhaftet, überlebte aber den Krieg.

Jagusch, Frieda
Frieda Jagusch versteckte in Berlin Ruth Rühmann.

Jan, Julius von
Julius von Jan war ein evangelischer Pfarrer und Widerstandskämpfer gegen den Nationalsozialismus. Er verurteilte in einer Predigt 1938 die Novemberpogrome, wurde anschließend verprügelt, inhaftiert und musste in einem Strafbataillon an der Ostfront dienen. Er überlebte den Krieg.

Jannasch, Wilhelm und Elisabeth
Das Ehepaar half bei der Rettung von Max und Ines Karoline Krakauer.

Jauch, Ida
Ida Jauch versteckte 18 Monate lang Hans Rosenthal. Als sie erkrank-

te und verstarb, wechselte dieser zu Maria Schönebeck, wo er von August 1944 bis Kriegsende lebte.

Jogmin, Otto

Otto Jogmin war Hausmeister eines „Judenhauses" in Berlin. Er unterstützte und rettete zahlreiche Juden. Er versteckte diese, brachte sie an sichere Orte und stellte vielen eine Identität als ausgebombte „Reichsbürger" aus.

Jovy, Michael

Michael Jovy gehörte zur Widerstandsgruppe Edelweißpiraten, die vor allem im Rheinland aktiv war. Die Gruppe rettete zunächst Günther und Wolfgang Schwarz und in der zweiten Hälfte des Krieges Friedel Krämer und ihre Tochter Ruth sowie Paul Urbat. Jovy stieß erst 1944 zu den Edelweißpiraten, nachdem er aus dem Strafbataillon 999 hatte fliehen können.

Jülich, Jean

Jean Jülich gehörte zur Widerstandsgruppe Edelweißpiraten, die vor allem im Rheinland aktiv war. Die Gruppe rettete zunächst Günther und Wolfgang Schwarz und in der zweiten Hälfte des Krieges Friedel Krämer und ihre Tochter Ruth sowie Paul Urbat. Jülich wurde verhaftet, überlebte aber den Krieg.

Jünemann, Georg und Josephine Hünerfeld

Georg Jünemann und seine Tochter Josephine Hünerfeld versteckten 1942 Walter Albert Leopold, seine Frau Hilda und ihre fünfjährige Tochter Anneliese.

Käferle-Häfner, Anna und Anna Häfner

Anna Käferle-Häfner und ihre Mutter Anna unterstützten die ab 1941 in Illegalität lebende Martha Käferle-Süsskind und versteckten sie für sechs Monate in ihrer Wohnung. Nach dem Krieg heiratete sie den Sohn der Geretteten.

Kahl, Fritz und Margarete

Fritz Kahl, ein Arzt in Frankfurt und seine Frau Margarete behandelten trotz Verbots jüdische Patienten, die untergetaucht waren und versorgten sie mit Lebensmitteln. Sie versteckten Tusette Molnar in ihrer Wohnung und statteten sie mit gefälschten Papieren aus. 1942 unterstützten sie den aus dem KZ Majdanek geflohenen Juden Robert Eisenstadt und halfen ihm und seiner schwangeren Verlobten Eva Molnar am 21. Februar 1943 zur Flucht in die Schweiz.

Karnop, Helmut und Maria

Maria Karnop und ihr Sohn Helmut halfen mehrfach Juden und boten ihnen Zuflucht in ihrer Wohnung in Berlin-Prenzlauer Berg.

Kaus, Klara

Klara Kaus versteckte mit ihrem Ehemann 1943 die 14-jährige Ellen Löbel bis Kriegsende in ihrer Wohnung in Mannheim.

Kerner, Paul, Helena und Paul

Helena Kerner, ihr Ehemann Paul Kerner und ihr Sohn Paul halfen dem jüdischen Ehepaar Lichtenstein mit ihren drei Kindern in Bratislava. Sie versorgten Lichtensteins mit Lebensmitteln, warnten sie vor der Deportation und brachten sie anschließend in ein Dorf außerhalb der Stadt.

Kessel, Käthe

Käthe Kessel, Mädchenname Pasch, versteckte in Berlin Erich Kessel.

Ketzer, Arthur

Arthur Ketzer, ein Chemiker und Pharmaunternehmer aus Berlin, half Juden auf unterschiedliche Weise. Er unterstützte zwei Frauen bei der Ausreise aus Deutschland, er beschäftigte zwei Frauen in seinem Betrieb, ohne sie bei den Behörden zu melden, und versteckte Walter und Leonie Frankenstein sowie ihren kleinen Sohn Uri von September 1943 bis Februar 1944 in einem seiner Gebäude.

Kiefert, Rudolf und Lina
Lina und Rudolf Kiefert versteckten von Ende Februar 1945 bis Anfang März 1945 Alexander Barok, der aus einem Todesmarsch geflohen war.

Kleinicke, Helmut
Helmut Kleinicke war Bauingenieur und arbeitete als Kriegskreisbaumeister im damaligen Kreis Krenau, 20 Kilometer nordöstlich von Auschwitz. Er versorgte Juden mit Lebensmitteln, verhalf ihnen zur Flucht und versteckte sie.

Kloos, Hermann und Emma
Emma und Hermann Kloos versteckten Maria Klein in Ober Prauske.

Kochan-Stein, Klara
Klara Kochan versteckte die deutlich ältere jüdische Schriftstellerin Alice Stein-Landesmann ab Herbst 1942 in ihrer Einzimmerwohnung und teilte mit ihr ihre Lebensmittelrationen. Nach dem Krieg lebten die Frauen weiter zusammen und Alice Stein-Landesmann adoptierte Klara Kochan.

Kochanowski, Gertrud und ihr Vater
Erika und Herbert Patzschke, Gertrud Kochanowski und ihr Vater (der Vorname ist nicht bekannt) sowie Dorle und Albert Heuer halfen und versteckten von 1942 bis 1945 die Jüdin Margot Bloch.

Köhler, Max und Clara
Als Inhaber einer metallverarbeitenden Fabrik stellte Max Köhler untergetauchte jüdische Männer ein, die auch in der Fabrik schliefen. Zudem versteckte er mehrere Frauen in abgelegenen Räumen der Fabrik. Einige hatten zuvor andere Verstecke verloren. Seine Frau unterstützte ihn dabei. Zu den Geretteten gehörten Erich Joachim Arndt, Ellen Lewinski, Bruno Gumpel, Charlotte Lewinski sowie Lina und Ruth Arndt.

Köhn, Adele
Adele Köhn war die Tochter von Christian und Christine Pütz. Zusammen mit ihren Eltern rettete sie das Leben des jüdischen Pflegekindes Ka-

rola Stern, das bei der Familie lebte. 1944 wurde Karola verhaftet, konnte aber fliehen und lebte einige Wochen bei der Familie von Elfriede Stichnoth, einer Schulfreundin, bevor sie wieder zu Pütz wechselte. Von dort nahm sie Käthe Stephan, eine Cousine von Adele, mit nach Schlesien, wo sie neue Papiere als „Ausgebombte“ erhielt.

Kohl, Max

Max Kohl leitete eine Lederfabrik im damaligen Lemberg, die auch jüdische Zwangsarbeiter beschäftigte. Kohl setzte sich für diese ein, verbesserte ihre Lage und erwirkte mehrfach die Aussetzung von Deportationen. Trotzdem wurden die jüdischen Arbeiter 1943 deportiert. Nur Cecila Stern überlebte mit der Hilfe einer deutschen Bekannten, Irmgard Wieth.

Köhldorfner, Michael und Cäecilia

Das Ehepaar versteckte Henryk Gleitman.

Kolzer, Victoria

Victoria Kolzer versteckte ab November 1943 zusammen mit ihrem Ehemann, der kurz darauf starb, Hanni Weißenberg in ihrer Wohnung. Zuvor hatte die junge Frau bei Elfriede und Grete Most gelebt.

Koslowski, Hedwig

Hedwig Koslowski versteckte in Berlin Gertrude Sandmann.

Krämer, Walter

Walter Krämer wurde am 28. Februar 1933 inhaftiert und verbrachte die komplette Zeit bis zu seinem Tod als politischer Gefangener. Er war Schlosser. In Haft eignete er sich medizinische Kenntnisse an. 1938 wurde er Krankenpfleger im KZ Buchenwald, Mitte 1939 Leiter der Krankenbaracke der Gefangenen. Er war medizinisch so gut, dass er sogar Operationen – auch an hohen SS-Offizieren – ausführte. Er half zahlreichen Juden – häufig unter Missachtung von Befehlen. Als er sich 1941 einer Anordnung des SS-Lagerarztes widersetzte, wurde er einem Außen-Arbeitskommando zugeteilt und wenig später „auf der Flucht“ erschossen.

Kranz, Theodor

Theodor Kranz war als „Arier“ mit einer Jüdin verheiratet. Das Ehepaar lebte in Leipzig. Seine Frau Beate hatte eine Tochter, Leonie, die Walter Frankenstein geheiratet hatte und in Berlin lebte. Das Paar hatte einen sechs Wochen alten Säugling, als es im Februar 1943 beschloss unterzutauchen. Die kleine Familie wandte sich an Theodor Kranz und Leonies Mutter, die sofort halfen. Sie versteckten Leonie und den Säugling, während Walter bei einem Freund unterkam. Leonies Mutter wurde im August 1943 verhaftet, weil sie den Vornamen Sara nicht in den Papieren eingetragen hatte, im November 1943 nach Auschwitz deportiert und ermordet. Nach der Verhaftung verließ Leonie das Versteck und kehrte nach Berlin zurück. Die Frankensteins überlebten Dank der Hilfe anderer Deutscher wie Edith Hirschfeld und Arthur Ketzer und wanderten nach dem Krieg nach Schweden aus.

Kranz, Willy

Auguste Leißner und ihr Lebensgefährte Willi Kranz versteckten ab März 1943 das jüdische Mädchen Rita Cohn in ihrer Wohnung. Harald Poelchau hatte Kranz darauf angesprochen.

Krebs, Paul Ludwig

Paul Krebs und seine jüdische Frau Helene versteckten 1942 für einige Tage Heinrich Heinen und seine Verlobte Edith Meyer, die aus Riga kamen und weiter in die Schweiz wollten. Dafür wurde das Ehepaar anschließend verhaftet. Paul kam wieder frei, weil er ein kriegswichtiger Arbeiter war. Helene wurde trotz Schwangerschaft nach Auschwitz deportiert. Der Versuch, der örtlichen Gestapo, darauf zu verzichten, wurden von der vorgesetzten Dienststelle unterbunden.

Kreddig, Walter und Anny

Walter und Anny Kreddig versorgten Horst Wienskowski mit Lebensmitteln und versteckten ihn immer wieder in ihrem Haus. Trotzdem wurde ihr Schützling nach Auschwitz deportiert, wo er aber überlebte.

Kretchmar, Hedwig

Hedwig Kretchmar versteckte die Jüdin Helena Hauser sowie deren Tochter und Schwiegermutter bei sich in Krakau, arrangierte zeitweilige Unterkünfte und einen Arbeitsplatz für Helena Hauser. Als das immer riskanter wurde, schickte Hedwig Kretchmar sie als polnische Arbeiter getarnt zu ihrer Schwägerin und Schwiegermutter nach Bautzen, ohne deren jüdische Identität preiszugeben, wo sie bis zur Befreiung blieben.

Kreyssig, Lothar und Johanna

Das Ehepaar versteckte zwei Juden und versorgte sie mit Lebensmitteln.

Krüll, Günter

Günter Krüll versteckte in Pinsk drei Wochen Fishl Rabinow. Diese arbeitete für ihn als Fernmeldetechniker. Anlass war eine Razzia der Gestapo im Ghetto. Anschließend vermittelte Krüll seinem Schützling einen Arbeitsplatz in Kiew und sorgte dafür, dass er neue Papiere auf den Namen Piotr Rabzewitsch erhielt. Dieser überlebte den Krieg. Krüll starb 1979.

Krumme, Werner

Werner Krumme war mit einer Jüdin verheiratet. Das Ehepaar wurde verhaftet, als sie 1942 zwei Verwandten der Frau zur Flucht nach Frankreich verhelfen wollten. Beide kamen nach Auschwitz. Werner Krummes Frau wurde sofort vergast, während er dem Arbeitsdienst zugeordnet wurde. Hier fälschte er Selektions- und Transportlisten und konnte so einige Hälftlinge retten und für andere die Situation etwas erträglicher machen. Er selbst wurde am 7. Juli 1944 aus Auschwitz entlassen.

Kulka, Walter und Luise

Luise und Walter Kulka unterstützten Elisabeth Bredig ab Januar 1943 mit der Lieferung von Lebensmittelkarten und 1944 beim Beschaffen eines neuen Verstecks.

Kunze, Frieda

Frieda Kunze, die Büroleiterin des Berliner jüdischen Anwalts Georg

Martin Fontheim, hielt Kontakt mit dem Anwalt und seiner Familie bis zur Verhaftung der Fontheims und ihrer Tochter am 24. Dezember 1942 durch die Gestapo. Frieda Kunze stellte danach dem Sohn Ernst Fontheim ihr Sommerhaus in Senzig bei Berlin zur Verfügung. Hier konnte sich Ernst Sontheim – zusammen mit Jack und Lucie Hass und ihrer Tochter Margot – ausgestattet mit falschen Papieren vom 30. Januar 1943 bis zum 27. März 1945 verstecken.

Kurzbach, Gerhard

Gerhard Kurzbach leitete einen Heeres-Kraftfahr-Park in Bochnia, in dem jüdische Zwangsarbeiter beschäftigt waren. Er versteckte zahlreiche Juden, verhinderte damit ihre Deportation, holte sie teilweise sogar noch aus Deportationszügen unter der Angabe, sie dringend für seine Arbeiten zu brauchen, und verpflegte die Menschen. Im März 1943 wurde er versetzt. Seine Spur verliert sich 1944 in Rumänien. Er gilt als vermisst.

Laabs, Karl

Karl Laabs war Bezirksbauinspektor in Chrzanów. Er schützte Juden, indem er ihnen Arbeitsbescheinigungen ausstellte. Im Februar 1943 befreite er viele Juden, die für die Deportation nach Auschwitz vorgesehen waren. Einige Menschen versteckte und versorgte er und brachte sie mit Lastwagen in sichere Verstecke.

Lagrange, Vera

Vera Lagrange war die Tochter von Wanda Feuerherm. Sie half ihrer Mutter, die 1942 bis 1944 in ihrem Haus die Jüdin Gerda Segal versteckt hatte.

Landmann, Elisabeth

Elisabeth Landmann hatte eine englische Mutter und sehr gute Kontakte auf die Insel. Als Großbritannien nach der Reichspogromnacht Einreisegenehmigungen für jüdische Kinder ausstellte, half sie dabei, Pflegefamilien und Internate für rund 50 Kinder in England zu finden.

Landmann, Otto

Otto Landmann war Soldat und verwaltete ein Armeelager in der Ukraine. Dort versteckte er Ende 1942 für drei Monate zwei junge jüdischen Frauen, Towa Brandwein und Rachel Erlich. Er versorgte sie mit Lebensmitteln und beschaffte ihnen gefälschte Ausweise, mit denen sie als polnische Arbeiterinnen nach Königsberg gingen, wo sie als Hausmädchen arbeiteten. Die jungen Frauen überlebten den Krieg. Landmann starb in sowjetischer Kriegsgefangenschaft.

Latte, Ellen

Ellen Brockmann war eine junge Sängerin am Hessischen Volkstheater in Goslar. Sie war 23 Jahre alt, als sie im Mai 1944 Konrad Bauer, den neuen Kapellmeister des Theaters, kennenlernte. Sein wirklicher Name war Konrad Latte, ein Jude, der in der Illegalität bei Ursula Meissner gelebt und die Anstellung unter falschem Namen erhalten hatte. Ellen half ihm und beherbergte ihn schließlich in ihrer Wohnung. Beide heirateten direkt nach Kriegsende.

Lattré, Johannes de und Eva de

Die beiden versteckten zwei jüdische Ehepaare in ihrem Haus.

Lauche, Erich und Ilse

Erich und Ilse Lauche versteckten vom 13. Juni bis 4. Dezember 1943 die jüdische Familie Albert, Hilda und Anneliese Leopold in ihrem Haus und teilten mit ihnen die Lebensmittel.

Ledetsch, Elsa

Elsa Ledetsch und ihre Tochter Gisela Reissenberger versteckten ab Februar 1943 in ihren Wohnungen in Berlin die Jüdin Rachela Schipper und ihre Tochter Jenny und versorgten sie auch mit Lebensmitteln. Wenig später kam noch das jüdische Ehepaar Gustav und Irma Compart dazu. 1944 gelang es den beiden Frauen, ein besseres Versteck für ihre Schützlinge zu finden und sie dort unterzubringen.

Leikam, Alfred

Alfred Leikam bewahrte im KZ Buchenwald den niederländischen Juden Max Nebig vor der Deportation ins KZ Mauthausen.

Leißner, Auguste

Auguste Leißner und ihr Lebensgefährte Willi Kranz versteckten ab März 1943 das jüdische Mädchen Rita Cohn in ihrer Wohnung. Harald Poelchau hatte Kranz darauf angesprochen.

Letnar, Maria

Maria Letnar aus München sowie ihre Schwester Rosa Mayer und ihr Schwager Paul Mayer aus Lenggries versteckten von 1942 bis 1945 die jüdische Ärztin Sophie Mayer.

Lichtenberg Bernhard

Bernhard Lichtenberg war ein katholischer Geistlicher. Er leitete das Hilfswerk beim Bischöflichen Ordinariat Berlin, das vielen Katholiken jüdischer Abstammung bei der Emigration aus Deutschland half. Lichtenberg trat öffentlich gegen die Diskriminierung und Verfolgung von Juden ein – und wurde dafür verhaftet. Kurz vor dem Transport ins KZ Dachau erkrankte er und starb.

Liedtke, Max

Der frühere Verlagsleiter der Greifswalder Zeitung blockierte 1942 als Militärkommandeur der Stadt Przemyśl auf Vorschlag seines Adjutanten Albert Battel den einzigen Zugang zum Ghetto und stellte sich bewaffnet der SS entgegen, um den Abtransport der jüdischen Bevölkerung des Ortes ins Vernichtungslager Belzec zu verhindern. Seine Vorgesetzten hoben seine Befehle auf. Er stellte jedoch 100 Juden und ihre Familien unter den Schutz der Wehrmacht.

Lissack, Frieda

Frieda Lissack, Alfred Griesmann und seine Ehefrau Luise halfen zusammen mit Arno Bach und seiner Ehefrau Margarete zwei Juden, die einem Todesmarsch im April 1945 entfliehen konnten. Sie versteckten und ernährten sie auf dem Hof von Bachs.

List, Heinrich und Maria

Heinrich und Maria List aus Ernsbach versteckten von November 1941 bis 16. März 1942 ihren jüdischen Geschäftsfreund Ferdinand Strauss. Denunziert durch einen polnischen Arbeiter floh Strauss in die Schweiz. Heinrich List wurde festgenommen und ins KZ Dachau eingeliefert, wo er starb.

Löbe, Erich

Erich Löbe fälschte Ausweispapiere für seine jüdischen Nachbarn und Bekannten.

Löwenstein, Theodora

Theodora Löwenstein versteckte und versorgte in Berlin-Wilmersdorf Kurt Lindenberg und Gerald Phillips.

Luckner, Gertrud

Gertrud Luckner arbeitete für die Caritas in Freiburg. Sie organisierte mit Unterstützung des Erzbischofs Conrad Gröber die „Kirchliche Kriegshilfsstelle" innerhalb der Caritas. Damit halfen Freiburger Katholiken Juden. Mit Hilfe von Geldern des Bistums wurden zum Beispiel jüdische Menschen in die Schweiz geschmuggelt. 1943 wurde Luckner verhaftet und ins KZ Ravensbrück gebracht, wo sie den Krieg überlebte.

Luma, Hans

Hans Luma wollte das jüdische Ehepaar Ilse Grün und Gerhard Bernhard Grün bei sich verstecken, die zuvor unter anderem bei Elisabeth Bredig untergetaucht waren. Das Ehepaar Grün und Hans Luma wurden jedoch von der Gestapo verhaftet.

Lusenbrink, Ernst und Elfriede

Bis September 1944 waren Juden in Mischehen und ihre Kinder vor der Deportation geschützt. Als sich das änderte, tauchten Henriette Jordan und ihre Tochter Hanna unter. Henriette fand Zuflucht bei August und Fritz Fuchs. Hanna versteckte sich erst bei Annemarie Möller, dann bei Ernst und Elfriede Lusenbrink und schließlich bei Günther und Therese Ebert.

Maas, Hermann

Hermann Maas hatte sich als evangelischer Pfarrer früh mit dem Judentum beschäftigt und sehr gute Kontakte zu jüdischen Glaubensvertretern. Er war an der Gründung des „Büros Grüber" beteiligt und rettete Juden vor Deportationen in französische Internierungslager, die in der Pfalz, Baden und einigen Orten Württembergs im Oktober 1940 durchgeführt wurden. Einigen konnte er Pässe und Visa für die Auswanderung nach Übersee beschaffen.

Maciejok, Jozef

Josef Maciejok war ein Postbeamter. Zusammen mit seiner Familie versteckte er ab April 1945 Oskar-Yehezkel Eisland, der einem Todesmarsch entkommen war.

Mager, Frieda

Frieda Mager unterstützte Emma Schubert, versorgte sie zum Beispiel mit Lebensmitteln und versteckte sie zeitweise zusammen mit Schuberts Mann, nachdem beide untergetaucht waren.

Mahrt, Erich

Erich Mahrt versteckte seine spätere Ehefrau, die Jüdin Wally Gortatowski.

Maltzan, Maria Gräfin von

Maria Gräfin von Maltzan versteckte Hans Hirschel und zwei weitere Männer in ihrer Wohnung. Sie half dabei, Juden in Eisenbahnwaggons zu platzieren, die als Möbeltransporte schwedischer Bürger nach Schweden fuhren.

Marquardt, Gerhard

Fritz Niermann versteckte in den letzten Monaten des Krieges vier Frauen in seinem Haus in Essen. Sie waren zusammen mit zwei weiteren Frauen aus einem Lager in Essen geflohen. Zuvor hatte Gerhard Marquart die Frauen versorgt und auch eine Weile beherbert. Als das nicht mehr möglich war, sprangen Fritz Niermann und zwei weitere unbekannte Deutsche ein.

Maschotta, Johann und Klara

Johann und Klara Maschotta versteckten ab Juli 1943 das jüdische Ehepaar Hildegard und Arno Simon in einem kleinen Gartenhaus.

Maurer, Max

Max Maurer war Polizist in Ergoldsbach. Am 27. April 1945 übergab ihm die SS 13 Juden, die zuvor aus einem Todesmarsch geflohen waren. Mauerer sollte sie ins Gefängnis nach Landshut bringen. Stattdessen brachte der Beamte sie auf den Hof der befreundeten Familie Gantl und rettete ihnen damit das Leben.

Mayer, Paul und Rosa

Rosa und Paul Mayer versteckten drei Jahre eine jüdische Ärztin in ihrer Wohnung. Paul Mayer war Polizeichef in Lenggries. Die Wohnung befand sich direkt über dem Polizeirevier.

Meier, Albert, Maria und Katharina

Albert Meier, seine Ehefrau Maria und Tochter Katharina retteten die jüdische Familie Bernauer aus Troisdorf vor der Deportation und versteckten sie in ihrem Haus.

Meier, Luise

Luise Meier brachte Juden aus Berlin zu Elise und Josef Höfler in Gottmadingen. Höflers führten die Menschen über die nahe Grenze in die Schweiz. Insgesamt gelang so mehr als 20 Juden die Flucht.

Mensching, Wilhelm
Im Krieg versteckte Pastor Mensching von Herbst 1943 bis Frühjahr 1944 Ruth Lilienthal aus Berlin in seinem Pfarrhaus in Petzen.

Meusel, Margarete
Margarete Meusel half Juden in Berlin dabei unterzutauchen und unterstützte sie.

Meyer, Josef, Elfriede, Hanne und Herta
Josef und Elfriede Meyer sowie ihre beiden Töchter Hanne und Herta lebten ab 1942 in Zloczow. Josef war in der Verwaltung für Ernährung und Landwirtschaft zuständig. In dieser Funktion verbesserte er die Versorgung der jüdischen Bevölkerung auf unterschiedlichen Wegen. Die Familie rettete außerdem das Leben der Familie Altmann sowie von Josef Batisc und seiner Frau.

Mez, Gerda
Gerda Mez nahm im Februar 1945 die vierköpfige Familie Michalski bei sich in einem Hotelzimmer in Tetschen-Bodenbach auf, wo sie mehrere Wochen zusammenlebten.

Michels, Alfred und Margaretha
Margaretha und Alfred Michels versteckten von Anfang 1943 bis zum Kriegsende in Magdeburg Margarethas Jugendfreundin Hermine Czarlinski.

Middendorf, Heinrich
Heinrich Middendorf war Priester und leitete als Rektor das Ordenshaus Stegen in der Nähe von Freiburg. Hier versteckte er Juden. Darunter Lotte und Peter Paepcke, Irmgard Giessler sowie Eva und Dieter Bachenheimer, Kinder einer christlichen Mutter und eines getauften jüdischen Vaters.

Mirbach, Maimi Celina Baronesse von
Maimi Celina Baronesse von Mirbach versteckte Charlotte Kaiser für

mehrere Tage, nahm Gisela Brendel als Untermieterin auf und half weiteren Juden unter anderem mit Lebensmitteln.

Mitschke, Johann
Versteckte und rettete Sender Shapiro.

Moebes, Hella
Hella Moebes gab der schwangeren Jüdin Suzanne Mendel ihre Ausweispapiere, damit diese ihr Kind – für dessen Geburt Komplikationen zu erwarten waren – in einem Krankenhaus entbinden konnte.

Möhring, Georg und Dorothea
Georg Möhring und seine Ehefrau Dorothea lebten mit zwei Töchtern in einer kleinen Zweizimmerwohnung in Berlin-Pankow. Sie versteckten 1943 bis 1945 Siegmund und Margarethe Weltlinger in ihrer Wohnung.

Möller, Richard und Elisabeth
Elisabeth und Richard Möller versteckten in ihrem Haus in Bad Saarow, das als Zweitwohnsitz diente, von Zeit zu Zeit Hans Johannes Weiss und Gertrud Jacob.

Mörike, Otto und Gertrud
Otto Mörike gehörte zum Bruderrat der Bekennenden Kirche in Württemberg. Zusammen mit seiner Frau versteckte er vier Woche Max und Ines Krakauer und beschaffte bis Kriegsende weitere Verstecke für das Ehepaar.

Möller, Annemarie
Bis September 1944 waren Juden in Mischehen und ihre Kinder vor der Deportation geschützt. Als sich das änderte, tauchten Henriette Jordan und ihre Tochter Hanna unter. Henriette fand Zuflucht bei August und Fritz Fuchs. Hanna versteckte sich erst bei Annemarie Möller, dann bei Ernst und Elfriede Lusenbrink und schließlich bei Günther und Therese Ebert.

Morgenstern, Karin
Karin Morgenstern gehörte zur Organisation Bund, die Widerstand leistete und Juden rettete. Sie versteckte Marianne Ellenbogen und arbeitete dabei mit anderen Helfern zusammen.

Moser, Richard
Ernst Richard Moser erwirkte bei der Gestapo 1938 die Freilassung seines Angestellten Wilhelm Bernstein aus einem KZ und unterstützte Bernstein. Dieser konnte auswandern. Er unterstützte Bernsteins Eltern mit Geld und Lebensmitteln bis zu deren Deportation und stellte seiner Schwester und ihrem Mann, Philipp Rappaport, der jüdischer Abstammung war, sein Landgut in Mecklenburg zur Verfügung. Rappaport wurde trotzdem in das KZ Dora-Mittelbau verschleppt, konnte aber später entkommen und sich bei Heinrich Held verstecken.

Most, Elfriede und Grete
Die beiden Schwestern versteckten ab Februar 1943 die 17-jährige Hanni Weissenberg. Im November 1943 wechselte die junge Frau zu Viktoria Kolzer.

Motzko, Ernst-Bruno
Ernst-Bruno Motzko versorgte die Mutter und Schwester seines ausgewanderten Freundes Martin Dzialoszynski im Ghetto von Sosnowiec mit Lebensmitteln und Medikamenten. Wenig später versteckte er die Schwester Hildegard Dzialoszynski sowie Maximilian Dreyfuss und dessen Schwester zwei Jahre lang in einem Möbellagerraum und versorgte sie mit Lebensmitteln. Im selben Gebäude war die Gestapo einquartiert.

Mühlhof, Fritz
Fritz Mühlhof war Leiter der Fabrikwache in Raków bei Tschenstochau. Er unterstützte die Aktivitäten des jüdischen Widerstands vor Ort. Bei Auflösung des Ghettos von Tschenstochau im Juni 1943 brachte er zusammen mit einer Gruppe von Juden Patienten aus dem Ghetto nach Raków, wo er sie später in der Fabrik beschäftigte. Er rettete zwei Jungen vor der

Deportation und beschaffte Medikamente und Lebensmittel für die in der Fabrik arbeitenden Juden.

Müller, Fritz

Fritz Müller war Soldat und arbeitete auf einem Landwirtschaftsbetrieb in der Nähe von Bialystok. Er versteckte und versorgte Ignacy Bucholc.

Müller, Maria und Gerhard

Gerhard und Maria Müller kümmerten sich um die drei jüngeren Töchter der „halbjüdischen“ Familie Kerklies, nachdem deren Mutter und die älteren Geschwister deportiert worden waren. Der „arische“ Vater der Kinder war arbeitsbedingt im Elsass.

Müller, Mathias und Frieda

Das Ehepaar war an der Rettung der Familie Herzberg beteiligt. Wilhelm Bürger unterstützte diese bis zum Ende des Kriegs. Die Frau von Karl Herzberg war „arisch“, was der Familie lange Schutz bot. Im Februar 1945 sollten Karl Herzberg und die beiden Töchter deportiert werden. Wilhelm Bürger beschaffte ihnen eine Unterkunft bei Gertrud Hammer und ihrem Vater Georg in Mannheim. Als die Situation dort zu riskant wurde, sprangen Frieda und Mathias Müller in Ziegelhausen bei Heidelberg ein und beherbergten die Familie.

Müller, Herta

Herta Müller und ihr Ehemann versteckten von Mitte 1943 bis zum Zusammenbruch des nationalsozialistischen Deutschlands das Ehepaar Leo und Lieselotte Witkowski in ihrem Haus in Berlin-Weißensee und versorgten sie mit Lebensmitteln.

Müller, Kurt

Pfarrer Kurt Müller versteckte in Zusammenarbeit mit den Vikarinnen Margarete Hoffer und Elisabeth Braun mehrere jüdische Personen vor dem Zugriff der Gestapo.

Muttje, Karl

Karl Muttje war ein deutscher Militärarzt. Er behandelte die schwer verwundete Jüdin Hannah Hochberg, bei der es sich um eine Partisanin handelte. Er schützte die Frau vor der Abholung zum Verhör. Der Offizier Walter Rosenkrantz nahm sich wenig später der Partisanin an, gab ihr neue Papiere und entließ sie in die Freiheit.

Nagler, Max

Max Nagler, ein Mitarbeiter der Reichspost, versteckte von September 1942 bis Januar 1945 die sechsköpfige jüdische Familie Arzewski in seiner Wohnung in Krakau.

Naujocks, Max

Max Naujocks und seine Frau Herta, die jüdischer Herkunft, aber zum Christentum konvertiert war, versteckten in ihrem Haus im Berliner Stadtteil Malchow die jüdische Familie Weiß. Moritz Weiß wurde entdeckt und ermordet. Seine Frau Regina und seine Tochter Ellen überlebten dank Naujocks Hilfe. Daneben nahmen Naujocks auch noch Magdalene Krewcyewski-Stoof und ihre Tochter Rosemarie auf. Zweimal warnte sie Willy Behr, der zuständige Polizeibeamte, im Voraus vor Durchsuchungen des Hauses, sodass die Versteckten rechtzeitig verschwinden konnten. Nach der zweiten Warnung im Februar 1944 suchten sich die Untergetauchten ein neues Versteck.

Neubauer, Kurt und Ella

Kurt und Ella Neubauer versteckten von August 1943 bis Kriegsende ihren ehemaligen Arbeitgeber Hermann Hersz Kranz, seine Frau Leonore und ihren Sohn Fredy in ihrer Wohnung und versorgten sie mit Lebensmitteln. Zuvor hatte sich die Familie bei Anna Gutsmann versteckt.

Neugebauer, Hedwig

Hedwig Neugebauer versteckte Juden, versorgte die Menschen, organisierte Verstecke, beschaffte gefälschte Dokumente und organisierte illegale Grenzübertritte.

Neumann, Hedwig

Hedwig Neumann versteckte in Eberswalde Arthur Werthauser.

Neyses, Joseph und Hilde

Hilde und Joseph Heyses versteckten vom 17. September 1944 bis zum Einmarsch der Amerikaner am 3. März 1945 Erna Etscheid.

Nickel, Maria

Maria Nickel, eine junge Mutter, nahm nach Januar 1943 den Säugling Reha Abraham bei sich auf, als dessen Eltern untertauchen mussten. Sie half auch sonst den Eltern Ruth und Walter Abraham beim Überleben und verschaffte Walter „arische" Papiere.

Nickel, Otto

Otto Nickel war als Feldwebel in Polen stationiert. Als SS-Männer zwei Juden an seiner Einheit vorbeiführten, nahm er den Wachen die Juden ab mit dem Verweis, sie sollten für seine Einheit arbeiten. Er kümmerte sich um beide Männer und brachte sie wenig später auf seinen Bauernhof in Ostpreußen, wo er sie als polnische Fremdarbeiter anmeldete. Viktor Gonschorek und Jan Lubinetzki überlebten den Krieg genauso wie Otto Nickel.

Niermann, Fritz

Fritz Niermann versteckte in den letzten Monaten des Krieges vier Frauen in seinem Haus in Essen. Sie waren zusammen mit zwei weiteren Frauen aus einem Lager in Essen geflohen. Zuvor hatte Gerhard Marquart die Frauen versorgt und auch eine Weile beherbergt. Als das nicht mehr möglich war, sprangen Fritz Niermann und zwei weitere unbekannte Deutsche ein.

Noerenberg, Otto, Gertrud und Edith

Otto Noerenberg war ein Umzugsspediteur aus Berlin. Zusammen mit seiner Frau Gertrud und ihrer Tochter Edith versteckte er ab Februar 1943 Hans und Wolfgang Lax auf seinem Grundstück und versorgte sie mit Lebensmitteln.

Nürnberger, Johann Karl

Johann Karl Nürnberger lebte in Kežmarok in der Slowakei und hatte dort die Jüdin Paula Grossberg geheiratet. Nürnberger erreichte die Freilassung seiner Schwiegermutter, die nach Auschwitz deportiert werden sollte. Ab 1943 beherbergte das Ehepaar Nürnberger viele polnische Juden bei ihrer Flucht nach Ungarn. Sie nahmen den neun Monate alten Peter bei sich auf, dessen jüdische Eltern getötet worden waren, zogen ihn bis Kriegsende auf und adoptierten ihn dann offiziell. Während des slowakischen Aufstands baute Johann Karl Nürnberger 1944 außerdem außerhalb von Kežmarok einen Bunker, der als Versteck für flüchtende Juden und andere Flüchtlinge diente.

Oblöser, Norberta

Norberta Oblöser versteckte in Berlin Lizzi Buttermilch.

Odenthal, Heinz und Josephine

Das Ehepaar rettete Salomon und Henriette Jacoby zusammen mit ihrer Tochter Hildegard Schott und stellte den Kontakt zu Sibylla Cronenberg her, wo die Jacobs wohnen konnten.

Oewerdieck, Erhard und Charlotte

1939 bezahlten die Eheleute Oewerdieck die Ausreise des Kaufmanns Arno Lachmann mit seiner Frau und seinem betagten Vater nach Shanghai. Sie halfen Eugen Taeubler und seiner Frau bei der Ausreise in die USA und bewahrten Teile ihrer Bibliothek und Papiere. Während des Krieges versteckten sie in ihrer Wohnung Martin Lange und teilten Lebensmittel und Kleidung mit ihm.

Ohrmann, Charlotte

Charlotte Ohrmann rettete Nanny Mosberg, Simson Mosberg und Margot Wolff Mosberg durch Verstecken.

Oppenheim, Friedrich Carl Baron von

Half insbesondere in den Niederlanden verfolgten Juden und setzte sich für sie ein.

Otten, Josef und Maria
Das Ehepaar versteckte in Essen Emanuel Israel Nooitrust.

Otto, Adolf
Adolf Otto arbeitete während des Krieges bei der deutschen Luftwaffe in einer Fabrik in Zawiercie. Dort lernte er die Jüdin Alfreda Leizerowicz kennen. Als im August 1943 die Liquidation des Ghettos Zawiercie begann, floh die Frau und wurde mehr als eine Woche von Adolf Otto und seiner Ehefrau beherbergt. Adolf Otto nannte ihr außerdem die Adresse eines Bauern in einem Nachbarort, wo sie bis Kriegsende arbeiten konnte.

Otto, Willi und Anne
Willi Otto war Schneider in Berlin. Er versorgte zusammen mit seiner Frau Anne Martin Moses und dessen Frau mit Lebensmitteln. Als Moses zusammen mit Verwandten deportiert werden sollten, sorgten sie über ihre Kontakte dafür, dass sie nach Theresienstadt und nicht ins Vernichtungslager Auschwitz deportiert wurden.

Overath, Katherina
Katherina Overath rettete zusammen mit ihren Eltern Albert und Maria Meier die jüdische Familie Bernauer vor der Deportation.

Pachali, Rudolf und Cornelie
Das Ehepaar versteckte Ruth Lilienthal.

Palme, Melida
Marta Heuer und ihre Mutter Melida Palme versteckten Maria Abramska, deren Ehemann und die fünf weiteren Familienangehörigen Fela und Heniek Schwarzfuchs sowie Renia, Jacob und Alina Goldspiegel von Mitte 1943 bis August 1944 in ihrer leerstehenden Wohnung in Warschau.

Pankok, Otto und Hulda
Otto und Hulda Pankok versteckten in ihrem Haus 1944 den Maler Mathias Barz und dessen jüdische Ehefrau Hilde. Als die Gefahr der Ent-

deckung bestand, brachten sie ihre Schützlinge zu Joseph Emonds, der sie weiter versteckte.

Patzschke, Erika und Herbert

Erika und Herbert Patzschke, Gertrud Kochanowski und ihr Vater sowie Dorle und Albert Heuer halfen und versteckten von 1942 bis 1945 der Jüdin Margot Bloch.

Pauli, Hedwig

Anne Dudacy und ihre Tochter Sylvia versteckten Lothar Orbach und seine Mutter Nelly von Januar 1943 bis zum Ende des Krieges. Von Sommer 1943 bis Herbst 1944 lebte Nelly Orbach auch bei Sylvias verwitweter Tante Hedwig Pauli.

Paulo, Vinzenz und Olga

Olga Paulo und ihr Ehemann Vinzenz versteckten ab Anfang 1942 bis zum Einzug der Russen im Sommer 1944 ihre jüdische Bekannte Charlotte Eisenberg und deren beide Töchter Soniuta und Nina. Später nahmen sie ein weiteres Mädchen bei sich auf.

Pauselius, Felicia

Felicia Pauselius versteckte Herbert Strauss in ihrer Wohnung. Andere Verstecke von Strauss waren bei August Sapandowski, dem Ehepaar Strindberg und Wanda Dombrowski.

Pentrop, Hubert

Hubert Pentrop, ein Bauer aus Nordkirchen, versteckte seinen jüdischen Bekannten Siegmund Spiegel acht Monate lang auf seinem Bauernhof. Dessen Frau Marga Spiegel und ihre dreijährige Tochter wohnten bei anderen Familien.

Peschel, Rolf

Rolf Peschel war von 1940 bis 1944 Beamter bei der Kriminalpolizei in Warschau. Er schützte die Jüdin Sandra Brand und ihre Schwester, die unter polnischem Namen in der Stadt lebte. Er ließ einen verhafteten Juden frei, stattete einen anderen mit falschen Papieren aus und rettete 22 Juden vor der Deportation vom „Umschlagplatz". 1944 wurde er auf offener Straße von polnischen Untergrundkämpfern erschossen, die nichts von seinen Taten wussten.

Pfau, Ernst

Ernst Pfau versteckte Gustel Wagner und ihre Familienangehörigen in seiner Holzhütte nahe Bad Dürkheim. Die Schwiegereltern halfen bei der Versorgung.

Pfurtner, Hubertus

Pfurtner verhalf drei Jüdinnen zur Flucht aus dem KZ Stutthof und versteckte anschließend eine von ihnen in dem Haus, in dem er wohnte.

Pissarius, Paul und Helene

Paul und Helene Pissarius versteckten die jüdische Familie Leopold, Bertha und Ernst Joseph in ihrem Haus und retteten sie damit vor Deportation und Tod.

Plagge, Karl

Karl Plagge war Major der Wehrmacht und kommandierte den Heeres-Kraftfahr-Park (HKP) in Vilnius. Er setzte sich auf vielfältige Weise für Juden in seinem Aufgabenbereich ein, verbesserte ihre Lage und sorgte zum Beispiel für medizinische Versorgung. Er stellte Arbeitsbescheinigungen für Juden aus, die für die Arbeiten im HKP überhaupt keine Befähigung hatten, befreite Juden aus der Haft und verhinderte die Deportation „seiner" Arbeiter. Als seine Einheit abziehen sollte, warnte er die Arbeiter und gab ihnen damit die Möglichkeit zur Flucht oder zum Verstecken, die viele nutzten.

Poelchau, Harald und Dorothee

Harald Poelchau war Gefängnispfarrer. Er versteckte unter anderem Rita und Ralph Neumann und verhalf zusammen mit seiner Frau Juden zum Untertauchen. Das Ehepaar stand in Kontakt zur Widerstandsgruppe Onkel Emil.

Pohl, Agneta und Angela Manthe

Angela Manthe und ihre Mutter Agneta Pohl versteckten vom November 1942 bis zur Befreiung 1945 Else und Arthur Klein sowie drei weitere Familienmitglieder in ihrem kleinen Haus in Berlin-Rahnsdorf. Im Sommer 1944 beherbergten sie außerdem für vier Wochen die 17-jährige Sonja Weissbrod.

Pollatz, Manfred und Lili

Manfred und Lili Pollatz waren Lehrer und Quäker. Nach der nationalsozialistischen Machtergreifung wanderten sie in die Niederlande aus und eröffneten eine Schule für die Kinder deutscher Flüchtlinge. Viele Schüler waren Juden, manche Kinder lebten auch bei ihnen. Nach dem Einmarsch der deutschen Truppen wurde die Schule geschlossen. Das Ehepaar beendete seine Unterstützung der Juden nicht und versteckte zehn jüdische Kinder im Alter zwischen zwei Monaten und drei Jahren. Es gab sieben Durchsuchungen durch die Gestapo. Bei einer fand die Polizei ein Kind, das darauf deportiert wurde. Bei einer anderen wurden zwei Kinder entdeckt und Manfred Pollatz verhaftet und ins KZ Dachau gebracht. Seine Frau versteckte weiter die Kinder. Der niederländische Widerstand befreite die beiden Kinder und versteckte sie erneut. Manfred Pollatz überlebte den Krieg. Seine Frau starb 1946.

Porschütz, Hedwig und Hedwig Völker

Hedwig Porschütz und ihre Mutter Hedwig Völker versteckten und versorgten Juden mit gefälschten Papieren und Lebensmitteln. Yad Vashem listet neun Personen auf, die von den beiden Frauen gerettet wurden.

Pütz, Christian und Christine

Christian und Christine Pütz und ihre Tochter Adele Köhn retteten das Leben des jüdischen Pflegekindes Karola Stern, das bei ihnen lebte. 1944 wurde Karola verhaftet, konnte aber fliehen und lebte einige Wochen bei der Familie von Elfriede Stichnoth, einer Schulfreundin, bevor sie wieder zu Pütz wechselte. Von dort nahm sie Käthe Stephan, eine Cousine von Adele, mit nach Schlesien, wo sie neue Papiere als „Ausgebombte“ erhielt.

Radke, Gerhard

Gerhard Radke war Soldat und in der Nähe von Belgrad stationiert. In dem Haus, in dem er untergebracht war, lebte die Familie Pincas. Radke erfuhr von ihrer jüdischen Identität und davon, dass diese ursprünglich in Berlin gelebt hatte und nach Jugoslawien geflohen war. Die Familienmitglieder besaßen iranische Pässe. Gerhard Radke besorgte der Familie die nötigen Reisepapiere und Visa für eine Reise über Bulgarien und die Türkei nach Palästina. Radke wurde wenig später nach Russland verlegt. Er überlebte den Krieg. Beatrice Pinca leitete nach dem Krieg das Tourismusbüro am Flughafen von Tel Aviv. Ein Zusammentreffen mit deutschen Touristen führte zur Wiederherstellung des Kontaktes zu ihrem Retter.

Ramm, Gerd

Gerd Ramm besaß eine Papierfabrik in Berlin, in der auch jüdische Zwangsarbeiter beschäftigt waren. Ramm warnte sie vor bevorstehenden Deportationen, versorgte sie mit Lebensmitteln und half bei der Beschaffung von falschen Papieren. Darüber hinaus versteckte er Juden in seinem Haus. Dazu gehörten Bernhard Friedländer, Alfred Böhm, Harriet Chaha Gerth und Marion Eisenstadt.

Ratz, Erwin und Leonie

Erwin und Leonie Ratz versteckten in Wien mehrere jüdische Mitbürger.

Rauch, Alois und Maria

Alois und Maria Rauch versteckten Elfriede Seitz von Mai 1943 bis zur Befreiung in ihrem Haus in Grucking.

Rebhun, Charlotte

Charlotte Rebhun war mit dem Juden Max Rebhun verheiratet. Sie hatten zwei Kinder: Wolfgang und Adele. Nach der Ausweisung von Max Rebhun nach Polen folgte die Familie 1939 und fand sich nach Kriegsausbruch in Warschauer Ghetto wieder. Charlotte floh aus dem Ghetto und fand eine Wohnung, in der sie illegal zusammen mit den Kindern leben konnte, während ihr Mann nach Treblinka deportiert wurde. Charlotte nahm in ihrer Wohnung acht Juden auf, darunter ein Baby, das Barbara genannt wurde. 1944 kam es zum Warschauer Aufstand, an dem Wolfgang teilnahm. Nach der Niederschlagung wurde die Familie zusammen mit der polnischen Bevölkerung aus der Stadt verschleppt. Bei einer Selektion auf dem Bahnhof wurde die Familie auseinandergerissen. Charlotte kam mit ihrer Tochter in ein Arbeitslager, Wolfgang in das KZ Mauthausen. Die zweieinhalb Jahre alte Barbara blieb allein auf dem Bahnsteig zurück. Charlotte Rebhun wurde 1945 hingerichtet. Wolfgang und Adele überlebten. Barbara wurde von der polnischen Familie Kaczmarek aufgenommen und lebte dort, bis sie von einer jüdischen Familie adoptiert wurde und mit ihr 1950 nach Israel emigrierte.

Rebling, Eberhard

Eberhard Rebling war Musiker und als Kommunist in die Niederlande geflohen, wo er unter falschem Namen lebte, mit der jüdischen Sängerin Lien Brilleslijper eine Partnerin fand und ein großes Haus in Naarden mietete. Mit Beginn der Deportationen versteckte das Paar Familienangehörige und weitere Juden in dem Haus. Rebling stand in Kontakt zum niederländischen Widerstand. Er nahm immer wieder kurzzeitig jüdische Kinder auf und half dabei, für diese sichere Verstecke zu finden. 1944 stürmte die Gestapo das Haus und verhaftete die Bewohner. Rebling konnte fliehen und überlebte bis zum Kriegsende. Auch seine Frau und Tochter überlebten.

Reck-Malleczewen, Friedrich und Irmgard

Das Ehepaar wirkte bei der Rettung von Albertine Gimpel mit. Franz Herda konnte die Frau im Mai 1943 zunächst bei Eduard Winkler verstecken. Später wohnte sie bis Mai 1944 in seinem Atelier. Anschließend brachte Herda sie bis September 1944 bei Vera Manthey in Umrathshausen und danach bei Friedrich Reck-Malleczewen und seiner Frau Irmgard in Poing bei Traunstein unter.

Recke, Euphrosine
Rettete Ilse und Joe David.

Reissenberger, Gisela
Elsa Ledetsch und ihre Tochter Gisela Reissenberger versteckten ab Februar 1943 in ihren Wohnungen in Berlin die Jüdin Rachela Schipper und ihre Tochter Jenny und versorgten sie auch mit Lebensmitteln. Wenig später kam noch das jüdische Ehepaar Gustav und Irma Compart dazu. 1944 gelang es den beiden Frauen dann, ein besseres Versteck für ihre Schützlinge zu finden und sie dort unterzubringen.

Rentsch, Paul
Georg Groscurth, Robert Havemann, Herbert Richter und Paul Rentsch gründeten die Untergrundgruppe „Die Europäische Union", die zeitweise mehr als fünfzig Mitglieder hatte. Die Gruppe versteckte Juden, die der Deportation entkommen waren, versorgte sie mit Lebensmitteln und besorgte falsche Ausweisdokumente. Paul Rentsch und seine Frau versteckten von August bis Anfang September 1943 Elisabeth von Scheven, die am 5. September von der Gestapo gefasst und nach Auschwitz gebracht wurde. Außerdem versteckten sie Alfred and Marie-Luise Michailowitsch, die ebenfalls ermordet wurden. Am 4. und 5. September 1943 ging die Gestapo gegen die Gruppe vor. Paul Rentsch wurde zum Tode verurteilt, seine Frau Margarethe nach zwei Monaten freigelassen.

Richter, Herbert
Herbert Richter gehörte zur Untergrundgruppe „Die Europäische Union". Auch er versteckte Alfred and Marie-Luise Michailowitsch. Nachdem die Gestapo im September 1943 gegen die Gruppe vorgegangen war, wurde Herbert Richter zum Tode verurteilt.

Richter, Emma
Emma Richter versteckte ihre Freundin Meta Sawady und versorgte sie.

Rieck, Walter

Walter Rieck unterstützte Ella und Inge Deutschkron auf vielfältige Art. Er half mit Lebensmitteln, beim Finden neuer Verstecke und diente als Mittelsmann zwischen ihnen und ihren Helfern.

Rönnfeldt, Grete

Grete Rönnfeldt versteckte zusammen mit ihrem Mann ab 1943 Harry Ernsthaft. Er blieb bis Kriegsende.

Röscher, Ida

Paula Wendt, ihre Schwester Ida Röscher und das Ehepaar Adolf und Frieda Wiegel schützten während des Krieges in Berlin Juden, die im Untergrund lebten. Zu ihnen gehörte Alfred Gerschlowitz, der von März 1943 von Oktober 1944 versteckt und unterstützt wurde, sowie Gertrude und Werner Scharff, die sich von Zeit zu Zeit bei ihnen versteckten.

Rosenkrantz, Walter

Rosenkrantz rettete die Jüdin Hannah Hochberg. Zuvor war diese im Bereich Przemyslany als Partisanin schwer verwundet worden. Der Arzt Karl Muttje versorgte und schützte sie. Als Offizier sollte Walter Rosenkrantz sie vernehmen, gab ihr aber neue Papiere und entließ sie in die Freiheit.

Rosemann, Selma

Selma Rosemann versorgte in Breslau verfolgte Juden während des Krieges mit Lebensmitteln. Ab Januar 1945 versteckte sie eine Reihe von Juden in ihrem Haus.

Rosenthal, Emma

Emma Schindler versteckte zusammen mit ihrer Tochter Gerda in Berlin den Juden Henry Atlas. Als das Risiko stieg, wandten sich Schindlers an die Klavierlehrerin Emma Rosenthal, die anschließend Henry Atlas versteckte. Nach dem Krieg heirateten Gerda Schindler und Henry Atlas.

Rossner, Alfred

Alfred Rossner leitete Industriebetriebe in Bedzin, die unter anderem Uniformen für die Wehrmacht herstellten und als kriegswichtig eingestuft waren. Er beschäftigte Tausende von jüdischen Zwangsarbeitern. Der entsprechende blaue Ausweis schützte die Arbeiter und jeweils zwei ihrer Angehörigen vor der Deportation. In dieser Position setzte sich Rossner für viele Juden ein, warnte vor Deportationen, verhalf Menschen zur Flucht und ließ Juden aus Deportationszügen holen. Nach der Liquidierung des Ghettos wurde er im Dezember 1943 aus nicht geklärten Gründen verhaftet und einen Monat später gehängt.

Rouge, Else

Else Rouge leitete ein kleines Restaurant in Hösel bei Düsseldorf. Sie versteckte von September 1944 bis Kriegsende Arthur und Hedwig Berg, die sie zufällig bei einem Waldspaziergang getroffen hatte und die ihr gestanden, obdachlos und jüdisch zu sein. Im selben Haus logierte in der Zeit ein hochrangiger Krupp-Direktor, der als fanatischer Nationalsozialist bekannt war. Das Ehepaar wurde nicht entdeckt und überlebte den Krieg.

Rozen, Paula

Paula Rozen versteckte in Warschau die aus dem Ghetto geflohene Jüdin Maria Mendelson und unterstützte auch deren Mann und Tochter. Mutter und Tochter überlebten, während Marias Ehemann erschossen wurde.

Rügemer, Eduard

Eduard Rügemer war Major der Wehrmacht und leitete einen Heeres-Kraftfahr-Park (HKP) in Tarnopol. Als das Lager der Zwangsarbeiter 1943 aufgelöst wurde, warnte Rügemer die Juden und brachte selbst zwölf von ihnen in Sicherheit. Weiteren 13 bot er Unterschlupf in seinem Haus. Dabei wurde er von seiner polnischen Haushälterin Irena Gut Opdyke unterstützt.

Ruf, August

August Ruf war pensionierter Pfarrer, als sich Katherina Lasker-Meyer auf der Flucht im Mai 1942 an ihn wandte. Ruf leitete sie an einen jüngeren

Kollegen, Eugen Weiler, weiter, der die Frau in die Schweiz brachte, wo sie sicher war. Darauf wurden Ruf und Weiler verhaftet. Ruf überstand die Haft nicht, Weiler überlebte.

Sapandowski, August

August Sapandowski versteckte für einige Wochen Herbert Strauss und seine Partnerin Lotte Schloss. Anschließend trennten sich Strauss und Schloss bei der Unterkunftssuche. Strauss kam bei Friedrich und Utje Strindberg, Felicia Pauselius und Wanda Dombrowski unter. Spandowski versteckte weitere Juden und wurde schließlich von der Gestapo verhaftet. Er starb 1945 im KZ Bergen-Belsen.

Schade, Artur

Artur Schade leitete Textilfabriken in Bialystok. Über einen jüdischen Textilfachmann in einer Fabrik, Berl Kiselstein und seiner Tochter Mina, baute Schade Kontakt zum jüdischen Widerstand in Bialystok auf und beteiligte sich daran, wie unter anderem auch Otto Busse. Er beschaffte Chaika Grossman gefälschte Papiere. Während der ersten Razzia im Ghetto im Februar 1943 versteckte Schade die Familien Kiselstein und Goldstein auf dem Dachboden seines Hauses, im August 1943 verbarg er Mina Kiselstein und Marie Kaplan und half ihnen anschließend, zu den Partisanen zu entkommen. Die jüdische Partisanengruppe Kadima versorgte er mit Lebensmitteln, Medikamenten, Karten, Kompassen und Waffen. Kurz vor der Befreiung Bialystok schloss er sich selbst den Partisanen an. Er überlebte den Krieg.

Schaeder, Hildegard

Hildegard Schaeder versorgte nach 1938 deutsch-jüdische Deportierte in Polen und wahrscheinlich auch untergetauchte Juden in Berlin mit Lebensmitteln. Am 14. September 1943 wurde sie verhaftet, 1944 ins KZ Ravensbrück überstellt, das sie überlebte.

Schallenberg, Bertram und Anni

Gottfried Bongers und sein Sohn Ludwig versteckten Herta und Kaetedore Olbertz. Im Dezember 1944 wurde ein Wechsel des Verstecks nötig und Mutter und Tochter Olbertz wechselten zu Paul Bongers, dem Bruder von Gottfried. Dieser verbarg beide Frauen in seinem großen Haus. Dabei halfen seine Frau Käthe und die Tochter Anni, die zusammen mit ihrem Ehemann Bertram Schallenberg und vier Töchtern ebenfalls im Haus lebten. Im Februar wurde ein weiterer Umzug der Schützlinge nötig. Da jetzt die Situation bei Gottfried und Ludwig Bongers wieder günstiger war, zogen Olbertz dort hin. Sie überlebten die Shoah.

Schallschmidt, Johanna

Johanna Schallschmidt war in der Untergrundorganisation Gemeinschaft für Frieden und Aufbau tätig, deren Leiter Hans Winkler aus Luckenwalde bei Berlin war. Schallschmidt versteckte die Jüdin Ilse Grün und ihren Mann für einige Zeit und versuchte, ein weiteres Versteck für sie zu organisieren. Der Gestapo gelang es jedoch, das Ehepaar Grün und Johanna Schallschmidt zu verhaften und ins Konzentrationslager einzuweisen. Nur Ilse Grün überlebte.

Scharf, Ernst, Ida und Erna Raack

Ernst und Ida Scharf und ihre Tochter Erna Raack waren an der Rettung der Familie Michalski beteiligt. Sie nahmen zwei Kinder des Ehepaars bei sich in ihrem kleinen Bauernhof in Thiemendorf auf.

Scheidling, Heinz

Heinz Scheidling arbeitete beim Bau einer Munitionsfabrik. Hier lernte er die 14-jährige Judy Finkelstein kennen. Er beschäftigte sie und half der Jugendlichen bei der Flucht nach Polen, wo sie die Shoah auf einem Bauernhof überlebte.

Schell, Helene von

Helene von Schell versteckte eine vierköpfige Familie von Dezember 1942 bis zur Befreiung Berlins durch die Russen in ihrer Einzimmer-Wohnung. Nachbar war ein NSDAP-Funktionär, der zum Glück schwerhörig war. Dessen Frau, Berta Seeliger, deckte Helene von Schell und ihren Besuch.

Scherer, Gisela und Josy Scherer-Hoffmann
Von Januar 1945 bis Kriegsende versteckten Gisela Scherer und ihre Schwester Josy Scherer ihre jüdische Freundin Rosl Vetter in ihrer Münchner Wohnung.

Schiemann, Elisabeth
Elisabeth Schiemann half Valerie und Andrea Wolffenstein dabei, der Deportation zu entgehen. Sie half dabei, dass sich die Schwestern bei Esther und Hans Seidel verstecken konnten.

Schindler, Emma und Gerda
Emma Schindler versteckte zusammen mit ihrer Tochter Gerda in Berlin den Juden Henry Atlas. Als das Risiko stieg, wandten sich Schindlers an die Klavierlehrerin Emma Rosenthal, die anschließend Henry Atlas versteckte. Nach dem Krieg heirateten Gerda Schindler und Henry Atlas.

Schindler, Oskar und Emilie
Oskar Schindler beschäftigte während des 2. Weltkrieges zahlreiche jüdische Zwangsarbeiter, setzte sich auf vielfältige Weise, unterstützt durch seine Frau, für sie ein. Dadurch rettete das Ehepaar viele Menschen vor dem sicheren Tod.

Schink, Bartholomäus
Bartholomäus Schink gehörte zur Widerstandsgruppe Edelweißpiraten, die vor allem im Rheinland aktiv war. Die Gruppe rettete zunächst Günther und Wolfgang Schwarz und in der zweiten Hälfte des Krieges Friedel Krämer und ihre Tochter Ruth sowie Paul Urbat. Schink wurde verhaftet und gehängt.

Schlatzke, Herman
Keine weiteren Angaben bei Yad Vashem

Schleiermacher, Walter und Elsa
Elsa und Walter Schleiermacher unterstützten die Jüdin Gabriela Valentin.

Schmid, Antonie

Antonie Schmid war Schauspielerin und in Wien unter dem Namen Dorothea Neff bekannt. Sie versteckte Lili Wolff in ihrer Wohnung. Dabei wurde sie von Martha-Maria Driessen und Meta Schmitt unterstützt. Die vier Frauen waren gute Freundinnen und kannten sich schon lange davor.

Schmidt, Arthur und Paula

Arthur und Paula Schmidt versteckten die sieben jüdischen Kinder von Alexander und Pauline Weber.

Schmitt, Meta

Meta Schmitt war mit der Schauspielerin Antonie Schmid befreundet. Diese versteckte Lili Wolff in ihrer Wohnung. Meta Schmitt unterstützte sie dabei genauso wie eine weitere Freundin, Martha-Maria Driessen Die vier Frauen kannten sich schon lange.

Schmitz, Anne

Anne Schmitz gehörte zur Organisation Bund, die Widerstand leistete und Juden rettete. Sie versteckte Marianne Ellenbogen und arbeitete dabei mit anderen Helfern zusammen.

Schmitz, Elisabeth

Elisabeth Schmitz versteckte Liselotte Pereles und andere Juden in ihrer Wohnung.

Schneider, Dorothea und Christa

Dorothea Schneider und ihre Tochter Christa nahmen im Juli 1943 die Jüdin Margarete Latte in ihrer Wohnung auf und versteckten sie bis Oktober 1943. Latte meldete sich selbst bei der Gestapo, als sie erfuhr, dass ihr Mann Manfred und ihr Sohn Konrad Latte verhaftet worden waren. Von Juli bis August 1944 gewährten Schneiders auch Charlotte Holzer Unterkunft. Die Frau hatte ihnen Pastor Harald Poelchau vermittelt. Anschließend versteckten Schneiders im Oktober 1944 und im März 1945 eine Jüdin mit Nachnamen Leupold.

Schock, Emil und Ella
Ella und Emil Schock versteckten Adolph und Edith Cohn ab März 1943 bis zur Befreiung Berlins.

Schönberner, Gertrud und Anna
Gertrud Schönberner und ihre Adoptivtochter Anna Schönberner nahmen ab Herbst 1942 die Jüdin Alice Schneider-Didam für ein Jahr in ihrer Wohnung in Berlin-Charlottenburg auf. Nach Zerstörung der Wohnung bezogen sie eine neue Unterkunft, die sie vom 13. September 1944 bis zur Befreiung mit der Jüdin Rosa Jaerschky-Zacharias und ihrer Tochter Lola teilten.

Schönbrunner, Oskar
Schönbrunner arbeitete zwischen 1941 und 1944 als Zahlmeister der deutschen Militärverwaltung in Wilna. Er beschäftigte zahlreiche Juden, verbesserte ihre Situation, schützte sie so gut wie möglich vor der SS und befreite mehrfach Juden aus dem Gefängnis mit dem Hinweis, sie seien unverzichtbare Facharbeiter.

Schönebeck, Maria
Maria Schönebeck versteckte vom August 1944 bis Kriegsende den später bekannten jüdischen Entertainer Hans Rosenthal. Zuvor hatte er 18 Monate bei Ida Jauch gelebt.

Schörghofer, Karl, Katharina, Karl und Martha
Karl Schörghofer war Verwalter und Totengräber des jüdischen Friedhofs in München. Er versteckte während des Kriegs sieben Juden auf dem Areal, für das Schörghofer zuständig war und zu dem auch Gebäude gehörten. Dabei halfen seine Frau und die Kinder Karl und Martha. Eine der Jüdinnen kam nach einiger Zeit für über ein Jahr bis Kriegsende in der Wohnung von Tochter Martha in Miesbach unter.

Schreiber, Sonja
Sonja Schreiber gehörte zur Organisation Bund, die Widerstand leistete

und Juden rettete. Sie versteckte Marianne Ellenbogen und arbeitete dabei mit anderen Helfern zusammen.

Schröder, Gustav

Schröder war Kapitän des Passagierschiffs St. Louis der Reederei Hapag. Das Schiff war 1939 mit über 900 jüdischen Flüchtlingen an Bord von Hamburg nach Amerika gefahren, dort wurden sie aber sowohl von Kuba wie auch von den USA abgewiesen. Zurück in Europa versuchte Schröder alles, um nicht mit den jüdischen Passagieren an Bord nach Deutschland zurückkehren zu müssen. Schließlich nahmen verschiedene Länder die jüdischen Passagiere auf.

Schröder, Hanning

Hanning Schröder und seine Frau Cornelia versteckten Ilse und Werner Rewald in ihrem Haus.

Schrödter, Hedwig und Otto

Hedwig und Otto Schrödter versteckten in ihrem Haus in Berlin-Hohenschönhausen von September 1943 bis Ende April 1945 das jüdische Ehepaar Kurt und Ursula Reich und ihre kleine Tochter Monica. Im Dezember kamen die jüdische Familie Robert und Eva Sachs und deren 63-jährige Mutter Johanna Hirsch dazu. Johanna Hirsch starb im März 1944 in ihrem Versteck an den Folgen eines Schlaganfalls. Die anderen Fünf überlebten die Schoah.

Schröter, Franziska

Keine weiteren Angaben bei Yad Vashem

Schürholz, Franz

Franz Schürholz versteckte in seinem Büro in Berlin ab Februar 1943 für zweieinhalb Monate Ludwig Ehrlich. Als der Aufenthalt zu rikant wurde, vermittelte Schürzholz Ehrlich ein neues Versteck.

Schulte, Eduard

Eduard Schulte leitete ein Großunternehmen bei Breslau und hatte Zugang zu Geheiminformationen der SS. Daraus erfuhr er 1942 von den Plänen zur Vernichtung der Juden und berichtete einem jüdischen Geschäftsfreund in der Schweiz davon, der die Informationen nach Großbritannien und in die USA weiterleitete.

Schulz, Gustav und Anni

Anni und Gustav Schulz versteckten verschiedene Male Lina Arndt. Außerdem unterstützten sie die Familie Arndt mit Lebensmitteln.

Schulze, Frieda

Frieda Schulze bot der Jüdin Gertrude Sachs ab Anfang 1943 Zuflucht in ihrer Einzimmerwohnung in Berlin-Hermsdorf. Der Ehemann von Gertrude Sachs und ihre Tochter folgten nach kurzer Zeit. Das Zusammenleben dauerte fast zwei Jahre.

Schwartze, Bruno und Anna

Anna und Bruno Schwartze versteckten in Berlin gemeinsam Moritz Mandelkern.

Schwarz, Käthe

Käthe Schwarz beherbergte in ihrem Haus bis November 1943 die Jüdin Lotte Eifert. Nach ihrem Umzug nach Ingolstadt versorgte sie außerdem die in Berlin in Illegalität lebende Inge Deutschkron regelmäßig mit Lebensmittelkarten.

Schwelien, Maria

Die Schwestern Maria und Gitta Dubro versteckten Ilse Baumgart ab Juli 1944 neun Monate lang in ihrer Wohnung. Nach Eheschließung hießen die beiden Frauen Maria Schwelien und Gitta Bauer.

Schwersensky, Gerhard und Ilse

Gerhard und Ilse Schwersensky gehörten der religiösen Gemeinschaft der Quäker an. Sie versteckten ab August 1942 Lottie Katz und ab Ende 1942 Hannelore Jacoby.

Schweser, Konrad
Konrad Schweser war in Polen und der Ukraine als Straßenbauingenieur eingesetzt. Im Straßenbau arbeiteten zahlreiche Juden. Schweser half ihnen auf vielfältige Weise. Er verhinderte Deportationen, versteckte Juden, ließ sie in Sicherheit bringen und verschleierte eine Typhusepidemie, um die Liquidierung eines Lagers zu verhindern. Aufgrund seiner Taten stand er zweimal vor einem Kriegsgericht, wurde aber jedes Mal freigesprochen.

Seebaß, Julius, Hertha, Ricarda und Renata
Julius und Hertha Seebaß und ihre beiden Töchter nahmen im April 1945 Adolf Weissmark und Rudolf Klepfisz in ihrem Haus auf. Die beiden Männer waren aus einem Todesmarsch geflohen.

Seidel, Hans und Esther-Maria
Esther-Maria Seidel und ihr Mann versteckten die Schwestern Valerie und Andrea Wolffenstein.

Seitz, Wilhelm und Maria
Wilhelm und Maria Seitz versteckten in ihrem Haus in Türkheim in Bayern 1945 für fünf Wochen drei jüdische Frauen, die aus dem nahegelegenen Konzentrationslager geflohen waren.

Seligmann, Kurt
Kurt Seligmann unterstützte Rachela und Jenni Schipper. Er versorgte sie mit Lebensmitteln und Geld, half ihnen bei der Suche nach Unterkünften und ließ sie auch immer wieder in seiner Wohnung, die als Versteck ansonsten ungeeignet war, übernachten.

Sell, Helmuth und Annemarie
Helmuth Sell half einem jüdischen Jungen, den er 1943 als Boten in seiner Fabrik angestellt hatte, wobei er zunächst nichts von dessen Religion

wusste. Der Junge hatte sich bei ihm in Uniform der Hitlerjugend vorgestellt und erklärte seine Identität als Jude später. Sell beschaffte dem Jungen, Ezra Ben Gershom, gefälschte Papiere für eine Reise nach Wien. Das weitere Schicksal von Gershom ist nicht bekannt, nur dass er die Shoah überlebt hat.

Sickmann, Bernhard

Bernhard Sickmann und seine Familie versteckten Marga Spiegel und ihre Tochter für einige Zeit. Dabei wechselten sich Sickmanns mit Bernhard Südfeld und Heinrich Aschoff ab.

Siemsen, Gertie

Gertie Siemsen war eine enge Mitarbeiterin von Harald Poelchau. Sie half der Familie Latte und nach der Deportation dem verbliebenen Sohn Konrad. Siemsen stellte Lebensmittelkarten, Geld, Verstecke und Arbeitsmöglichkeiten zur Verfügung, ließ Konrad Latte in ihrer Wohnung übernachten und versorgte ihn mit gefälschten Dokumenten.

Silkenbömer, Heinrich

Heinrich Silkenbömer und seine Familie versteckten den Juden Siegmund Spiegel, der zuvor bei Hubert Pentrop gewohnt hatte, dort aber von einem Hitlerjungen entdeckt worden war.

Simons, Erna und Christel

Erna Simons und ihre Tochter Ellen versteckten ab 1941 in ihrem Haus die jüdische Ärztin Margarete Goldstein. Als der Aufenthalt in Berlin zu riskant wurde, brachten sie ihren Schützling nach Reit im Winkel zu einem Freund der Familie.

Söhnker, Hans

Hans Söhnker versteckte Kurt Hirschfeldt in Berlin.

Sommer, Artur

Artur Sommer arbeitete als Offizier der Wehrmacht in der Wirtschaftsabteilung. Er gab Informationen über die Ermordung von Juden über einen Kontakt in der Schweiz an die britische und US-amerikanische Regierung weiter. Außerdem versteckte er Juden in seiner Wohnung und verhalf ihnen zur Flucht in die Schweiz oder über Portugal aus Europa.

Sommer, Margarete

Margarete Sommer versteckte Sonja Goldwerth 1944 zunächst in ihrer Kleinmachnower Wohnung und später bei Ordensschwestern. Sie informierte die katholische Kirchenführung über die Judenverfolgungen und mahnte diese, dagegen einzutreten.

Sonntag, Walter

Walter Sonntag war insgesamt zehn Jahre in der Zeit des Dritten Reichs inhaftiert, sieben davon im KZ Buchenwald. Im Winter 1944 bis 1945 übernahm er als Kapo eine leitende Funktion im Block 49. Sonntag tat alles, um die Bedingungen der Gefangenen in seinem Block so menschlich wie möglich zu gestalten und bemühte sich insbesondere, die 365 Juden im Block vor der SS zu schützen. Einer seiner Schützlinge war Yochanan Goldkranz, dem Sonntag das Leben rettete. Als die SS das Lager räumen und die Juden von den anderen Häftlingen trennen wollte, vermutlich, um sie auf einen Todesmarsch zu schickten, verweigerte Sonntag erfolgreich die Separierung der Juden.

Sotschek, Hanna und Eva Cassirer

Eva Cassirer und ihre Mutter Hannah Sotschek versteckten die Jüdin Elisabeth Jacoby.

Specht, Senta

Senta Specht versteckte Ruth Heynemann zehn Tage bei sich, bevor die Jüdin zusammen mit ihrer Mutter bei Edwin und Gina Tietjens unterkommen konnte.

Sperling, Herbert

Herbert Sperling organisierte in Berlin für Auguste und Robert Meder ein Versteck.

Spisky, Wilhelm und Else

Wilhelm Spisky organisierte die Befreiung der Familie Cogan aus einem rumänischen Gefängnis und versteckte sie sechs Wochen zusammen mit seiner Frau Else.

Sprengel, Walther und Eva

Keine weiteren Angaben bei Yad Vashem

Springer, Otto M.

Otto Springer wurde nach Weigerung, sich von seiner jüdischen Frau scheiden zu lassen, in verschiedene Arbeitslager eingeliefert. Er war auch in einer Widerstandsgruppe aktiv, die fünf Juden vor Deportationen warnte.

Staberock, Mathilde

Mathilde Staberock versteckte in Berlin mehrere jüdische Mitbürger.

Stecher, Hans und Blanka

Blanka und Hans Stecher versteckten in Köln Helene Krompers.

Stefanovic, Vojislav

Vojislav Stefanovic unterstützte versteckte Juden mit Essen und Kleidung. Dazu gehörten die Brüder Lax, deren Vornamen nicht bekannt sind, sowie Gisela Jacobius und ihre Eltern, denen er nach Gefahr durch die Gestapo neue Verstecke organisierte.

Steinbacher, Therese und Stefan

Therese Steinbacher und ihr Sohn Stefan versteckten die Jüdin Ilse Gerweck in Unterwössen.

Steineke, Karl

Karl Steineke versteckte in seiner Wohnung und seiner Garage in Rheidt Emma Sandner und ihren nicht-jüdischen Ehemann, Jenny Bosch und Henny Allerz.

Steinl, Gertrud

Gertrud Steinl vermittelte die Jüdin Sarah Shlomi an ihre Eltern. Hier blieb sie bis zum Kriegsende, wobei die Eltern nicht wussten, dass Shlomi Jüdin war.

Steinmann, Meta

Meta Steinmann gehörte zur Organisation Bund, die Widerstand leistete und Juden rettete. Sie versteckte Marianne Ellenbogen und arbeitete dabei mit anderen Helfern zusammen.

Stichnoth, Elfriede

Elfriede Stichnoth versteckte in Leverkusen bei ihren Eltern für mehrere Wochen ihre jüdische Schulfreundin Carola Stern. Zuvor hatte diese bei Christian und Christine Pütz gelebt, zu der sie nach einigen Wochen wieder wechselte.

Stippler, Karl und Elisabeth

Karl und Elisabeth Stippler versorgten 1941 und 1942 Franciska Schönberg und ihren kranken Sohn Otto Schönberg.

Stockmann, Karl, Annemarie und Margret

Das Ehepaar Annemarie und Karl Stockmann und ihre Tochter Margret, die in den Niederlanden lebten, nahmen im September 1942 für zwei Jahre den Jungen Ernst Krakenberger bei sich auf. Als Karl Stockmann im September 1944 vom Volkssturm desertierte, mussten sich auch Stockmanns verstecken. Dabei nahmen sie Ernst mit. Für sechs Monate versteckten Stockmanns auch den 17-jährigen Herbert Krakenberger.

Stockmar, Hans

Hans Stockmar hielt Kontakt zu Joseph Gelbart und unterstützte ihn mit Lebensmitteln, Kleidung und Trost, nachdem dieser ins Warschauer Ghetto gebracht wurde. Gelbart starb 1942.

Stöffler, Eugen, Johanna und Ruth

Eugen und Johanna Stöffler und ihre Tochter Ruth gehörten zur Sozietät der christlichen Nächstenliebe der Bekennenden Kirche in Württemberg. Ziel des Netzwerks war, Juden Unterschlupf zu bieten. Von 1943 bis 1945 wohnten mehrfach Ines und Max Krakauer bei ihnen.

Stoll, Eva und Walter

Gaby Gaebler hatte zwei Kinder: Eva und Wolfgang. Tochter Eva arbeitete am Theater von Lublin. Hier freundete sie sich mit der Jüdin Irena Szipiaski an. Als in Polen die Deportationen begannen, schickte der Theaterdirektor Irena zu Eva, die mittlerweile nach Warschau gezogen war. Eva beschaffte der Freundin polnische Papiere, mit denen sie in Deutschland arbeiten sollte. Hier wurde Irena aber in einem Arbeitslager inhaftiert. Von da an kümmerten sich Mutter Gaby und Bruder Wolfgang um Irena, brachten ihr Lebensmittel und besuchten sie. Daran beteiligte sich auch ein junger Mann namens Walter Stoll, der häufig Gast der Gaeblers war und später Eva heiratete. Über dieser Hilfe hinaus verbarg die Familie Gaebler für mehrere Monate den Schauspieler Martin Rosen.

Strassmann, Fritz

Fritz Strassmann war ein international renommierter Wissenschaftler und gehörte in Deutschland zum Forscherteam, das sich mit der Kernspaltung beschäftigte. Zusammen mit seiner Ehefrau versteckte er ab Frühjahr 1943 in der Wohnung Andrea Wolffenstein, bis das wachsende Risiko ein neues Versteck nötig machte.

Strindberg, Friedrich und Utje

Das Ehepaar versteckte Herbert Strauss in der Wohnung. Strauss hatte zuvor bei August Sapandowski gewohnt und wechselte anschließend zu Felicia Pauselius und dann zu Wanda Dombrowski.

Ströter, Grete

Grete Ströter gehörte zur Widerstandsorganisation Bund, die Juden rettete. Sie stellte zwischen der untergetauchten Marianne Ellenbogen und ihrer inhaftierten Familie Kontakt her. Die Familie wurde wenig später deportiert, Marianne Ellenbogen versteckte sich weiter.

Südfeld, Bernhard

Bernhard Südfeld versteckte mit seiner Familie Marga Spiegel und ihre Tochter Karin. Dabei wechselte er sich mit Heinrich Aschoff und Bernhard Sickmann ab.

Sürkel, Hans

Hans Sürkel war Ingenieur der Organisation Todt und arbeitete im Straßenbau in der Ukraine. Er verhalf drei jüdischen Frauen zur Flucht aus dem Lager und rettete sie vor der Ermordung.

Sylten, Werner

Werner Sylten half Heinrich Grüber dabei, „nichtarischen" Christen die Auswanderung zu ermöglichen. Als Grüber verhaftet wurde, führte er die Arbeit weiter, bis er selbst 1941 ebenfalls festgenommen wurde. Er starb 1942 im KZ Dachau.

Symanowski, Horst und Isolde

Horst und Isolde Symanowski versteckten die jüdische Familie Karmeinsky aus Bersenbrück in Niedersachsen von 1944 bis Januar 1945 in ihrer Wohnung in Königsberg.

Szamatolski, Hannelore

Hannelore Szamatolski versorgte Kurt Lindenberg in Berlin mit Lebensmitteln.

Szturmann, Frieda

Frieda Szturmann versteckte Cecilie Rudnik und später auch ihre Enkelin Anna Boros. Dabei wirkte sie mit Mohamed Helmy zusammen. Helmy war Ägypter und lebte als Arzt in Berlin. Er half ebenfalls Juden. Er hatte Anna Boros zuvor versteckt und wurde ebenfalls als Gerechter geehrt.

Tervoort, Anna

Anna Tervoort versteckte in der Nähe von Krefeld auf ihrem Bauernhof Johanna Werner. Ihr Mann war Soldat und sie hatte zwei kleine Kinder.

Als eine Denunziation drohte, brachte sie die Frau im Keller eines beschädigten Hauses unter und versorgte sie weiter. Dabei half ihr Ernst Evers, ein Freund der Familie.

Teske, Wilhelm und Luise

Luise und Wilhelm Teske hatten einen kleinen Schuhmacherladen im Berliner Stadtteil Schöneberg. Sie unterstützten das jüdische Ehepaar Margarethe und Louis Wilhelm. Nach dem Tod von Louis unterstützten sie weiter seine Frau. Als deren Deportation drohte, halfen sie ihr, sich zusammen mit ihrer Schwester Elisabeth Schwarz zu verstecken. 1943 brachte sich Margarethe Wilhelm um. Ihre Schwester wurde verhaftet. Darüber hinaus versteckten Teskes auch Lilli Katzenellenbogen, die 1943 mehrmals in ihrem Haus Schutz suchte.

Tietjens, Edwin und Gina

Vom Jahr 1943 an versteckten Edwin Tietjens und seine Ehefrau Gina Ruth Heynemann und deren Mutter in ihrem Haus und beschafften ihnen gefälschte Papiere. Zuvor hatte Heynemanns bei Senta Specht gewohnt, einer Freundin Tietjens.

Tietze, Albrecht

Albrecht Tietze arbeitete als Internist in einem Berliner Krankenhaus. Als am 1. April 1933 jüdische Mitarbeiter das Krankenhausgelände verlassen mussten, schloss er sich aus Protest seinen Kollegen an. Daneben arbeitete er im Widerstand.

Totzke, Ilse Sonja

Ilse Sonja Totzke versuchte zweimal, mit der Jüdin Ruth Basinski 1943 in die Schweiz zu fliehen. Beide Versuche scheiterten. Ilse Totzke kam ins KZ Ravensbrück, das sie überlebte. Ruth Basinski überlebte Ausschwitz, wo sie dem Mädchenorchester angehört hatte.

Treptow, Ernst und Maria

Ernst Treptow und seine Ehefrau Maria Treptow schützten in Berlin im

Keller ihrer Wohnung die jüdischen Jugendlichen Joachim Sieburth und Bruno Gumpel. Gumpel arbeitete tagsüber in der Fabrik von Max Köhler. Als sein Versteck durch einen Bombenangriff zerstört wurde, übernachtete er auch in der Fabrik von Köhler.

Tudyka, Joseph
Joseph Tudyka entdeckte in der Nähe von Weißwasser Edith Sonnenberg und eine weitere Frau, die auf einem Todesmarsch zusammengebrochen und zum Sterben am Wegesrand liegengelassen worden waren. Er brachte ihnen Essen und Wasser und versteckte sie. Trotz Tudykas guter Fürsorge starb eine der Frauen. Edith Sonnenberg überlebte und blieb auch nach dem Krieg mit ihm in Kontakt.

Ufer, Georg
Georg Ufer war ein Bergbauingenieur. In Belgrad lernte er beruflich den Juden Joseph Pozwolski kennen. Als er den Mann später wieder traf, trug er einen gelben Stern und verrichtete Zwangsarbeit. Ufer, mittlerweile Major, deklarierte Pozwolski zu einem unverzichtbaren Arbeiter seiner eigenen Einheit in Skopje. Als nach einiger Zeit trotzdem die Deportation drohte, fuhr er ihn über die Grenze nach Mazedonien, wo er überleben konnte.

Verhey, Carl und Hedwig
Hedwig und Carl Verhey versteckten in Köln Sibille Körfer.

Vogt, Herbert
Herbert Vogt arbeitete bei der Eisenbahn-Verwaltung in Krakau. Er bot Stefania Kornfeld und ihrer Tochter zeitweise Unterschlupf und versorgte Juden mit gefälschten Ausweispapieren.

Vollrodt, Karl
Keine weiteren Angaben bei Yad Vashem

Wagenknecht, Elfriede
Elfriede Wagenknecht rettete Dorothea, Lothar und Michael Fauth.

Waldhelm, Fritz, Emma und Ilse
Die Familie Waldhelm lebte in Nachbarschaft zur jüdischen Familie Klemm in Magdeburg. Als Klara Klemm nach Auschwitz deportiert wurde und ihr Mann untertauchte, versteckten die Waldhelms die beiden Söhne der Klemms.

Walz, Hans
Hans Walz war einer der führenden Industriellen Deutschlands, Direktor der Bosch-Werke in Stuttgart und eng mit Firmengründer Robert Bosch befreundet. Er half durch die Bereitstellung von Geld, Juden aus Konzentrationslagern freizukaufen und ermöglichte zahlreichen Juden durch Geldzahlungen – teils in kürzester Zeit – die Flucht.

Walz, Ludwig
Ludwig Walz fuhr zwischen 1934 bis 1942 einmal wöchentlich bei Nacht in das 35 Kilometer entfernte Buttenhausen zur dortigen jüdischen Gemeinde, um diese mit Nahrungsmitteln zu versorgen. Auch nach Deportation der Juden nach Riga und Theresienstadt unterstützte er sie mit Lebensmitteln.

Wander, Gerhard
Gerhard Wander arbeitete in der Verwaltung der besetzten Niederlande mit Hans Georg Calmeyer zusammen und rettete zahlreiche Juden durch Ausstellung falscher Papiere. Er hatte Kontakte zum niederländischen Widerstand und wurde im Januar 1945 von der Gestapo erschossen.

Weeg, Ludwig und Elisabeth
Elisabeth Weeg und ihr Ehemann Ludwig versteckten ab Ende 1944 bis Kriegsende in Scheiderhöhe das jüdische Ehepaar Nanny und Erwin Bernauer und ihre beiden Töchter Karola und Erna. Sie wurden von Albert Meier, Maria Meier und deren Tochter Katharina Overath darum gebeten, die bis dahin Bernauers versteckt hatten, aber zunehmend in das Visier der Gestapo gerieten.

Wegner, Armin
Der Schriftsteller Armin T. Wegner protestierte im April 1933 in einem

offenen Brief an Adolf Hitler gegen die Judenverfolgung. Der Brief wurde zu der Zeit von keiner Zeitung veröffentlicht, woraufhin Wegner ihn direkt an das Braune Haus, die Zentrale der NSDAP in München, schickte. Kurz darauf wurde er deswegen verhaftet, gefoltert und mehrere Monate lang inhaftiert.

Weidt, Otto
Otto Weidt war Besitzer einer als „wehrwichtiger Betrieb" eingestuften Besen- und Bürstenbinderei. Der fast blinde Mann beschäftigte und beherbergte zahlreiche Juden und verhinderte so ihre Deportation. Anderen Juden vermittelte er Unterkünfte in Berlin. Kurz vor Kriegsende fuhr er sogar nach Auschwitz, um Alice Licht, einer jungen Frau, für deren Unterkunft in Berlin er zuvor gesorgt hatte, dort ausfindig zu machen. Er konnte über einen Zivilarbeiter Kontakt zu ihr herstellen. Nachdem Alice Licht bei einem Todesmarsch fliehen konnte, ging sie zurück nach Berlin und versteckte sich ab Januar 1945 bei Otto Weidt.

Weiler, Eugen
Eugen Weiler verhalf Katherina Lasker-Meyer zur Flucht in die Schweiz. Zuvor hatte sich die Frau an einen pensionierten Kollegen, August Ruf, gewandt und um Hilfe gebeten. Anschließend wurden Ruf und Weiler verhaftet. Ruf überstand die Haft nicht, Weiler überlebte.

Weiler, Charlotte
Charlotte Weiler versteckte in Berlin Hedwig und Erich Senger.

Weissová, Anna und Františka Jachanová
Františka Jachanová und ihre Schwester Anna Weissová versteckten in Bratislava Anna und Kurt Eisler.

Wendland, Ruth und Agnes
Ruth Wendland bot zusammen mit ihrer Mutter Agnes den Juden Rita und Ralph Neumann Unterkunft und Verpflegung.

Wendt, Paula

Paula Wendt, ihre Schwester Ida Röscher und das Ehepaar Adolf und Frieda Wiegel schützten während des Krieges in Berlin Juden, die im Untergrund lebten. Zu ihnen gehörten Alfred Gerschlowitz, der von März 1943 von Oktober 1944 versteckt und unterstützt wurde, sowie Gertrude und Werner Scharff, die sich von Zeit zu Zeit bei ihnen versteckten.

Weschenfelder, Franz und Helen

Franz Weschenfelder, der in einer medizinischen Abteilung der Schutzpolizei in der polnischen Stadt Stanislawow diente, und seine Frau Helen waren maßgeblich an der Rettung einer Reihe jüdischer Familien vor der SS und ihrer ukrainischen Handlanger beteiligt.

Wiegel, Adolf und Frieda

Paula Wendt, ihre Schwester Ida Röscher und das Ehepaar Adolf und Frieda Wiegel schützten während des Krieges in Berlin Juden, die im Untergrund lebten. Zu ihnen gehörte Alfred Gerschlowitz, der von März 1943 von Oktober 1944 versteckt und unterstützt wurde, sowie Gertrude und Werner Scharff, die sich von Zeit zu Zeit bei ihnen versteckten. Im Herbst 1944 zerschlug die Gestapo das kleine Hilfsnetzwerk.

Wieth, Imgard

Irmgard Wieth versteckte vier Juden aus dem Lemberger Ghetto in ihrer Wohnung.

Winkler, Eduard

Eduard Winkler unterstützte Franz Herda bei der Rettung seiner jüdischen Bekannten Albertine Gimpel. Franz Herda konnte Albertine Gimpel im Mai 1943 zunächst bei Eduard Winkler verstecken. Später wohnte sie bis Mai 1944 im Atelier von Franz Herda. Anschließend brachte Herda sie bis September 1944 bei Vera Manthey in Umrathshausen und danach bei dem Schriftsteller Friedrich Reck-Malleczewen und seiner Frau Irmgard in Poing bei Traunstein unter.

Winkler, Hans und Frida

Hans Winkler und seine Ehefrau Frida Winkler leiteten in Luckenwalde die Untergrundorganisation Gemeinschaft für Frieden und Aufbau, die mehreren jüdischen Familien Schutz gewährte.

Wisten, Trude

Trude Wisten und ihr Ehemann hielten den jungen jüdischen Schauspieler Alfred Balthoff-Berliner vom Sommer 1943 bis Kriegsende in ihrem Haus versteckt und retteten ihm so das Leben.

Witkowski, P.

Witkowski war Geschäftsführer einer Fabrik in Lemberg. Er beschaffte für die Jüdin Helena Hauser sowie deren Tochter und Schwiegermutter Verstecke bei seiner Schwester Hedwig Kretchmar in Krakau, später bei anderen Verwandten in Bautzen. Sein Vorname ist nicht mehr zu ermitteln.

Witte, Susanne

Susanne Witte versteckte jahrelang die Jüdin Regina Kirschbaum.

Wörl, Ludwig

Ludwig Wörl war in den KZ Dachau und Auschwitz. Als Lagerältester versorgte er Häftlinge medizinisch und rettete einigen das Leben.

Wohlgemuth, Alfred

Alfred Wohlgemuth, ein bei der Berliner Bank beschäftigter Buchhalter, gab Anfang 1943 Bernhard Tawrigowski seine Ausweispapiere, damit dieser mit seiner Frau Berlin verlassen und versuchen konnte, in die Schweiz zu gelangen. Leider wurde das Paar in Lörrach nahe der Schweizer Grenze gefasst. In der Folge verhaftete die Gestapo Alfred Wohlgemuth. Er wurde gefoltert und verlor ein Auge. Ein Gericht verurteilte ihn zu sechs Monaten Gefängnis.

Wolf, Aleksandr und Yelana

Yelena Wolf und ihr deutscher Ehemann Aleksandr, die mit zwei kleinen Kindern in Odessa wohnten, versteckten von Dezember 1943 bis April 1944 die Schwestern Olga und Menya Khariton sowie Riva Sheyner.

Worms, Otto
Otto Worms rettete Naum Spektor.

Wrudnitski, Ludwig und Christa
Ludwig Wrudnitski und seine Tochter Christa versteckten und versorgten in Berlin Kurt Lindenberg.

Wust, Elisabeth
Elisabeth Wust versteckte in ihrer Wohnung ihre Geliebte Felice Schragenheim. Nach deren Verhaftung und Deportation verbarg sie drei jüdische Frauen von Ende 1944 bis zum Kriegsende.

Wuttig, Heinz und Marlise
Marlise und Heinz Wuttig versteckten in Berlin Kurt Hirschfeld.

Zabel, Karl, Lotte, Kurt und Edith
Lotte Zabel und ihr Ehemann Karl sowie Edith Zabel und Kurt Zabel versteckten und versorgten in Berlin Kurt Lindenberg.

Zacherl, Karl und Walburga
Karl Zacherl und seine Ehefrau Walburga retteten das Leben der 16-jährigen Jüdin Elisabeth Fischer aus Ungarn. Das an Typhus erkrankte Mädchen befand sich auf einem Todesmarsch und saß erschöpft am Rand der Straße, als Zacherls mit dem Auto die Stelle passierten. Sie baten die SS-Wachen, das Mädchen an die Spitze der Kolonne bringen zu dürfen. Die Wachen erlaubten dem Ehepaar, das völlig erschöpfte Mädchen in ihrem Auto mitzunehmen. Als US-amerikanische Tiefflieger die Kolonne überflogen, nutze das Ehepaar die Verwirrung und brachte das Mädchen in ihr Haus in Dünzelbach. Dort pflegten sie ihren Schützling und brachten das Mädchen nach Kriegsende in ein Krankenhaus.

Zedtwitz, Joachim von

Joachim von Zedtwitz lebte als Medizinstudent in Prag und brachte nach der Zerschlagung und Besetzung der Tschechoslowakei in seinem Wagen wiederholt Juden an die Grenze des noch von Deutschland unbesetzten Polens, von wo aus sie durch örtliche Schleuser in vorläufige Sicherheit gebracht wurden.

Zeise, Ludwig und Erika

Erika Zeise und ihr Ehemann Ludwig versteckten in ihrer Wohnung in Berlin ab September 1943 die 22-jährige Jüdin Ruth Lilienthal. Lilienthal war an Diphtherie erkrankt und wurde vom Ehepaar Zeise in dieser Zeit gepflegt und versorgt.

Zeitler, Anna

Anna Zeitler versteckte auf ihrem Bauernhof in Wiesau von März 1945 bis zum Eintreffen der Amerikaner die jüdischen Brüder Josef und Slomo Szlamkiewicz, die aus einem der Todesmärsche geflohen waren.

Zeller, Hermann und Elsbeth

Der Pfarrer Hermann Konrad Zeller und seine Ehefrau Elsbeth gehörten zu einem Netzwerk protestantischer Pastoren der Bekennenden Kirche in Baden-Württemberg. Sie nahmen das jüdische Ehepaar Ines und Max Krakauer bei sich auf.

Zenker, Mathilde und Gustav

Das Ehepaar gehörte zur Organisation Bund, die Widerstand leistete und Juden rettete. Es versteckte Marianne Ellenbogen und arbeitete dabei mit anderen Helfern zusammen.

Zerna, Herta

Herta Zerna versteckte Margot Prober Moses und Susann Veit Meyer, die beide die Shoah überlebten.

Ziegler, Konrat

Ziegler versteckte seinen ehemaligen jüdischen Kollegen Kurt Latte in Osterode.

Zielinski, Ruth

Ruth Zielinski lebte in Krakau. Im Juli 1942 kamen Bernard Dov Kimel und seine Frau in diese Stadt. Sie reisten mit falschen „arischen" Papieren. Das Ehepaar bat Ruth Zielinski, die in der Vergangenheit als Haushälterin von Frau Kimels Schwester gearbeitet hatte, um Hilfe. Ruth Zielinski nahm sie für drei Monate in ihrer Wohnung auf.

Zimmermann, Berta

Berta Zimmermann versteckte vom Dezember 1942 bis April 1943 und ab Oktober 1943 die 57-jährige Jüdin Margaret Rund bei sich in ihrer Berliner Wohnung. Außerdem fand die Jüdin Lilly Kauffmann ab und zu bei Berta Zimmermann Unterkunft und Verpflegung.

Zogelman, Rudolf

Rudolf Zogelman versteckte die Jüdin Fanny Schauder von Januar 1943 bis April 1945 in seiner Wohnung in Mannheim.

Zubeil, Gustav und Agnes

Gustav Zubeil und seine Frau Agnes versteckten das jüdische Ehepaar Witkowski in ihrem Boot auf der Spree.

Die Auflistung der Namen wurden am 2. November 2023 bei Yad Vashem abgerufen und gibt laut Yad Vashem den Stand vom 1. Januar 2022 wieder.

STATISTIK: LÄNDER UND DIE ZAHL DER GERECHTEN

Ägypten	1		Litauen	924
Albanien	75		Luxemburg	1
Armenien	24		Mazedonien	10
Belgien	1787		Moldavien	79
Bosnien	49		Montenegro	1
Brasilien	2		Niederlande	5982
Bulgarien	20		Norwegen	68
Chile	2		Österreich	115
China	2		Peru	3
Dänemark	22		Polen	7232
Deutschland	651		Portugal	3
Ecuador	1		Rumänien	69
El Salvador	1		Russland	217
Estland	3		Serbien	139
Frankreich	4206		Slovakei	638
Georgien	1		Slovenien	16
Griechenland	364		Schweden	10
Großbritannien	22		Schweiz	49
Indonesien	3		Spanien	9
Irland	1		Tschechien	125
Italien	766		Türkei	1
Japan	1		Ukraine	2691
Kroatien	130		Ungarn	876
Kuba	1		USA	5
Lettland	138		Vietnam	1
			Weißrussland	680

Die Zahlen wurden am 2. November 2023 bei Yad Vashem abgerufen und geben laut Yad Vashem den Stand vom 1. Januar 2022 wieder.

* Normalerweise sind „Gerechte“ Einzelpersonen. Die Mitglieder des dänischen Widerstands betrachteten die Rettungsaktion als kollektiven Akt und baten Yad Vashem daher, die Mitglieder des Widerstands nicht einzeln auszuzeichnen. Yad Vashem respektierte diese Bitte, sodass die Zahl der dänischen Gerechten relativ gering ist. Zum Gedenken an den dänischen Widerstand wurde auf dem Berg des Gedenkens ein Baum gepflanzt.

DER AUTOR:

Frank Littek ist Wirtschaftswissenschaftler und arbeitet seit rund 40 Jahren als Journalist und Autor. Von ihm sind rund 40 Bücher in renommierten Verlagen erschienen. Das Dritte Reich ist auch Thema seines im April 2024 erschienenen Romans „Sechs Tage im Juli“, der das Schicksal von sieben Menschen während der alliierten Bombenangriffe auf Hamburg erzählt. Vorbild für zwei der Hauptpersonen waren Heinz Droßel und die von ihm gerettete Jüdin Marianne, deren Geschichte auch in diesem Buch erzählt wird.

LITERATUR

- Zitat André Heller: s. https://www.kleinezeitung.at/politik/innenpolitik/5386453/80-Jahre-Anschluss_Die-bewegende-Rede-von-Andre-Heller-im-Wortlaut

- Frank Bajohr und Dieter Pohl: Massenmord und schlechtes Gewissen. Frankfurt a. M. 2014

- Wolfgang Benz und Walter H. Pehle: Lexikon des deutschen Widerstands. Frankfurt a. M. 2008

- Franziska Bruder: Das eigene Schicksal selbst bestimmen, Flucht aus Deportationszügen der „Aktion Reinhard" in Polen. Hamburg-Münster 2019

- Inge Deutschkron: Wir entkamen, Berliner Juden im Untergrund. Berlin 2007

- Wolfgang Dreßen: Betrifft „Aktion 2". Berlin 1998

- Heinz Droßel: Die Zeit der Füchse. Waldkirch 2001

- Alfons Dür: Unerhörter Mut. Innsbruck-Wien 2012

- Eva Fogelmann: Wir waren keine Helden. München 1998

- Tanja von Fransecky: Die Flucht von Juden aus Deportationszügen in

Frankreich, Belgien und den Niederlanden. Berlin 2014

- Robert Gellately: Hingeschaut und weggesehen. München 2004
- Chaika Grossmann: Die Untergrundarmee: Der jüdische Widerstand in Bialystok. Frankfurt a. M. 1993
- Eugen Kogon: Der SS-Staat. München 1974
- Arno Lustiger: Rettungswiderstand. Göttingen 2011
- Maria Gräfin von Maltzan: Schlage die Trommel und fürchte dich nicht. Berlin 2021
- Wolfgang Mönninghoff: Die Enteignung der Juden. Hamburg-Wien 2001
- Bogdan Musial: Sowjetische Partisanen. Paderborn 2009
- Marion Schreiber: Stille Rebellen: Der Überfall auf den 20. Deportationszug nach Auschwitz. Berlin 2000
- Gerd R. Ueberschär: Für ein anderes Deutschland: Der deutsche Widerstand gegen den NS-Staat 1933 – 1945. Frankfurt a. M. 2006
- Wolfram Wette: Retter in Uniform. Frankfurt a. M. 2002
- Johannes Winter: Die verlorene Liebe der Ilse Stein. Frankfurt a. M. 2007